소크라테스의
가치들

무지의 잠을 깨우려는 '등에'의 날갯짓

소크라테스의 가치들

이수정 지음

철학과 현실사

일러두기

1. 이 책은 소크라테스의 가치론을 총정리해 소개하고 그 실천적 의미를 논한 것이다. '모든 것'은 아니지만 '거의 모든 것'을 망라하고자 노력했다.
2. 글의 순서는 특별히 없다. 상대적으로 유명한 것들은 앞쪽에 배치했다. 독자의 흥미에 따라 어느 것을 먼저 읽어도 상관없다.
3. 원전 인용문의 번역은 필자가 대학 시절 읽었던 상서각 판 최민홍 역 《플라톤 전집》 (1973)을 따랐다. 아주 어색한 옛날식-일본식 표현은 의미의 손상이 전혀 없는 범위에서 일부 현대식으로 바꾸기도 했다. (예: 정온→차분함, 애자/피애자→사랑하는 자/사랑받는 자)
4. 일부 그리스어 원문은 독일어 판 전집 *Platon: Werke in acht Bänden. Griechisch und Deutsch* (WBG)에 수록된 것을 참조했다.
5. 전거인 플라톤의 각 대화편은 일단 독립적이므로 길이의 길고 짧음에 상관없이 단독 책으로 간주하여 모두 《 》로 표기했다.

Prologue
서문 _ 가치론의 깃발 들기

"철학자 하면 가장 먼저 누가 떠오르는가?" 전공자가 아닌 보통 사람들에게 이렇게 물어보면 십중팔구는 "소크라테스"라는 대답이 돌아온다. 2,600년이 넘는 철학의 역사에는 최소한 100명이 넘는 거철들이 등장하건만 어떤 연유인지 그가 가장 유명하다. 아닌 게 아니라 그는 훌륭한 철학자였다. 특히 가치론의 사실상 시조였다. 덕, 진, 선, 미, 정의 등의 주제가 그를 통해 철학의 무대에 올려졌다. 이것들에 대한 그의 태도는 남달랐다. 그는 이론가일 뿐 아니라 실천가였다. 그는 이 가치들을 그저 한갓 지식으로 논할 뿐 아니라 자신의 삶으로 구현했다. '앎'과 '말'과 '함'과 '됨'이 삶에서 하나 되는 소크라테스적 사위일체 혹은 지행합일, 언행일치, 그게 그의 매력이자 힘이기도 했다. 그의 벗이었던 크리톤은 그를 이렇게 평가했다.

ἥδε ἡ τελευτή, ὦ Ἐχέκρατες, τοῦ ἑταίρου ἡμῖν ἐγένε
το, ἀνδρός, ὡς ἡμεῖς φαῖμεν ἄν, τῶν τότε ὧν ἐπειράθημ
εν ἀρίστου καὶ ἄλλως φρονιμωτάτου καὶ δικαιοτάτου.

우리는 말할 겁니다. 그는 당시 우리가 겪었던 사람들 중 **가장 훌륭하고 가장 현명하며 가장 정의로웠노라고.** 《파이돈》 마지막 장면(118a)

그런데 정작 그에 대해, 그의 철학에 대해 제대로 아는 사람은 의외로 별로 없다. 아는 건 그저 "너 자신을 알라", "악법도 법이다" 그 정도다. 그게 어쩌다가 그냥 '유명'한 것이다. 이 말들이 무슨 뜻인지 그 내용에 대해 다시 물어보면 그것도 제대로 아는 경우가 거의 없다. 이게 둘 다 그 자신이 직접 한 말이 아니라는 사실도 잘 모른다. 무지에 대한 질타가 그 자신의 제1주제이기도 했던 만큼 이건 그냥 넘어갈 수 없는 일이다. 게다가 그토록 유명한 철학자임에도 그를 속 깊이 들여다보는 전문적인 철학책이 국내에는 거의 없다. 너무나 의외다. 그래서다. 그래서 나는 이 책을 썼다. 이런 식의 소크라테스 전문서는 아마 거의 처음일 것이다. 그를 제대로 알려주고 싶었다.

대놓고 말하지만, 이것은 그를 편드는 것이고 선전하는 것이다. 그 바탕에는 '문제의 공유'라는 것이 깔려 있다. 나는 철학자의 한 사람으로서 소크라테스 표 '가치들'에 대해 철저히 공감했다. 그래서 이것을 보급하고 싶었다. 지금 여기(hic et nunc)에. 21세기 한국에. 그의 가치들이 거의 떠나고 없는, 혹은 무너져 내린, 혹은 빈사 상태로 신음하고 있는 이 딱한 세상에.

지금 이 세상은 소크라테스를 죽음으로 내몬 2,400여 년 전 당시의 아테네와 너무나 닮았다. 걱정스럽다. 정작 알아야 할 것들(진정한 가치들)을 제대로 알지 못하고, 아예 관심도 없고, 그러면서 모르는 줄도 모르고, 오히려 아는 체하고, 아니, 심지어 대놓고 폄훼한다. 윤리니 도덕이니 진리니 정의니 그따위 돈 안 되는 것이 무슨 소용이냐는 것이다. "그런 건 남에게 권할 건 되도 내가 할 건 못 된다"고도 말한다. 이래저래 참된 가치들은 구석에 내몰려 숨도 크게 못 쉬는 처지다. 그리고 악법도 법이라며 지키기는커녕 기본법조차 제대로 지키지 않고 뭉개버리는 게 예사다. "성찰하지 않는 삶은 인간의 삶이 아니다(ὁ δὲ ἀνεξέταστος βίος οὐ βιωτὸς ἀνθρώπῳ)"라고 한 소크라테스를 비웃듯 자신의 삶을 전혀 돌아보지 않는, 소크라테스가 그토록 강조했던 '영혼의 향상' 따위에는 전혀 관심이 없는, 그저 돈과 지위와 명성에만 온 인생을 거는 그런 사람들이 주류를 이룬다. 심지어 부정한 인사들이 득세해 세상의 전면에서 판을 치기도 한다.

소크라테스의 관심사 내지 주제, 특히 그가 주목하고 강조했던 '소크라테스의 가치들'은 그럼 무엇이었을까? 나는 플라톤과 크세노폰이 전해주는 그의 발언들을 모조리 뒤져 봤다. 그랬더니 눈에 들어오는 것이 있었다. 덕(ἀρετή), 진 (ἀλήθεια), 선(ἀγαθόν), 미(καλόν), 지혜(σοφία), 용기(ἀνδρεία), 절제(σωφροσύνη), 정의(δικαιοσύνη), 경신(θεοσέβεια), 우정(φιλία), 사랑(ἔρως), 행복(εὐδαιμονία), 법률(νόμος) 등등이다. 선명했다. 이런 단어들이 그의 대화에서 마치 밤하늘의 별들처럼 반짝이고 있었다. 혹은 저 그리스의 연붉은 부겐빌레아처럼 화사하게 꽃피어 있었다. 그것은 지식 박물관의 한갓 전시품이 아니었다. 에게해의 저 날치들처럼 살아 펄떡이고 있었다. 이것들은 다 '영혼의 향상'이라는 것으로 수렴된다. 말하자면 소크라테스의 철학은 '가치론'인 것이다. 그리고 가치 그 자체라고는 할 수 없지만 관련해서 그의 관심에 있었던 주제들은 국가, 변론, 영감, 영혼, 신체, 지식, 정치, 철학, 행운, 질서, 조화 등등이었다. 이런 게 말하자면 '소크라테스 철학'의 전경이다. 이 책은 그 풍경 속으로 직접 들어가보는 일종의 지적 여행이다. 이 여행이 부디 즐겁고 유익한 것이 되기를 기대한다.

이것으로 내가 '궁극의 철학'이라 평가했던 이른바 4대 성인의 철학에 대한 일련의 시리즈(《공자의 가치들》, 《부처는 이렇게 말했다》, 《예수는 이렇게 말했다》, 그리고 이 《소크

8

라테스의 가치들》)를 마무리한다. 34년간 좋아하는 철학을 하며 글을 쓰고 강의를 하고 선생으로 살 수 있도록 나를 품어주었던 국립 창원대학교를 정년퇴직으로 떠나면서 수년 전 나는 그 마지막 감사의 선물로 이 책을 쓰기 시작했다. 경남 창원시 정병산 자락의 그 사림골은 나의 아테네였고 나의 쾨니히스베르크였고 나의 프라이부르크였다. 거기서 나는 소크라테스였고 칸트였고 하이데거였다. 고맙고 또 고마웠다.

2022년 가을 서울에서

이수정

차례

소개 _ 소크라테스라는 인물은…

흔히 '인류의 4대 성인' 중 한 사람으로 손꼽히는 소크라테스(Σωκράτης Socrates)는 그 지명도에서 철학자의 대표 격이다. 그는 기원전 470년(혹은 469년), 지금으로부터 약 2,500년 전, 소위 페리클레스 시대[1]가 열리기 10여 년 전, 펠로폰네소스 전쟁이 일어나기 약 40년 전, 당시 헬라스(그리스)의 유력국이었던 아테네(Άθῆναι Athenai)의 알로페케(Άλωπεκή Alopeke) 구에서 평범한 서민의 아들로 태어났다. 아버지 소프로니스코스(Σωφρονίσκος Sophroniskos)는 석공이자 조각가였고 어머니 파이나레테(Φαιναρέτη Phainarete)는 산파였다.

어머니의 이 직업에서 배워 훗날 그는 '대화를 통해

1) B.C. 457-429년 사이. 30인 참주정이 끝나고 회복된 민주주의가 절정에 달했던 시기.

진리의 출산을 도와준다'는 이른바 '산파술(μαιευτική maieutike)'을 그의 철학적 방법론으로 삼는다.[2] 한편 아버지로부터는 같은 돌덩이에서 괴물과 여신의 모습을 번갈아 쪼아내는 모습을 보며 인간 내지 인생의 가소성(달리 만들어져나갈 수 있음)을, 그리고 사자를 쪼아내는 모습을 보며 '제거'의 방법론을 배웠다는 이야기가 인터넷상에 유포되어 있으나 그 출처와 진위는 불분명하다.

이 외에 어린 시절에 대해서는 알려진 바가 거의 없다.

성장기에는 직업을 세습하던 당시 세태에 따라 아버지 밑에서 석공 기술을 배우며 철학, 음악, 기하학, 천문학 등을 공부한 것으로 보인다. 철학자 아낙사고라스, 아르켈라오스, 그리고 음악가 다몬의 제자였다는 전언도 있다. 자연철학과 당시 유행하던 소피스트 철학을 잘 알았으나 그것을 특별히 좋아하지는 않았다. 성장 후 그의 관심은 오로지 '철학(philosophia 지혜사랑)'을 통한 '영혼의 향상'에 기울었다. 한편, 에우리피데스(Ευριπίδης)의 극작에 협력하기도 했다. 석공 일도 실제로 했던 모양인지 '아크로폴리스에 있는 옷을 입은 우아하고 아름다운 여신들의 상도 그의 작품'이라는 전언이 있다.

전해지는 조상(彫像)[3]들을 보면 성장한 그의 외모는 부리

2) 이 사실은 그 자신이 《테아이테토스》에서 직접 언급하고 있다.
3) 당시 그리스의 조상들은 철저하게 실물을 재현하고 있어 우리는 거의 실제에 가까운 그의 모습을 유추할 수 있다.

부리한 눈, 주먹코, 넓은 이마, 덥수룩한 수염, 딴딴한 몸매 등으로 아주 개성적인 인상을 준다. 적극적인 성격에 용기와 인내심이 대단했다. 의지가 굳고 옳은 일에 대해서는 타협이 없었다.

청년 시절, 판 아테나이아(Panathenaea) 제전에 참석차 이탈리아 엘레아에서 아테네를 방문한 노경[4]의 파르메니데스와 그의 젊은 제자[5] 제논을 만난 적이 있다. 소크라테스는 이때 파르메니데스에게 깊은 인상을 받았다.[6] 그리고 시기는 불분명하나 헤라클레이토스에 대해서도 상당히 높이 평가한 일이 있다. 에우리피데스가 그에게 헤라클레이토스의 책을 건네면서 "이것을 어떻게 생각하는가?"라고 묻자, "내가 이해할 수 있었던 부분은 훌륭하고, 이해하지 못한 부분도 대단하다고 생각하네. 다만 이 책은 델로스섬의 잠수부를 필요로 하는 것 같군."이라 대답한 것으로 전해진다. 그 심오한 깊이를 인정한 것이다.[7]

---

4) 대략 65세. 백발.
5) 30대 후반. 그의 연동(戀童)이라는 소문도 있음. 이른바 스토아학파의 제논과는 동명이인.
6) "경외할 만한, 두려워할 만한 사람이라는 느낌이 듭니다. [⋯] 내게는, 그 사람이 모든 점에서 고귀한 무언가 밑바닥을 알 수 없는 [헤아릴 수 없는] 것을 가지고 있는 듯이 보였습니다."《테아이테토스》
7) 디오게네스 라에르티오스의 《유명한 철학자들의 생애와 사상(Βίοι καὶ γνῶμαι τῶν ἐν φιλοσοφίᾳ εὐδοκιμησάντων Vitae philosophorum)》. 이하 《열전》.

30대 후반과 40대 시절, 세 번에 걸친 전쟁에 보병으로 직접 참전하였다. (펠로폰네소스(Πελοποννησός Pelopónnēsos) 전쟁의 포티다이아(Ποτίδαια Potidaia) 전투, 델리온(Δηλίον Delion) 전투, 암피폴레스(Αμφίπολης Amphipoles) 전투(B.C. 432/424/422)가 그것이다.) 이 전투에서의 그의 용감무쌍한 모습이 크세노폰의 《회상(Ἀπομνημονεύματα Apomnemoneumata)》 등에서 전해진다. 특히 델리온 전투에서 낙마한 크세노폰을 구해준 이야기와 포티다이아 전투에서 부상으로 위기에 처한 미청년 알키비아데스를 구해준 이야기는 유명하다. 알키비아데스는 소크라테스를 추종하고 연모하는[8] 인물로 플라톤의 《향연(Συμπόσιον Symposion)》 등에 등장한다. 젊고 잘생긴 그는 소크라테스에 대해, "그의 말을 듣고 있으면 … 심장이 요란하게 뛰고 감격의 눈물이 저절로 쏟아진다. … 그는 나를 스스로 부끄럽게 만들고, … 그의 앞에서는 어찌할 바를 모르고 그의 명령에 거역할 수 없으며 반박할 수도 없다. … 그를 어떻게 다루어야 할지 갈피를 잡을 수가 없다."《향연》)라고 그 매력을 진술했다. 소크라테스는 대단한 인내력의 소유자이기도 했다. 포티다이아 전투

---

8) 당시 그리스에서는 미소년과의 동성연애가 흔했던 듯하다. 그러나 소크라테스는 알키비아데스의 유혹에 흔들리지 않는 모습이 《향연》에 묘사된다. 알키비아데스는 소크라테스를 찬미도 하지만 때로는 질투도 하고 손찌검도 한다. 아리스티포스라는 사람은 소크라테스가 이 알키비아데스를 "사랑했다"고 그의 책에 썼다.

에 출정했을 때, 무척 추운 날씨임에도 그는 평소와 마찬가지로 가벼운 외투만 걸치고 다녔다. 다른 병사들은 두껍게 껴입고 발을 천과 양털로 꽁꽁 싸맸는데도 그는 맨발로 다녔다.[9] 그랬는데도 신발을 신은 다른 병사들보다 더 쉽게 얼음 위를 걸어 다녔다. 델리온 전투에서 아테네군이 패퇴할 때조차도 그는 전혀 허둥대지 않았으며, "아군과 적군을 두루 살펴가며 태연자약하게" 퇴각했다고 알키비아데스는 전한다. 아침부터 하루 종일 그리고 밤을 새우고 동틀 때까지 꼼짝 않고 사색에 몰두하고 있더라는 알키비아데스의 목격담도 유명하다. (그는 길을 가다가도 우두커니 서서 한동안 사색에 잠기는 습관이 있었다.) 한편 술도 엄청 세서 아무리 마셔도 취하는 법이 없었다고 한다. 단, 일부러 찾는 술꾼은 아니었다.

한편 그는 출정 이외에 아테네를 떠난 적이 거의 없다고 알려져 있으나, 《열전》에는, 젊었을 때 사모스섬에 간 적이 있고 퓨트(델포이)에도 간 적이 있으며 이스트모스에도 간 적이 있다고 나와 있다.

또 한편 그는 매우 규칙적인 생활을 해서, 아테네에 이따금 전염병이 유행할 때에도 그만은 홀로 병에 걸리지 않았다고 한다.

또 그가 '무욕'한 것은 유명한 이야기로, 언젠가 알키비아데스가 그에게 집을 지으라고 넓은 땅을 제공해주었는데, 그는

---

9) 그는 평소에도 곧잘 맨발로 다녔다. 《파이드로스》, 《향연》 등 참조.

"내가 그것을 받는다면 얼마나 우스운 일이 되겠는가."라고 반응했고, 카르미데스가 그에게 하인 몇 명을 주어 그들의 노동으로 수입을 얻게 하려 했지만 그는 이것도 받지 않았으며, 가게에서 팔리는 많은 물건들을 보며 자주 "나에겐 얼마나 많은 것들이 필요치 않은 것일까?"라고 중얼거렸으며, 음식에 대해서도 욕망과 기대를 가장 적게 하는 것이 가장 맛있게 먹고 맛있게 마시는 비결이라고 하였고, "필요로 하는 것이 최소한인 사람이야말로 신에게 가장 가깝다."라고도 했다.

40세 이후에는 일종의 철학 교육자로 청년들의 교화(영혼의 향상)[10]에 힘썼다. 수많은 청년들이 그의 주변에 모여들어 거리, 광장, 극장, 시장, 환전소, 운동장, 연회장, 강변 등에서, 어떤 때는 밤새도록, 때와 장소를 가리지 않고 철학적 토론(διαλεκτική dialektike)을 펼쳤다. 그는 자신의 '무지'를 표방하며 대화의 상대가 직접 진리를 출산하도록 도와주는 산파의 역할을 자임했다. 무지의 잠을 깨우는 '등에(μύωψ myōps)'의 역할도 자임했다. 그를 따른 대표적 인물들이 안티스테네스, 아리스티포스, 에우클리데스, 파이돈,[11] 아이스키네스 등이다. 친구 크리톤, 장군 크세노폰도

---

10) 그의 적대 세력들은 이것을 '타락시킨다'고 간주해 법정에 고발하는 구실로 삼는다.

11) 파이돈이 전쟁에서 포로로 잡혀 수상한 집(몸 파는 집)에서 일을 하게 되었을 때, 소크라테스는 부자 친구인 크리톤에게 부탁하여 몸값을 치르고 풀어주어 철학자가 되게 해주었다.

그 그룹의 일원이다. 이들은 소크라테스 사후 키니코스학파, 키레네학파, 메가라학파, 엘리스학파 등 이른바 '소(小)소크라테스학파'를 이루어 그의 학맥을 이어갔다. 물론 그 정맥은 플라톤, 아리스토텔레스로 이어진다. 수제자 격인 플라톤은 20세 무렵인 기원전 407년 혹은 404년경(소크라테스가 60대 초중반일 때) 뒤늦게 이 그룹에 합류한다. 그는 남녀노소 누구도 가리지 않아 플라톤의 대화편에는 추종하는 청년들과 친구들은 물론, 프로타고라스, 고르기아스, 히피아스, 트라시마코스, 프로디코스 같은 소피스트와 훗날의 고발자 멜레토스, 아뉘토스 등 적대적 인물들을 포함해 수많은 사람들이 대화의 상대로 등장한다. 실존 여부는 확인할 수 없으나 그가 《향연》에서 소개하는 현녀 디오티마와의 대화는 특히 인상적이다.

이 철학적 토론들로 인해 그는 사실상 '대철인'으로, 특히 철학의 물줄기를 '자연(φύσις physis)'에서 '인간(ἄνθρωπος anthrōpos)'으로 돌린 인간학 내지 윤리학-가치론의 개척자로, 역사에 그 이름을 확고히 아로새겼다. 《열전》에서는 그를 "인생에 대해 논한 최초의 인물"이라고 평하기도 한다. 단, 누구나가 그를 긍정적으로 평가한 것은 아니었다. 어떤 사람들은 그를 바보 취급하거나 조롱하기도 했고, 그의 논조가 강할 경우 심지어 머리끄덩이를 잡거나 주먹질을 하거나 발길질을 하기도 했다. 그는 이 모든 것을 묵묵히 참고 견딘 모양이다. 그런 상황에서 그는 "만일 당나귀가 나를 발길로 걷어찼다면 나는 당나귀를 상대로 소송을 걸어야 할까?"라고 반응했다는 전언도 있다. 하여간 그의 뛰어난 언변은 힘이 있어 테아이테토스, 에우튀프론, 뤼시스, 람프사코스, 글라우콘, 카르미데스 등의 마음을 움직이도록 영향을 주기도 했다. 그 때문인지 30인 정권은 한때 그가 논변의 기법을 가르치지 못하게 금지하기도 했다.

당시 상업적 교사로 엄청난 인기를 끌던 프로타고라스, 고르기아스, 히피아스 등 여러 소피스트들과는 그 궤를 달리했다. 특히 그는 '지자'로 간주되었음에도 그들과 달리 돈과 지위와 명성에 무심했다. 그는 '무보수'를 자랑하기까지 한다. ("어느 누구에게서도 [내가] 보수를 받았다거나 요구한 일이 있다고 말할 수는 없을 것입니다. … 나의 몹시 가난한 살림은 이와 같은 것을 입증하는 데 충분한 밑받침이 될 것입니다."[12] 이런 점이 무엇보다 아내 크산티페의 저 유명한 '바가지'에 원인을 제공했을 것이다.) 그의 관심은 오직 '내면[영혼]'과 '현명함'으로 향했다. 소위 '소크라테스의 기도'에서도 그런 모습을 엿볼 수 있다.

여러 신들께 기원하나니, 나로 하여금 속을 아름답게 가꾸게

---

12) 플라톤의 《소크라테스의 변론(Ἀπολογία Σωκράτους Apologia Sokratous)》. 이하 《변론》.

하여주시고, 내가 밖으로 소유하고 있는 모든 것이 내부 세계와 조화를 이룰 수 있도록 해주소서! 나로 하여금 현인이야말로 가장 부유한 사람이라고 생각하게 하소서! 내가 소유하고 있는 황금의 분량은 다만 지각 있는 자에게 필요한 정도로 그치게 하소서!《파이드로스》마지막 부분

그의 이런 모습은 그를 연모하고 추종하던 미청년 알키비아데스의 증언에서도 확인된다.

이분은 … 겉으로는 무지를 가장하지만, 그 가슴을 열어젖히면 그 속에 무엇이 들어 있는지 그리고 얼마나 자제심이 강한지 상상도 할 수 없을 정도입니다. 사실 이분은 아름다움이나 재물이나 그 밖의 세상 사람들이 소중하게 여기는 것에 조금도 관심을 기울이지 않습니다. 아니 아주 경멸합니다. 그런 모든 것은 아무 쓸모도 없으며 우리도 그분의 안중에는 전혀 없다는 것을 나는 잘 압니다.《향연》

물론 경제생활이 전무한 것은 아니었다. 아리스토크세노스라는 사람의 기록이 사실이라면, 소크라테스는 일정 액수의 돈을 맡기고 거기서 생기는 이자를 저축했다가 그것을 다 쓰고 나면 다시 예금을 시작하는 식으로 돈벌이를 했던 모양이다.

아마도 이 무렵, 제자 카이레폰(Χαιρεφῶν Chairephōn)
이 델포이의 아폴론 신전에서 받아 온 신탁 "이 세상에서
소크라테스보다 더 현명한 자는 없다"를 계기로, 그것을 납
득하지 못한 그는 정치가, 시인, 기술자 등을 오랜 기간 두
루 만나며 진정한 가치들에 대한 토론을 벌였고, "너 자신
을 알라"며 이른바 '무지의 지'를 강조하던 그 과정에서 자
신에 대한 그들의 미움을 쌓게 됐다(《변론》참조).

46세인 기원전 423년, 아리스토파네스의 희극 《구름(Νε
φέλαι Nephelai)》에 궤변으로 빚을 떼어먹는 방법이나 가
르치는 황당한 인물로 희화화되어 등장한다. 거기서 그에
대한 적대 세력의 곱지 않은 시선을 가늠해 볼 수 있다.

50대에 40년 정도 연하인 크산티페(Ξανθίππη Xanthippe)
와 뒤늦은 결혼을 해 슬하에 람프로클레스(Λαμπροκλῆς
Lamproklés), 소프로니스코스(Sophroniskos),[13] 메넥세노
스(Μενέξενος Menexenos)[14] 세 아들을 두었다. 크산티페
외에 '의인'으로 평가되는 정치가 아리스테데스(Ἀριστείδης
Aristeides)의 딸 뮈르토(Μυρτώ Myrto)와도 결혼했다고 한
다. 두 아들은 뮈르토의 소생이라는 설도 있다. 소크라테스
가 70세에 세상을 떠날 때 큰아들은 청년이었고 막내아들

---

13) 소크라테스의 아버지와 같은 이름. 유럽에는 이런 이름 세습의 경우가
   흔히 있음.

14) 플라톤의 대화편 《메넥세노스》, 《뤼시스》, 《파이돈》 등에 나오는 '데모
   폰(Demophon)의 아들 메넥세노스'와는 다른 인물.

은 아직 엄마 크산티페의 팔에 안겨 있을 정도로 어린아이
였다.[15] 아내가 둘 있었던 것은 당시 아테네가 인구 부족을
해소하기 위해 내놓은 일부다처 정책(법률상의 아내는 1인에
한하나 다른 여성과의 사이에 자녀를 두어도 좋다는 조치)에
따른 것이었다고 한다. 이들이 전처 후처 관계인지 처첩관계
인지, 크산티페와 뮈르토 어느 쪽이 본부인인지, 어느 쪽이
먼저인지, 혹은 동시에 결혼 상태였는지 등은 분명치 않다.
디오게네스 라에르티오스의 《열전》에는 그 여러 설들이 함
께 소개되어 있다.

크산티페는 입이 거칠고 격정적인 성격이었던 것으로 전
해진다. 디오게네스 라에르티오스의 《열전》에 따르면 그녀
는 광장에서 티격태격하며 소크라테스의 윗옷을 벗기려 한
적도 있었고, 그 외에도 플라톤의 《파이돈》에 사형 당일 감
옥으로 소크라테스를 면회 가서 큰 소리로 울고불고하는 장
면이 있고, 크세노폰의 《회상》 제2권 제2장에도 그녀의 잔
소리에 반항하는 아들 람프로클레스를 소크라테스가 훈계
하는 장면이 있다. 또 크세노폰의 《향연》 제2장에도 안티스
테네스가 소크라테스에게 크산티페에 대해 묻는 장면이 있
다. 그리고 디오게네스 라에르티오스의 《열전》에 보면, 크
산티페가 잔뜩 잔소리를 퍼붓다가 나중에는 그에게 물을 끼
얹기까지 하자, "그것 봐, 내 그동안 수없이 말하지 않나.

---

15) 《파이돈》에 이 장면이 묘사되어 있다.

크산티페가 징징 울기 시작하면 비를 내리게 한다고."라고 했다는 이야기가 나온다. 그리고 그녀의 잔소리를 도저히 참을 수 없다고 알키비아데스가 투덜대자 그는, 자기는 완전히 익숙해졌다고 하면서 "자네도 거위가 꽥꽥 우는 것을 참고 있지 않은가."라고 말했다. 알키비아데스가 다시 "하지만 거위는 나에게 알과 병아리를 낳아줍니다."라고 되받자, "크산티페도 나에게 자식을 낳아주었다네."라고 응수했다. 하여간 그녀는 잔소리가 심했던 모양인데, 소크라테스는 "나는 이제 완전히 익숙해졌어. 도르레가 삐걱삐걱 돌고 있다는 느낌이 들거든." 이라고 반응했다. 심지어 그는 자주 기질이 억센 여자와 함께 사는 것은 마치 기수가 야생마와 지내는 것과 마찬가지라고 말했다. "그러나 그 기수들이 이 말들을 길들이고 나면 다른 말도 쉽게 탈 수 있는 것처럼 나도 그와 같아서 크산티페와 사노라면 다른 사람들과는 원만히 지낼 수 있을 거야."라고 말했다고 전해진다. 젊은 크산티페는 그의 이런 태도로 인해 아마 더욱 화가 치밀었을 것이다. 그 밖에도 흥미로운 증언들이 여럿 전해진다. 결혼을 하는 것이 나은지 하지 않는 것이 나은지에 대해 "어떻게 하든 후회할 것이다"라고 대답한 이야기는 특히 유명하다.

이런저런 일들로 인해 크산티페는 흔히 '악처'로 소문나 있지만, 실상을 보면 그런 평판은 그녀로서는 좀 억울할 수도 있다. 집안 살림을 제대로 돌보지 않은 남편임에도 소크라테스의 사형 당일 감옥에 찾아가 울고불고하는 모습도 그렇거니와 《열전》에도 살림을 걱정하고 남편을 걱정하는 평범한 아낙의 모습이 전해지기 때문이다. 이를테면 어느 날 소크라테스가 부자를 식사에 초대했을 때, 크산티페가 대접할 음식이 없음을 부끄러워하자 그는 "걱정할 것 없어. 소양이 있는 사람들이라면 이것으로 봐줄 것이고, 하찮은 사람들이라면 그런 사람들에 대해 우리가 마음을 쓸 필요가 없으니까."라고 말했다. 평소에 "다른 사람들은 먹기 위해 살아가지만, 나는 살기 위해 먹고 있다"고 생각하는 남편이니 젊은 아낙으로서는 하여간 답답했을 것으로 짐작된다. 사형 판결이 났을 때도, 크산티페가 "당신은 부당하게 죽음을 당하려 하고 있어요."라고 하자, 그는 "그렇다면 당신은 내가 정당하게 죽음을 당하기를 바라고 있었던가 보군."이라고 반응했다고 한다. 그녀로서는 말이 안 통하는 남편이라고 생각했을지도 모르겠다. 철학자로서는 위대했지만 남편으로서는 거의 낙제점이었으니 하여간 '악처'라는 평판은 좀 과한 측면이 없지 않다.

64세인 기원전 406년, 단 한 번, 500인 평의회(ἡ βουλή οἱ πεντακόσιοι hē boulē hoi pentakosioi)의 일원으로 1년간 정치에 참여하기도 했다.

기원전 404년 혹은 408년경(60대 초중반), 20세 전후의 플라톤(Πλάτων Platon: 본명 아리스토클레스)이 그의 제자로 합류했다. 플라톤은 당시 헤라클레이토스를 공부하며 정치가와 작가의 꿈을 품고 있었는데, 비극 작품을 갖고 경연에 나서려던 차에 디오니소스 극장 앞에서 소크라테스의 담론을 우연히 듣고 감복하여 써 두었던 작품을 불태웠고, 소크라테스를 따르기 시작했다. 《열전》에 의하면, 소크라테스는 그 전날 꿈을 꾸었는데, 꿈에서 그는 새끼 백조를 무릎에 안고 있었다. 그런데 이 새끼 백조에게 갑자기 깃이 돋더니 날카롭고 고운 소리로 울면서 날아가버렸다. 그 다음 날 플라톤을 알게 되자, 그는 '이 친구가 바로 그 백조로군' 하고 생각했다. 스스로도 거철이 된 이 청년 플라톤이 후일 방대한 대화편을 썼고 거기서 스승 소크라테스를 주인공으로 내세움으로써 그의 철학을 후세에 전했다. 이 우연한 만남은 가히 역사적인 사건이라고 해도 과언이 아니다.

한편 시기는 분명치 않으나 고령이었을 때 리라를 배우기 시작한 적도 있고 몸을 좋은 상태로 유지하는 데 도움이 된다고 생각해 춤을 계속하기도 했다(크세노폰의 《향연》).

70세경, 그에 대한 오랜 미움이 누적되어 멜레토스, 아뉘토스, 뤼콘 등으로부터 "젊은이들을 타락시키고, 국가가 믿는 신을 부정하고 다른 잡신을 섬긴다"는 죄목으로 고발당해 재판을 받는다. 그 상세한 과정을 플라톤의 《변론》에서 확인할 수 있다. 그의 역사적인 변론에도 불구하고 500

인 배심원단은 (근소한 표차로[16]) 그에게 유죄와 사형을 결정했다. 사정상 집행이 잠시 연기되어 감옥에 갇혀 있는 동안[17] 크리톤 등의 주선으로 탈출의 기회가 있었으나 그는 탈출을 반대하는 신령 '다이모니온'의 목소리와 (살 만큼 산) '나이'를 이유로 탈출을 거절하고 의연하게 독당근즙이든 독배를 들고 죽음을 맞는다.[18] 기원전 399년 5월 7일, 향년 70세였다. 그 전후 과정은 《크리톤》과 《파이돈》에 아주 자세히 묘사되어 있다. 사형이 확정된 후, "자식들이 커서 덕보다도 재물 같은 것에 먼저 마음을 쓰고 아무것도 아니면서 무엇이나 되는 듯이 생각하는 그런 사람이 된다면 내가 여러분에게 평소 그랬던 것처럼 그 아이들을 나무라달

---

16) 유무죄에 대해서는 280 대 221, 사형에 대해서는 80표가 추가된 360 대 141. 형량에 대해서는 소크라테스 본인이 25드라크마라는 소액의 벌금을 제시한 것과 "내가 이룩한 공적을 감안하건대, 나는 프리타네이온(영빈관)에서 식사 대접을 받는 것을 형으로 신청하고자 한다."고 말한 '괘씸죄'가 추가 작용한 탓으로 짐작된다.

17) 바위를 파서 만든 이 감옥은 지금도 아테네에 남아 있다. 그의 사형 집행이 연기된 것은 아폴론 제례를 위해 델로스에 파견한 배가 돌아오던 도중 폭풍우를 만나 그 도착이 늦어졌기 때문이다. 당시 이 신성한 배가 돌아오기까지는 사형을 집행하지 않는 관례가 있었다.

18) 참고로, 소크라테스의 제자 중 하나인 에우렐이 말년에 쓴 《파타모닐리아》를 보면, 소크라테스는 자신에게 내려진 사약을 몇 번이고 뒤엎어서 결국 마지막에 간수장이 간수들을 시켜 억지로 사약을 먹여 최후를 맞이했다고 되어 있다. 진실의 확인은 물론 불가능하다. 그의 평소 언행에 비추어보면 그 신빙성은 매우 낮다.

라"고 주변 사람들에게 남긴 당부와, 독배를 비운 후, "아, 크리톤, 아스클레피오스[의술의 신]에게 닭 한 마리를 빚졌네.[19) 기억해두었다가 갚아주게."라고 한 마지막 유언은 유명하다. 죽음을 삶의 고통에서의 '회복'으로 여기는 그의 소신을 짐작하게 해주는 장면이다.

그의 사후, 얼마 안 있어 아테네 사람들은 그 일을 후회하여 씨름장도 체육관도 폐쇄하고 그를 고소한 멜레토스에게는 사형 판결을 내렸으며 어떤 사람에게는 추방 처분을 내렸다. 아뉘토스는 헤라클레이아로 도주했으나 퇴거 조치를 당했다. 그리고 소크라테스를 위해서는 뤼시포스(Λύσιππος Lysippos)가 제작한 동상을 제례용 그릇을 보관하는 신성한 폼페이온에 세워 그를 기리기도 했다.

소크라테스 이후 전개된 지성사의 흐름을 보면 거기에 가치 지향이 하나의 뚜렷한 줄기를 이루고 있음이 확인된다. 소크라테스가 그 방향을 제시하고 그 발단을 제공했다는 점에서, 그리고 우리 인간이 '가치 지향적 존재'라는 것을 확고히 알려주었다는 점에서, 그의 의의는 아무리 강조해도 지나침이 없다. 그의 철학과 삶은 비단 아테네, 그리스뿐만 아니라 전체 유럽 그리고 전 인류를 위해 신이 보내 준 하나의 축복이자 선물이었다.

---

19) 당시 그리스인들은 병에서 회복되면 감사의 뜻으로 아스클레피오스 신에게 닭을 한 마리 바치는 풍습이 있었다.

서론

소크라테스에게로 가는
가벼운 몸 풀기

테스형! 너 자신을 알라고요?

테스형! 소크라테스형! 아세요? 최근에 형은 우리 한국에서 2,400여 년 만에 다시 유명인사가 되었답니다. 신화적인 가수 나훈아형 덕분이죠. '테스형'이라는 그 노래, 한번 들어보실래요?

어쩌다가 한바탕 턱 빠지게 웃는다 / 그리고는 아픔을 그 웃음에 묻는다 / 그저 와준 오늘이 고맙기는 하여도 / 죽어도 오고 마는 또 내일이 두렵다 / 아! 테스형 세상이 왜 이래 왜 이렇게 힘들어 / 아! 테스형 소크라테스형 사랑은 또 왜 이래 / 너 자신을 알라며 툭 내뱉고 간 말을 / 내가 어찌 알겠소. 모르겠소 테스형

울 아버지 산소에 제비꽃이 피었다 / 들국화도 수줍어 샛노랗게 웃는다 / 그저 피는 꽃들이 예쁘기는 하여도 / 자주 오지 못하

는 날 꾸짖는 것만 같다 / 아! 테스형 아프다 세상이 눈물 많은 나에게 / 아! 테스형 소크라테스형 세월은 또 왜 저래 / 먼저 가본 저세상 어떤가요 테스형 / 가보니까 천국은 있던가요 테스 형 / 아! 테스형

가사도 곡도 범상치가 않습니다. 그냥 딴따라 대중가요가 아닙니다. 무엇보다도 아픔, 묻는다, 고맙기는, 두렵다, 힘들어, 모르겠소, 아프다, 저세상, 천국 … 이런 단어들이 고스란히 다 철학적입니다. 거기다 이 노래는 '세상이 왜 이래', '세월은 왜 저래', '저세상 어떤가요'라고 묻습니다. 다 철학이 아니라고 할 수 없는 육중한 질문들입니다. 실제로 테스형의 철학적 질문들도 이와 크게 다르지 않았었죠. 물론 형의 주제들은 덕, 진, 선, 미, 정의, 지혜, 용기, 절제, 경건, 우정, 사랑, 행복 등등 더 넓고 높고 깊은 것이었지만 형이 이런 물음을 물은 배경에는 '세상이 왜 이래?'라는 근본적인 문제 제기가 깔려 있었음을 부인할 수 없습니다. 그런 점에서 테스형과 훈아형은 한통속인 셈이지요. 나는 특히 '아픔을 그 웃음에 묻는다'와 '고맙기는 하여도 … 두렵다', '아프다 세상이 눈물 많은 나에게', '어찌 알겠소. 모르겠소'라는 말을 압권이라고 평가합니다. 무엇보다 '아픔'이라는 단어가 찡하게 내 가슴에 울려옵니다. '힘들어'라는 단어도 마찬가지. 백 퍼센트 공감입니다. 훈아형은 '세상'에

대해서도 '세월'에 대해서도 아픔과 두려움을 느낍니다. 물론 '왜?'라고 물어본들 정답은 없습니다. 테스형 자신도 묻기만 했지 정답을 알려주진 않았지요. 모른다는 사실을 안다는 것이 (즉, '무지의 지'가) 형이 펼친 철학의 가장 숭고한 부분이 아니었던가요. 그런데 실은 아픔의 토로 그 자체가 이미 하나의 철학입니다. 우리를 아프게 하는 세상을 향해 주먹을 휘둘러봤자 뭐 별 뾰족한 수도 없습니다. 물론 하는 데까지 해보는 게 우리의 삶이기는 하죠. 단 너무 크게 기대하지는 말아야겠죠. 어차피 세상은 크게 달라지지 않으니까요. 그게 이 세상을 한 70년 실제로 살아본 나의 잠정적 결론이기도 합니다. 형도 아마 공감하시겠죠? 형의 아테네도 결국 그랬으니까요. 그래서 저 훈아형의 방법론은 나름 유의미합니다. "어쩌다가 한바탕 턱 빠지게 웃는다 / 그리고는 아픔을 그 웃음에 묻는다" 바로 이거죠. 일종의 승화 혹은 달관입니다. 좀 알고 나서야 비로소 가능한 경지입니다. 준비된 탈옥도 거부하고 태연히 독배를 든 형에게도 이런 게 없었다 할 수는 없겠죠. 이렇게 이 한 편의 노래는 고스란히 소크라테스 철학의 CM송입니다.

어쩌면 이 땅에서 형보다 더 유명할 수도 있는 훈아형이 이렇게 형을 띄워주었으니, 요즘 인기가 바닥을 치고 있는 철학 업자로서는 감읍할 따름이죠. 특히나 형을 공자, 부처, 예수와 한 묶음으로 만들어 이른바 '궁극의 철학'이라 선전을 해온 나로서는 더욱 그럴 수밖에요. 훈아형의 이런 넋두리가 테스형에게 가 닿을 턱은 없겠지만, 만일 형이 이 노랠 듣는다면… 하고 상상을 해봅니다. 뭔가 머릿속에 그림이 그려지네요. 형의 장황한 언변(dialektike: 문답)이야 날이 저물도록 이어질 수도 있겠지만, 2,400여 년 전 아테네에서 매번 그랬듯이, 속 시원한 대답을 내놓진 않겠지요. '그 대답은 네가 직접 네 안에서 찾아내라'고, 유도만 하는 이른바 '산파술(maieutike)'로 대응을 하실 테니까.

그래도 한 가지, "너 자신을 알라며 툭 내뱉고 간 말을 / 내가 어찌 알겠소. 모르겠소 테스형" 하는 훈아형의 말에는 어쩌면 반색을 하실 거라고 짐작이 됩니다. '모르겠소'라는 이 말은 형이 그토록 강조했던 소위 '무지의 지'와 통하는 거니까요. 이건 자기성찰 및 겸손이라는 덕과 이어진 것이고, 그 뒷면에는 세상을 탁하게 하는, 꼴불견일 뿐만 아니라 위험하기까지 한, 오만 즉 '아는 체', '잘난 체'라는 것이 설치고 있으니까요.

그런데 테스형, 형의 지명도에 비해 사람들은 의외로 형에 대해 잘 모릅니다. "너 자신을 알라(gnothi seauton)"라는 말의 지적 소유권이 실은 형에게 있지 않다는 것, 원래 7현인의 한 사람인 라케다이몬(스파르타 일대) 출신 킬론(Χείλων Chilon)의 말이라는 것, 이것이 델포이의 아폴론 신전에 내걸려 있었다는 것, 그걸 형이 즐겨 인용하였기에 형의 말인 양 유포되었다는 것, 이런 기본적인 것들도 잘 모릅니다. "악법도 법이다"라는 말도 마찬가지죠. 형은 그런 취지의 말과 행동을 했을 뿐 직접 그런 표현을 한 적은 없죠.

그러니 형이 이 말을 즐겨 인용한 그 배경도 사람들은 제대로 알 턱이 없습니다. 어느 날 형을 따르던 제자 카이레폰이 델포이의 신전을 찾아가 "이 세상에 소크라테스보다 더 현명한 사람이 있는가?" 하고 물으며 신탁을 구했고, "소크라테스보다 더 현명한 사람은 없다"는 신탁이 내렸고, 카이레폰은 기쁘게 그 소식을 형에게 전했고, 형은 그걸 납득하지 못했고, 자타가 인정하는 현자들(정치가, 시인, 기술자들)을 직접 만나 대화하며 그걸 확인하려 했고, 결국 그들이 모두 우리가 진정으로 알아야 할 것들에 대해 제대로 알지 못하더라는 것, 그러면서 그걸 모른다는 사실조차도 모르더라는 것, 형 자신은 그래도 모른다는 사실은 알고 있으니, 그것 하나를 더 안다는 것, 그래서 신이 그런 (즉 소크라테스가 가장 현명하다는) 신탁을 내렸구나 납득하게 됐다는 것, 그런데 바로 그런 과정에서 오만한 '그들'의 자존심을 건드렸고 그래서 그들의 미움을 사게 됐고, 그래서 결국 법정에 고발을 당했고, 재판을 받았고 유죄 판결에 사형이 선고되었고, 감옥에 갇혔고, 탈출의 기회를 스스로 거부하며 의연히 독배를 들고 세상을 떠났다는 것 등등. "너 자신을 알라"는 그 말의 뒤에 깔린 이런 사정들도 사람들은 제대로 알지 못합니다. 제대로 알아야 할 것들을 네가 제대로 모른다는 것, 그걸 우선 알아야 한다는 것, 형은 그걸 말하고 싶었던 거죠.

물론 형은 '죽음 이후'에 대해서 그게 현세보다 더 좋을지도 모른다는 기대를 하고 있었으니 "먼저 가본 저세상 어떤가요 테스형 / 가보니까 천국은 있던가요 테스형" 하는 훈아형의 질문에 대해서는 할 말이 많으시겠지만, 우리가 그걸 들어볼 길은 없으니 아쉽네요.

훈아형의 저 노래를 들으며 아마도 많은 사람들이 "너 자신을 알라"는 말을 각자 자기 식으로 새겨보았을 겁니다. 그런데 자기 자신이 누군지, 어떤 사람인지, 그걸 제대로 아는 사람이 도대체 얼마나 될까요? 이건 철학의 영원한 주제이기도 하죠. 그 대답이 간단할 턱이 없죠. 그래도 최소한 잘 모른다는 건 알아야겠죠. 모르면서 모르는 줄도 모르고 아는 척하는 게, 더욱이 잘난 척하는 게 문제인 거죠. 형자신의 경우가 보여주듯이 그건 위험한 거니까요. 무지한자들의 그 아는 체함이, 잘난 체함이 형을 죽음으로 몰아넣었으니까요. 그런 점은 저 예수 그리스도의 경우도 완전히똑같습니다. 바리새인, 제사장, 그런 사람들의 아는 체함, 잘난 체함이 예수를 미워하게 했고 결국 십자가에 못 박혀

죽게 만들었으니까요. 이게 보통 문제가 아닌 거죠.

모르는 건 모른다고 인정하는 것, 그런 겸손이 필요하고 중요하다는 건 형뿐만 아니라 우리 동양의 공자도 노자도 강조한 적이 있었죠. 현실은 동서 가를 것 없이 똑같으니까요. 형이 그들을 안다면 참 반가울 텐데…. 공자는 "지지위지지 부지위부지 시지야(知之謂知之 不知謂不知 是知也: 아는 것을 안다고 하고 모르는 것을 모른다고 하는 것, 이것이 안다는 것이다.)"라고 말했고, 노자는 "지부지 상의 부지지 병의 성인불병 이기병병 시이불병(知不知, 尙矣, 不知知, 病矣. 聖人不病, 以其病病. 是以不病: 모르는 게 뭔지 아는 것은 우러를 일이다. 아는 게 뭔지 모르는 것은 병이다. 성인은 병이 아닌데, 그건 병을 병으로 여기기 때문이다. 그래서 병이 아니다.)"라고 말했죠. 표현이 다를 뿐, 그 내용과 취지는 같은 거죠. 특히 노자는 '무지의 지(知不知)'를 분명하게 말하고 있죠. 참 대단한 형들입니다. 존경스럽습니다.

형을 무척이나 따랐던 수제자 플라톤이 남겨준 형의 대화록들을 읽어보면 형이 알고자 했던 게 어떤 건지가 분명히 드러납니다. 덕, 진, 선, 미, 정의, 지혜, 용기, 절제, 우정, 사랑, 경신, 행복 …, 형이 평생 입에 담았던 단어들이지요. 형은 이런 게 진정으로 의미하는 게 뭔지 그 실질적인 내용을 알려고 했던 거죠. 입에 발린 말이 아니라, 그리고 지적 대화를 위한 한낱 지식으로서가 아니라, 구체적인 삶의 맥락에서, 사회적 현실에서 이런 게 펄떡거리며 살아 있었던 거죠. 형의 삶에서는 '앎'과 '말'과 '함'과 '됨'이 하나인 사위일체였으니까요.

아마도 훈아형은 이 세상에서 한 70여 년 인생이란 걸 살아보고 이런 게 정말로 중요한 거라는 걸 깨닫게 된 모양입니다. 그러니까 저런 노래를 부른 거겠죠.

지와 무지, 안다와 모른다, 특히 그 무지에 대한 지, 모른다는 것을 아는 것, 이게 도대체 뭐기에 형은 거기에 목숨까지도 걸었던 건가요? '안다'와 '모른다'는 사실 엄청난 차이라는 걸 사람들은 또 의외로 잘 모릅니다. 쉽게 생각해보면, 시험문제의 정답을 안다와 모른다, 물에 빠졌을 때 헤엄칠 줄을 안다와 모른다, 현관문의 비밀번호를 안다와 모른다, 그런 데서도 그 차이는 확연히 드러납니다. 말기 환자의 경우 치료법을 안다와 모른다는 더욱 그렇죠. 그런데 정작 중요한 것은 '무엇을' 아느냐 모르느냐, 그거겠죠. 내용이죠. 삶에서 중요한 것은 하나둘이 아니겠지만, 형은 마지막 순간까지도 '돈이나 지위나 명성' 같은 그런 것만 추구하지는 말라고 강조했었죠. 그 대신 말했던 게 덕, 진, 선, 미, 정의 … 그런 가치들이었죠. 형의 표현을 빌리자면 '영혼의 향상', 그게 형이 지향한 방향이었죠. 시대는 지금 그 반대 방향으로 질주하고 있지만, 사막의 오아시스처럼 일부에서라도 그런 게 아직 유효한 세상이기를 나는 기대해봅니다. 형, 테스형, 소크라테스형, 존경스러운 선배님, 가신지 2,400년 하고도 수십 년이 지났지만, 형은 여전히 현재적이네요. 가신 거기서도 그렇겠죠. 형이 기대했던 대로 거기서 내내 평안하고 즐거우시기를 삼가 기원합니다. 나도 곧 형이 떠났던 그 나이가 되어가네요. 요즘은 아직 젊은 나이지만, 여러 가지를 돌아보게 됩니다. 나도 그리고 세상도…. [20]

---

20) 졸저 《철학이 보는 시대의 풍경》(철학과현실사, 2021)에서 전재. 일부 수정 가필.

본론

그리운 영원의 가치들

01 무지의 지

"너 자신을 알라"

"너 자신을 알라(γνῶθι σεαυτόν gnothi seauton)."[21] 이것은 아마 2,600년 서양철학의 역사에서 가장 유명한 명제의 하나일 것이다. "인간은 이성적 동물이다", "나는 생각한다. 고로 존재한다", "아는 것이 힘이다", "인간은 생각하는 갈대다" 등등 무수한 명구들이 철학에는 있지만, 그중에서도 이 말은 사람들에게 특히 애용된다. 소크라테스의 말로 알려져 있다. 그런데 아니다. 응? 아니라고? 정말? 정말이다. 그럼 누구의 말? 고대 그리스의 7현인 중 하나인 킬론의 말이다. 철학의 시조로 평가되는 탈레스도 비슷한 말을 했다. "자기 자신을 아는 일은 어렵다"라는 게 그것이다. 그런데 왜 다들 소크라테스의 말로 알고 있지? 그럴 만

---

21) Nosce te ipsum(라), Know thyself(영), Erkenne dich selbst(독), Connais-toi toi-même(불), 认识你自己(중), 汝自身を知れ(일) 등으로 번역되어 전 세계에 널리 알려져 있다.

도 하다. 소크라테스를 통해서 유명해졌기 때문이다. 이 말은 라케다이몬(스파르타 일대)의 현자들에 의해 델포이의 아폴론 신전에 봉납되어 있었고,[22] 소크라테스는 이 말을 평소의 대화에서 자주 입에 담았다. 물론, 얼마나 '자주'였는지, 그 횟수를 확인할 수는 없다. 그러나 그가 이 말의 취지에 공감했고 그 정신을 자신의 것으로서 살리고자 했음은 분명해 보인다. 그 증거가 제자인 플라톤의 작품 곳곳에 남아 있다. 《카르미데스(Charmides)》(64D), 《프로타고라스(Protagoras)》(343B), 《파이드로스(Phaedros)》(229E), 《필레보스(Philebos)》(48C), 《알키비아데스(Alcibiades)》(I 124A, 129A, 132C), 《법률(Nomoi)》(II 923A) 등이다. 또 다른 제자인 크세노폰의 작품에도 남아 있다. 유명한 《소크라테스의 회상》이다. 이런 건 정확해야 한다. 우선 그 문맥을 직접 들여다보기로 하자.

[크리티아스]: 소크라테스, […] 나는 자신이 분명한 자의식이 없으면서 절제 있는 지혜로운 자가 될 수 있다는 결론을 인정하느니, 차라리 앞에서 한 말을 취소하고 자기의 잘못을 인정하기를 꺼리지 않겠네. 왜냐하면 나는 자기 자신을 아는 것을 지식의

---

22) 킬론과 탈레스의 말이 어떤 경로로 이렇게 정형화되었는지는 알 수 없다. 다만, 소크라테스는 라케다이몬(Λακεδαίμων, 스파르타)의 현인들이 모여서 이 말을 델포이의 신전에 봉납했다고 알려준다.

진수라 생각하고 있으며, 이 점에 있어서는 델포이 신전에 봉납한 "너 자신을 알라"는 현판의 말과 완전히 일치되네.

만일 내 견해에 틀림이 없다면, 이 말이야말로 그 신전에 들어온 자에게 신이 하는 인사라고 할 수 있으며, 흔히 하는 인사말로 "안녕하시오"라고 말하기보다 "절제하시오"라고 말하는 편이 훨씬 나은 인사가 될 걸세. 아마도 이 현판을 헌납한 사람의 진의(眞意)는, 신은 보통 사람처럼 말하지 않고, 참배자가 이 신전에 들어서자 맨 처음에 하는 말이, "절제하라"는 말이 되도록 하려는 데 있었다고 생각하네. 그리하여 그는 마치 예언자처럼 그렇게 말한 것일세. "자기를 알라"는 말은 "절제하라"—현판에 쓰인 글의 뜻에 포함되어 있는—는 말과 같은 뜻이니까.

그런데 이 말이 곧잘 오해를 일으키네. 그래서 그 후의 현인들이 "무슨 일이든지 지나치게 하지 말라", 또는 "맹세를 하면 화(禍)가 가까워진다"는 등의 말을 첨가한 적이 있었지만, 이것은 저마다 현판의 진의를 오해하였기 때문이네. 그들은 "자기를 알라"는 말을, 사람들이 신전에 들어설 때, 신이 그 사람에게 하는 인사임을 모르고, 신이 그 사람에게 주는 충고의 일종이라고 생각하는 것이었네. 그리하여 그들은 그런 말을 첨가하여 좋은 충고를 줄 것을 기대하였네. […]

[소크라테스]: 그런데 크리티아스, 당신은 내가 묻는 이 문제에 대하여 내가 잘 알고 있는 것처럼, 또는 내가 당신의 견해에 동의할 수도 있는 것처럼 이야기하지만, 나는 당신과 마찬가지

로 다만 당신이 제기한 문제에 대하여 탐구하고 있는 자에 지나지 않소. 그러므로 탐구가 끝나는 대로 내가 동의하는가의 여부를 말하고자 하오. 나에게 잠시 생각할 여유를 주오. 《카르미데스》

이들 현인은 모두 라케다이몬의 학문을 사랑한 자요 경쟁한 자이며, 또한 제자들로서 이들 현인의 지혜는 모두가 라케다이몬의 기품을 나타내고 마음에 새길 만한 격언을 잘하는 것입니다. 그들은 한자리에 모여 그들이 발견한 지혜의 첫 열매로서 유명한 격언을 델포이의 아폴론 신전에 봉납하였습니다. 이것이 사람들의 입에 잘 오르내리는 "너 자신을 알라", "무슨 일이든지 지나치지 말라"는 격언입니다.

내가 이와 같이 말하는 것은, 라케다이몬인들이 즐겨 격언을 말하는 것은 옛날 철학의 수법임을 말씀드리기 위해서입니다. 그리고 "선량한 인간으로 돌아가기 어렵다"는 피타코스의 말은 지혜 있는 사람들의 칭송을 받으면서 은밀히 유포되어왔습니다. 《프로타고라스》

나에게 그런 시간이 어디 있나. 나는 이런 것들을 알려고 하는 것이 아니라, 델포이의 문구(너 자신을 알라)에 따라 나 자신에 관해 알려고 하네. 그것도 아직 모르는데, 다른 것을 생각해본다는 것은 우스꽝스럽게 보이네. 그러므로 나는 이런 문제에 대해서도 손을 떼고, 이에 대해서는 방금 말한 대로 전설 그대로 믿고,

나 자신에 대해 생각해보려고 하네. 즉 내가 과연 튀폰보다도 더 복잡하고 정욕이 들끓는 괴상한 동물인가, 혹은 나면서부터 일종의 신성하고 겸손하고 온순한 속을 지닌 단순한 동물인가 말이네. […] 나는 학문을 무척 좋아하는 사람이라네. 《파이드로스》

[소크라테스]: 무지는 분명히 악이며, 우리가 어리석은 상태라고 부르는 것이 아니겠나? […]

그리고 그것은 델포이 신전의 그 말이 뜻하고 있는 것과는 정반대의 수동태를 갖는 악의 일종이네.

[프로타르코스]: 당신은 저 **"너 자신을 알라"**는 것을 말하고 있습니까?

[소크라테스]: 그렇네. 그러니까 그 반대라면 '자기 자신을 전혀 모른다'고 할 수밖에 없겠지? […]

그렇다면 그것[너 자신을 알라]을 셋으로 분류해보게. […]

자기를 모르는 자들은 각각 세 가지 수동태를 갖기 마련이네.

우선 첫째로 재산에 있어서 그들은 실제의 자기 재산 이상으로 부자라고 생각하고 있네. […]

그런데 자기를 실제의 키보다 더 크고 아름답고 또한 그 밖의 모든 신체적인 상태에 있어서보다 더욱 낫다고 생각하는 자들은 더욱 많지 않겠나? […]

그리고 수에 있어서 가장 많은 것은 세 번째로, 영혼 속에 깃들어 있는 상황에 관하여 잘못 알고 있는 사람들이네. 즉 자기가

덕에 있어서 남보다 앞서 있다고 생각하는 사람들이 많네. [⋯]

우리는 **어떤 사람에게도 무지는 악**이라고 말하였지? [⋯]

친구의 교묘한 지혜를, 오만한 아름다움, 그리고 지금 우리가 그 종류가 셋이라고 말하고 분류한 모든 것에 대한 교만 중에서, 무기력한 것은 비웃어주어야 하지만, 강력한 것은 미워해야 할 걸세. 친구의 이와 같은 성질은 남에게 해를 끼치지 않을 경우, 방금 말한 바와 같이 그것은 가소로운 것이라고 말해야 하지 않겠나? [⋯]

무지하기 때문에 불행하다는 것을 우리는 인정해야겠지?《필레보스》

우리는 결코 지금의 이 상태와 같은 무지에 안주해서는 안 됩니다.《라케스》

[에우튀데모스]: 솔직하게 말씀드리면, 저는 애지학(철학)에 부지런히 힘써왔다고 생각합니다. 그리고 이 학문이야말로 고아 유덕에 달하기를 원하는 인간에게 필수의 사물을 가장 잘 가르쳐줄 것으로 생각하고 있었습니다. 그런데 모처럼 공부한 것에 관하여 이렇게 아무것도 모르고, 무엇보다도 알고 있어야 할 것을 질문당하여 조금도 대답을 못하니 나 자신이 가련해지는 마음을 억누를 수 없습니다. 더구나 이 길 외에는 달리 자신을 개량할 길이 없습니다.

[소크라테스]: 말해보게나, 에우튀데모스. 자네는 지금까지 델포이에 가본 적이 있는가?

[에]: 네, 두 번 가봤습니다.

[소]: 그러면 자네는 신전의 어딘가에 새겨져 있는 "**너 자신을 알라**"는 말을 보았겠지?

[에]: 보았습니다.

[소]: 그렇다면 자네는 이 문구에 아무런 주의도 기울이지 않았는가? 그렇지 않으면 이것을 마음에 새겨서 자신이 누구인가를 생각해보았는가?

[에]: 아닙니다. 전혀 생각해보지 않았습니다. 저는 저 자신을 충분히 알고 있다고 생각했습니다. 자신마저 모른다면 다른 일은 알 리가 없는 것이기 때문입니다.

[소]: 자네는 자신의 이름만을 알고 있는 것으로 자신을 알고 있는 사람이라고 생각하는가? 그렇지 않으면 예를 들어 말을 사는 사람들이 순한 말인지 그렇지 않으면 사나운 말인지, 그렇지 않으면 약한지… 《회상》 제4권 제2장

속 편한 알키비아데스, 부디 나의 말과 델포이에 있는 글귀를 받아들여 자네 자신을 알도록 하게. 적수는 이들이지 자네가 생각하는 자(아테네 정치가)들이 아니니 말일세. 돌봄과 기술(앎)이 아니라면, 다른 그 무엇으로도 그들을 능가할 수 없을 걸세. 이것들을 결여한다면, 그리스 사람들 사이에서든 이방인들 사이에

서든 자네가 명성을 얻는 일 역시 결여하게 될 걸세. 내가 보기에 어느 누가 그 무엇을 사랑하는 것보다 자네가 더 사랑하는 것으로 보이는 그 명예 말일세.《알키비아데스》(강조는 필자. 이하 모두)

이상이다. 혹 내가 놓친 곳이 있는지 모르겠지만, 알려진 바로는 이게 소크라테스가 "너 자신을 알라"를 언급한 거의 전부다. 그러니 이 텍스트를 통해 우리는 이 말에 대한 소크라테스의 진의를 대략 짐작해볼 수 있다.

우선《카르미데스》를 보자. 여기서는 대화 상대인 크리티아스가 이 말을 인용한다. 그리고 자기 나름의 해석도 곁들인다. "'자기를 알라'는 말은 '절제하라'—현판에 쓰인 글의 뜻에 포함되어 있는—는 말과 같은 뜻이니까." 즉 이 말의 진의는 '절제하라'는 것이라고 그는 해석하는 것이다. 여기서 '절제'라는 말은 좀 뜬금없이 들리지만, 절제가 '자기를 내세우지 않음'이라는 것을 고려하면 결국 '중요한 것을 잘 모르면서 아는 척 자기를 내세우지 말라'는 말이 되니까 전혀 터무니없는 해석은 아니다. 이어서 그는 말한다.

이 말이야말로 그 신전에 들어온 자에게 신이 하는 인사라고 할 수 있으며, 흔히 하는 인사말로 "안녕하시오"라고 말하기보다 "절제하시오"라고 말하는 편이 훨씬 나은 인사가 될 걸세. 아마도 이 현판을 헌납한 사람의 진의(眞意)는, 신은 보통 사람처럼 말하지 않고, 참배자가 이 신전에 들어서자 맨 처음에 하는 말이, "절제하라"는 말이 되도록 하려는 데 있었다고 생각하네. 그리하여 그는 마치 예언자처럼 그렇게 말한 것일세. "자기를 알라"는 말은 "절제하라"—현판에 쓰인 글의 뜻에 포함되어 있는—는 말과 같은 뜻이니까.

  그런데 이 말이 곧잘 오해를 일으키네. 그래서 그 후의 현인들이 "무슨 일이든지 지나치게 하지 말라", 또는 "맹세를 하면 화(禍)가 가까워진다"는 등의 말을 첨가한 적이 있었지만, 이것은 저마다 현판의 진의를 오해하였기 때문이네. 그들은 "자기를 알라"는 말을, 사람들이 신전에 들어설 때, 신이 그 사람에게 하는 인사임을 모르고, 신이 그 사람에게 주는 충고의 일종이라고 생각하는 것이었네. 그리하여 그들은 그런 말을 첨가하여 좋은 충고를 줄 것을 기대하였네.

  크리티아스는 이 말에 대한 사람들의 오해까지도 언급한다. 이 말이 '충고'에 대한 기대라는 오해다. 그의 해석으로는 이게 그냥 일종의 '인사'라는 것이다. 크리티아스의 이런 해석에 소크라테스가 만족할 턱이 없다. 그래서 그는 이렇게 응수한다.

그런데 크리티아스, 당신은 내가 묻는 이 문제에 대하여 내가 잘 알고 있는 것처럼, 또는 내가 당신의 견해에 동의할 수도 있는 것처럼 이야기하지만, 나는 당신과 마찬가지로 다만 당신이 제기한 문제에 대하여 탐구하고 있는 자에 지나지 않소. 그러므로 탐구가 끝나는 대로 내가 동의하는가의 여부를 말하고자 하오. 나에게 잠시 생각할 여유를 주오.

소크라테스는 늘 이런 식이다. 그는 언제나 탐구의 과정에 있지 탐구의 결과를 똑 부러지게 제시해주지 않는다. 일반적으로는 대화의 상대방이 스스로 자기 안의 진리를 도출케 하는 소크라테스의 이런 면모를 '대화술(dialektike)', '산파술(maieutike)' 운운하며 높이 평가하는데, 나는 개인적으로 그의 이런 방식을 별로 좋아하지 않는다. 아주 높이 평가하지도 않는다. 그 의미는, 비록 훌륭한 것은 틀림없지만, 제한적이기 때문이다. 그가 대단한 위인임에도 불구하고, 공자, 부처, 예수 등과 동급이 되지 못하는 것도 그 때문이다. 저들은 하나같이 그 '결과'를 이미 가지고 있다.

그런데 《프로타고라스》를 보면 약간의 진전이 보인다.

이들 현인은 모두 라케다이몬의 학문을 사랑한 자요 경쟁한 자이며, 또한 제자들로서 이들 현인의 지혜는 모두가 라케다이몬의 기품을 나타내고 마음에 새길 만한 격언을 잘하는 것입니다. 그들은 한자리에 모여 그들이 발견한 지혜의 첫 열매로서 유명한 격언을 델포이의 아폴론 신전에 봉납하였습니다. 이것이 사람들의 입에 잘 오르내리는 "너 자신을 알라", "무슨 일이든지 지나치지 말라"는 격언입니다.

내가 이와 같이 말하는 것은, 라케다이몬인들이 즐겨 격언을 말하는 것은 옛날 철학의 수법임을 말씀드리기 위해서입니다. 그리고 "선량한 인간으로 돌아가기 어렵다"는 피타코스의 말은 지혜 있는 사람들의 칭송을 받으면서 은밀히 유포되어왔습니다.

소크라테스 본인이 직접 "너 자신을 알라"는 이 말을 언급하고 있는 것이다. 이게 '라케다이몬의 현인들[23]'이 한자리에 모여 그들이 발견한 지혜의 첫 열매'로서 신전에 봉납한 격언이라는 정보도 준다. 그리고 이런 격언을 말하는 게 '옛날 철학의 수법'이라는 것도 알려준다. 그리고 유사한 다른 격언들도 알려준다. 그런데 여기서도 이 말의 취지에 대한 그의 직접적인 언급은 아직 없다.

그런데 《파이드로스》에 보면 또 한 걸음의 진전이 눈에 띈다.

나에게 그런 시간이 어디 있나. 나는 이런 것들을 알려고 하는 것이 아니라, 델포이의 문구(너 자신을 알라)에 따라 나 자신에

---

23) 이 말의 취지를 처음 말했다는 킬론도 라케다이몬(스파르타) 사람이다.

관해 알려고 하네. 그것도 아직 모르는데, 다른 것을 생각해본다는 것은 우스꽝스럽게 보이네. 그러므로 나는 이런 문제에 대해서도 손을 떼고, 이에 대해서는 방금 말한 대로 전설 그대로 믿고, 나 자신에 대해 생각해보려고 하네. 즉 내가 과연 튀폰보다도 더 복잡하고 정욕이 들끓는 괴상한 동물인가, 혹은 나면서부터 일종의 신성하고 겸손하고 온순한 속을 지닌 단순한 동물인가 말이네. […] 나는 학문을 무척 좋아하는 사람이라네.

여기서는 소크라테스가 델포이의 이 문구를 완전히 자기의 것으로서 받아들이고 있음이 드러난다. "델포이의 문구(너 자신을 알라)에 따라 **나 자신에 관해 알려고 하네.**" "**나 자신에 대해 생각해보려고 하네.**" 이 말들은 주목할 필요가 있다. 실은 이런 게 철학하는 방식인 것이다. 소크라테스는 그 모범을 보인다. '그 유명한 말을 나는 알고 있다'로 끝나는 게 아니라, 그 말을 내면에 받아들여 자기 것으로, 자기의 관심사로 삼고 그 내용에 구애받으며 그 실천을 고민하는 것이다. 그런 것을 철학에서는 '주제화(Thematisierung)' 혹은 '사유화(Aneignung)'라 부르기도 한다. 철학은 이런 단계에서 비로소 진정한 의미를 갖기 시작한다.

'나 자신에 대해 알려고 한다'는 이 결정적인 주제화 외에도 소크라테스의 이 발언에서 두 가지 점이 우리의 관심을 끈다. 하나는, "그것도 아직 모르는데, 다른 것을 생각해본다는 것은 우스꽝스럽게 보인다"라는 것이고, 또 하나는, "내가 과연 튀폰보다도 더 복잡하고 정욕이 들끓는 괴상한 동물인가, 혹은 나면서부터 일종의 신성하고 겸손하고 온순한 속을 지닌 단순한 동물인가"라는 것이다. 전자는 이미 유명한 소위 '무지에 대한 자각', 그리고 그것의 우선성이고, 후자는 이른바 '가치 내지 선악[복잡과 단순, 정욕과 신성, 오만과 겸손, 포악과 온순]에 대한 관심'이다. 뒤에서 자세히 살펴보겠지만, 실은 이게, 이런 가치론이 소크라테스 철학의 핵심이다. '나는 아직 그것을 [제대로] 모른다'는 것은 소크라테스 철학의 대전제다. 바로 거기서 '알고자 함' 즉 애지(philosophia), 즉 철학/학문이 시작되는 것이다. 그 무지 내지 무지의 자각이 철학의 시작점 내지 원점인 것이다.

《필레보스》에서는 또 한 걸음의 진전이 있다. 무지를 문제시하는 것이다.

[소크라테스]: 무지는 분명히 악이며, 우리가 어리석은 상태라고 부르는 것이 아니겠나? […]
그리고 그것은 델포이 신전의 그 말이 뜻하고 있는 것과는 정반대의 수동태를 갖는 악의 일종이네.
[프로타르코스]: 당신은 저 "너 자신을 알라"는 것을 말하고

있습니까?

[소크라테스]: 그렇네. 그러니까 그 반대라면 '자기 자신을 전혀 모른다'고 할 수밖에 없겠지? […]

그렇다면 그것[너 자신을 알라]을 셋으로 분류해보게. […]

자기를 모르는 자들은 각각 세 가지 수동태를 갖기 마련이네.

우선 첫째로 재산에 있어서 그들은 실제의 자기 재산 이상으로 부자라고 생각하고 있네. […]

그런데 자기를 실제의 키보다 더 크고 아름답고 또한 그 밖의 모든 신체적인 상태에 있어서보다 더욱 낫다고 생각하는 자들은 더욱 많지 않겠나? […]

그리고 수에 있어서 가장 많은 것은 세 번째로, 영혼 속에 깃들어 있는 상황에 관하여 잘못 알고 있는 사람들이네. 즉 자기가 덕에 있어서 남보다 앞서 있다고 생각하는 사람들이 많네. […]

우리는 어떤 사람에게도 무지는 악이라고 말하였지? […]

친구의 교묘한 지혜를, 오만한 아름다움, 그리고 지금 우리가 그 종류가 셋이라고 말하고 분류한 모든 것에 대한 교만 중에서, 무기력한 것은 비웃어주어야 하지만, 강력한 것은 미워해야 할 걸세. 친구의 이와 같은 성질은 남에게 해를 끼치지 않을 경우, 방금 말한 바와 같이 그것은 가소로운 것이라고 말해야 하지 않겠나? […]

무지하기 때문에 불행하다는 것을 우리는 인정해야겠지?

보는 바와 같이 여기서 소크라테스는 '무지는 분명히 악이며 어리석은 상태'라고 단언한다. '무지'('자기 자신을 전혀 모른다'는 것)는 **'어떤 사람에게도 악'**이라는 그의 말에서는 단호함이 느껴진다. 그런데 어떤 무지? 내가 혹은 우리가 무엇을 모른다는 거지? 이게 실은 중요하다. 그 점에 대해 소크라테스는 여기서 중요한 언질을 준다.

첫째, '재산에 있어서 그들(자기를 모르는 자들)은 실제의 자기 재산 이상으로 부자라고 생각하고 있다'는 것,

둘째, '자기를 실제의 키보다 더 크고 아름답고 또한 그 밖의 모든 신체적인 상태에 있어서보다 더욱 낫다고 생각한다'는 것[즉 자기가 잘생긴 줄 안다는 것], 그리고

셋째, '영혼 속에 깃들어 있는 상황에 관하여 잘못 알고 있는 사람들, 즉 자기가 덕에 있어서 남보다 앞서 있다고 생각한다'는 것[즉 자기가 훌륭한 사람인 줄 안다는 것],

이 세 가지가 무지의 내용이라는 것이다. 공통적으로 '자기에 대한 과대평가'다. 자기의 실상을 제대로 모르는 것이다. 그가 가장 힘주어 말하고 싶은 것은 물론 이 중 셋째다. 그것은 그의 전체 문맥을 통해 자연스럽게 드러난다. 특히 그는 이 무지(자기에 대한 과대평가)가 교만으로 연결된다는 것을 알려주며 그런 교만을 '가소로운 것이라고 말해야 하고', '비웃어주어야 하고', '미워해야 한다'고 말한다. (교만/오만의 밑바탕에 무지가 있다는 그의 통찰은 특히 중요

하다. 그것은 자기에 대한 과대평가인 것이다. 이는 타자에 대한 과소평가와 맞물려 있다.) 즉 문제로서 경계해야 한다는 것이다. 심지어 그는 "무지하기 때문에 불행하다"라고까지 말한다. ("모르는 게 약이다"라는 말은 이 경우에는 적용되지 않는다.) 여기서 소크라테스 철학의 방향이 드러난다. 그의 철학은 가치론이요 윤리학인 것이다. (우리 시대의 비인기 종목이다.)

《라케스》에서도 소크라테스는 이 무지를 경계한다.

우리는 결코 지금의 이 상태와 같은 무지에 안주해서는 안 됩니다.

무지야말로 타개해야 될 '문제 상태'로서 설정되어 있는 것이다.

플라톤이 전해주는 이러한 방향은 크세노폰의 《회상》(제4권 제2장)에서도 확인된다.

[에우튀데모스]: 솔직하게 말씀드리면, 저는 애지학(철학)에 부지런히 힘써왔다고 생각합니다. 그리고 이 학문이야말로 고아유덕에 달하기를 원하는 인간에게 필수의 사물을 가장 잘 가르쳐줄 것으로 생각하고 있었습니다. 그런데 모처럼 공부한 것에 관하여 이렇게 아무것도 모르고, 무엇보다도 알고 있어야 할 것

을 질문당하여 조금도 대답을 못하니 나 자신이 가련해지는 마음을 억누를 수 없습니다. 더구나 이 길 외에는 달리 자신을 개량할 길이 없습니다.

[소크라테스]: 말해보게나, 에우튀데모스. 자네는 지금까지 델포이에 가본 적이 있는가?

[에]: 네, 두 번 가봤습니다.

[소]: 그러면 자네는 신전의 어딘가에 새겨져 있는 "너 자신을 알라"는 말을 보았겠지?

[에]: 보았습니다.

[소]: 그렇다면 자네는 이 문구에 아무런 주의도 기울이지 않았는가? 그렇지 않으면 이것을 마음에 새겨서 자신이 누구인가를 생각해보았는가?

[에]: 아닙니다. 전혀 생각해보지 않았습니다. 저는 저 자신을 충분히 알고 있다고 생각했습니다. 자신마저 모른다면 다른 일은 알 리가 없는 것이기 때문입니다.

[소]: 자네는 자신의 이름만을 알고 있는 것으로 자신을 알고 있는 사람이라고 생각하는가? 그렇지 않으면 예를 들어 말을 사는 사람들이 순한 말인지 그렇지 않으면 사나운 말인지, 그렇지 않으면 약한지…

여기서도 소크라테스가 "너 자신을 알라"는 이 말을 직접 입에 올리고 있음이 확인된다. 그리고 그가 이 문구에 '주의를 기울여야 한다', '이것을 마음에 새겨서 자신이 누구인가를 생각해보아야 한다'고 강조하는 것을 볼 수 있다. (자신이 누구인가라는 물음에 대해 이름만을 말하는 "나는 '홍길동'이다" 식의 대답은 아직 전혀 대답이 되지 못한다.) 자신이 '어떤' 사람이냐가 중요한 것이다.

자, 이제 주어진 모든 자료들을 검토했다. 그러니 적어도 이 문구에 관해서는 우리도 이 분야의 최고 전문가들과 동일한 조건을 갖추게 되었다. 그러니 자유롭게 이 말을 음미해보기로 하자.

"너 자신을 알라." 이 말은 많은 것을 생각하게 한다. 우선 이 말에는 두 개의 주제가 있다. 하나는 '자기'라는 문제이고, 또 하나는 '안다'는 문제다.[24] 물론 이 둘은 불가분리적으로 연결되어 있다. 소크라테스의 경우는 이것이 '자기의 무지'[자기를 알지 못함]라는 형태로 연결된다. 이런 문제가 이 말의 바탕에 깔려 있다.

그런데 왜? 그는 왜 이것을 문제로 삼았을까? 왜 델포이의 저 말이 소크라테스의 마음에 가 닿았을까? 철학을 하려는 사람은 모름지기 이런 물음으로 무장을 하고 철학자와 그들의 말에 접근하지 않으면 안 된다. 왜냐하면 철학

---

24) 이 둘은 각각 엄청난 대주제다. 논의가 지나치게 방만해지는 것을 피하기 위해 여기서는 소크라테스적 문제의식에 한정해 논의를 개진한다.

은 단순한 지적 유희가 아니기 때문이다. 문제에서 시작되는 일종의 의학, 정신의학이기 때문이다. 소크라테스의 경우도 마찬가지다. 그렇다면 어떤 문제? 물론 '알지 못함'(무지) 자체가 이미 문제다. 그러나 이 말은 아직 애매하다. 좀 더 분명히 해둘 필요가 있다. 알지 못함이 문제라는 것은 소크라테스의 경우, 두 가지 점에서 그렇다. 하나는, 우리가 진정으로 알아야 할 것을 제대로 알지 못한다는 것이다. 즉 무지의 내용이 문제다. 또 하나는, '알지 못한다'는 이 사실 자체를 알지 못한다는 것이다. 알지 못하면서 '아는 줄 안다', '아는 체한다'는 것이다. 그게 오만, 교만으로 나타난다는 것이다. 이 오만은 온갖 문제를 야기하는 위험한 것이다. 이 두 가지 점을 좀 더 깊이 들여다보자.

진정으로 알아야 할 것을 제대로 알지 못한다는 것, 이 첫 번째 문제는 플라톤이 전해주는 소크라테스의 철학적 문맥 전체에서 드러난다. 그는 평생을 '알고자' 애쓴 사람이다. (이 '알고자 애씀'이 애지 즉 철학(philosophia)의 본뜻이다.) 무엇을? 덕, 진, 선, 미, 정의, 지혜, 용기, 절제, 우정, 사랑, 경건, 행복 … 그런 것이다. 한마디로 가치다. 이런 것을 통한 '정신(ψυχή psyche)의 향상'이 그의 평생에 걸친 관심사였고 주제였다. 그것은 이른바 세속적인 '부귀공명'과 대척점에 있는 가치들이다(《변론》 참조). 이런 주제들을 제대로 알아야 하는데 사람들은 뜻밖에 그것을 제대로 모른다. 관심도 없다. (무지와 무관심은 서로 통한다.[25]) 그것이 소크라테스를 거리로 나서게 한 이유였다. 이런 진정한 가치에 대한 그의 관심은, 유명한 이야기지만, 《변론》 마지막 부분에서, 즉 사형이 확정된 그가 남은 사람들에게 어린 자식들을 부탁하는 장면에서, 확실하게 드러난다. 이 자식들이 훗날 커서 덕 등 진정한 가치 대신 돈이나 명성 등 세속적 가치만 좇는 사람이 된다면 자기가 평소 주변 사람들에게 그랬듯이 자기 자식들을 꾸짖어달라는 것이다.

나는 이 나라에서는 신에 대한 나의 봉사 이상으로 위대한 선이 생긴 일이 없다고 믿고 있습니다. 왜냐하면 내가 돌아다니며 하는 일은 여러분 모두에게 노인이든 청년이든 가리지 않고 여러분의 육신이나 재산을 생각하기에 앞서서 우선적으로 **영혼의 최대의 향상**을 고려해야 한다고 설득하는 것뿐이기 때문입니다. 나는 여러분에게 돈으로부터 덕이 생기는 것이 아니라, 공적이든 사적이든 간에 덕으로부터 돈과 기타의 좋은 일이 생긴다고 말하는 것입니다. […] 다시 한 번 나는 그대들의 호의를 요청하고자 합니다. 나의 아들들이 장성했을 때, 오, 나의 친구들이여, 그들을 처벌해주시오. 나의 아들들이 덕 이상으로 재산이나 기타의 일에 관심을 갖는다면, 나는 여러분을 시켜서 내가 여러분

---

25) 진정한 인식 즉 앎은 관심이 결정한다는 것을 현대철학이 알려준다. (하버마스, 《인식과 관심》 참조.)

을 괴롭힌 것처럼 그들을 괴롭힐 것입니다. 또한 만일 나의 아들들이 사실은 보잘것없으면서 훌륭한 체하면, 여러분은 내가 여러분을 꾸짖은 것처럼, 그들이 반드시 돌보아야 할 일을 돌보지 않고 사실은 보잘것없으면서 훌륭한 체한다고 그들을 꾸짖어주십시오.《변론》

그의 관심사 내지 지향점이 무엇이었는지 이 말에서 분명히 드러난다. 진정으로 알아야 할 바로 이런 것을 제대로 알지 못한다는 현실, 이것이 그에게는 '문제'였던 것이다.

그리고 '알지 못한다'는 이 사실 자체를 알지 못한다는 것(무지의 무지), 이 두 번째 문제 역시《변론》이 소상히 알려준다. 엄청 유명한 이야기다. 제자인 카이레폰이 델포이의 신전을 찾아가 '세상에서 소크라테스보다 더 현명한 사람이 있는가'에 대해 신탁을 구했고, '소크라테스보다 더 현명한 사람은 없다'는 신탁을 얻었고, 돌아와 그것을 전했고, 그것을 납득하지 못한 소크라테스가 확인을 위해 소위 현명한 사람들(정치가, 시인, 기술자들)을 일일이 찾아다니며 대화를 했고, 그 결과 그들이 모두 제대로 알지 못하며 그 모른다는 사실조차도 모른다는 사실이 드러났고, 그 무지를 납득시키려고 했고, 그 과정에서 그들의 미움을 사 결과적으로 고발을 당하기에 이르렀다는 것이다. 직접 들어보자.

그 결과는 다음과 같습니다. 나는 그와 대화를 시작하자마자 많은 사람들이 그를 현명하다고 생각하고 자기 자신도 매우 현명하다고 생각하고 있지만 사실은 그는 현명하지 않다는 생각을 금할 수가 없었습니다. 따라서 나는 그 자신은 현명하다고 생각하고 있지만 사실은 현명하지 않다는 것을 그에게 설명하려고 노력했습니다. 그런데 그 결과 나는 그의 미움을 샀고, 그 자리에 동석해서 내 말을 듣고 있던 사람들도 나에게 적의를 갖게 되었습니다. 따라서 나는 그와 헤어져 돌아오면서 생각했습니다. 그 사람도 나도 미(美)나 선(善)을 사실상 모르고 있지만 **나는 그보다는 현명하다고. 왜냐하면 그는 아무것도 알지 못하면서 알고 있다고 생각하지만 나는 알지도 못하고 또 안다고 생각하지도 않기 때문입니다. 따라서 알지 못한다는 것을 알고 있다는 점에서 나는 그보다 약간 우월한 것** 같았습니다. 그래서 나는 이 사람보다 더 현명하다고 알려져 있는 다른 사람을 찾아갔으나 결론은 마찬가지였습니다. 그렇게 해서 나는 그와 그 이외의 많은 사람을 적으로 만들었습니다.《변론》

무지와 그 무지에 대한 무지라는 그의 주제를 알려주는 결정적인 장면이다. 여기서 눈여겨보아야 할 것은 '그들'이 '자기 자신도 매우 현명하다[즉 잘 알고 있다]고 생각하고 있다'는 사실이다. 이게 바로 교만이요 오만이다. 앞서도 말했듯이 '자기 자신에 대한 과대평가'가 그 바탕에 있다. 소크라테스는 그것을 지적함으로써 그들의 감정을 건드렸다. 그것이 결국 소크라테스를 죽음으로 내몬 결과를 초래했다. 그래서 그 무지와 오만이 위험한 '문제'인 것이다. 소크라테스는 그것이 문제임을 입증하기 위해 자기의 목숨을 희생한 셈이다. 그러니 이 '무지'와 그 무지에 대한 무지가 문제임을 지적하기 위해 더 이상 무슨 증거가 필요하겠는가.

'안다', '모른다'는 것은 이토록 엄중한 것이다. 진정으로 중요한 것에 대해 우리는 그것이 무엇인지를 알아야 한다. 그 이전에 그것을 알고자 해야 한다. 관심을 가져야 한다. 중요한 줄을 알아야 한다. 모르면 모른다고 해야 한다. 적어도 모른다는 사실은 알아야 하는 것이다. 이른바 '무지의 지'다. 이게 곧 지혜다. 이것은 중국의 공자도 말한 적이 있고 노자도 말한 적이 있다. 후대의 니콜라우스 쿠자누스도 말한 적이 있다. "지지위지지 부지위부지 시지야(知之謂知之 不知謂不知 是知也: 아는 것을 안다고 하고 모르는 것을 모른다고 하는 것, 이것이 안다는 것이다.)" 공자의 말이다. "지부지 상의 부지지 병의 성인불병 이기병병 시이불병(知不知, 尚矣, 不知知, 病矣. 聖人不病, 以其病病. 是以不病: 모르는 게 뭔지 아는 것은 우러를 일이다. 아는 게 뭔지 모르는 것은 병이다. 성인은 병이 아닌데, 그건 병을 병으로 여기기 때문이다. 그래서 병이 아니다.)" 노자의 말이다.

"무지에서 통찰하는 힘은 무엇인가? 이것이 '현명한 무지(docta ignorantia)'가 아닌가?" 쿠자누스의 말이다. 이게 다 비슷한 취지의 말들이다. 이런 거장들이 이런 말을 했다는 것은 그만큼 이 '무지의 지'가 (모른다는 사실을 안다는 것이, 혹은 알게 하는 무지가) 중요하다는 말이다. 노자의 말은 마치 소크라테스를 염두에 두고 한 말인 것처럼 들리기도 한다. '병'이라는 그의 말은 '문제'라는 뜻이다. "너 자신을 알라"는 말을 '뒤집어 읽기' 해보면 이런 문제가 드러난다.

자, 이제 이 말을 기억하면서 우리의 현실을 한번 둘러보기로 하자. 우리는 과연 우리 자신을 잘 알고 있는가. 우리는 진정한 가치들에 대해서 잘 알고 있는가. 뭐가 정말로 중요한 것인지 제대로 알고 있는가. 그런 것에 애당초 관심이나 있는가. 소크라테스 이후 2,400년 하고도 수십 년이 지났건만 우리는 아직도 잘 모른다. 관심도 없다. 사람들의 관심은 여전히 (소크라테스가 우려했던 대로) 돈이나 지위나 명성, 그런 데로만 쏠린다. 정신의 향상, 덕, 진, 선, 미, 정의 … 그런 가치들은 안중에도 없다. 완전히 순위 밖으로 밀려나 있다. 그것이 우리 삶의 '질'을 결정하는 조건임을 사람들은 너무 모른다. 2천 수백 년 간 변함없는 세상의 혼돈과 문제들은 바로 거기서 즉 가치에 대한 무지에서, 무관심에서, 무지에 대한 무지에서, 자기에 대한 과대평가에서,

오만에서 기인한다. 그래서 이 무지라는 문제는 사실 영원한 주제다. 지속적이고 반복적이다. 그래서 실은 선택의 문제이기도 하다. 알 건지 계속 모를 건지. 우리는 지금 이 순간도 그 선택의 기로에 서 있다. 소크라테스는 오래전에 떠났지만, 그의 외침은 아직도 메아리로 들려온다. "너 자신을 알라." "너의 무지를 알라." "덕, 진, 선, 미, 정의 … 그런 가치들에 대한 너의 무지를 알라." 우리는 소크라테스 쪽에 줄을 서야 한다. 아직은 그 줄이 너무 짧다.

02 준법

"악법도 법이다"

"악법도 법이다." 이 역시 엄청 유명한 말이다. 이 말을 들으면 대개는 곧바로 소크라테스를 떠올린다. 그가 남긴 명언 중의 하나로 알려져 있다. 그런데 이 말도 "너 자신을 알라"와 마찬가지로 소크라테스 자신이 직접 한 말이 아니다. 응? 그럼 누구? 일본의 법철학자 오다카 토모오(尾高朝雄)가 한 말이다. 그는 일제강점기 시절 경성제국대학(현 서울대학교) 법문학부 교수였고 후에 동경제국대학(현 도쿄대학) 법학부 교수를 역임한 인물이다. 그는 1930년대에 출판한 책, 《법철학(法哲学)》에서 실정법주의(實定法主義)를 주장하며 이 말을 썼다. 그리고 소크라테스가 독배를 마신 건 악법도 법이므로 이를 준수한 것이라는 식으로 풀이했다. 그게 훗날 소크라테스가 한 말인 양 와전된 것으로 보인다. 오다카 토모오가 이런 말을 한 것은, 시대가 시대인

만큼 일본의 잔혹한 식민 통치를 합리화하기 위해서였다고 해석될 소지가 다분히 있다. 별로 좋게 들리지 않는다.

그런데 소크라테스는 직접 위와 같은 말을 한 적이 없다. "악법도 법이다"라는 말 자체는 실은 오다카의 창안도 아니며, 이미 유명한 고대 로마의 격언 "두라 렉스, 세드 렉스(Dura lex, sed lex: 비정한 법, 그래도 법)"를 그렇게 의역한 것이다. "두라 렉스, 세드 렉스"는 고대 로마의 법률가 도미티우스 울피아누스(Domitius Ulpianus, 170?-228)가 말했다고 알려져 있지만, 그 역시 자기 책에서 그 격언을 인용해 해석했을 뿐이다.[26] 다만, 국가와 국법의 결정은 거역하지 않고 따라야 한다는 그런 취지의 말은 소크라테스가 한 것이 사실이다.

나라가 내린 판결은 충실히 지키기로 되어 있지 않은가? […] 자네는 무슨 이유로 국법을 따르지 않고 파기하려는가? […] 자네가 조국이나 국법에 대하여 그처럼 거역해도 옳단 말인가? […] 국법이나 조국을 파괴하려 하는 것이 옳다고 생각하는가? 《변론》

---

26) 도미티우스 울피아누스 본인은, "quod quidem perquam durum est, sed ita lex scripta est(이것은 진실로 지나치게 심하다. 그러나 그게 바로 기록된 법이다)"라고 말했다. 흔히 "Dura lex, sed lex(It is harsh, but it is the law: 법은 가혹하다. 그래도 법이다)"로 정형화된다.

"악법도 법이다"가 그의 말인 양 해석될 여지는 있는 셈이다. 그의 행동도 실제로 그런 맥락이었다. 이하 자세히 검토해보자.

그는 기본적으로 국법을 따르는 것, 즉 준법을 가치로 인정했다. 그럴 의지도 표명했다. 관련된 그의 말을 직접 들어보자.

나는 언제나 국법을 따르려는 사람 중 하나일세. […] 에우튀데모스, … 자네는 델포이의 신께서 "신들에 대한 은혜를 어떻게 갚으면 좋은가"라는 질문을 받고 **"국법에 따르라"**고 대답하셨다는 것을 알고 있겠지? […] 신께서 이렇게 하라고 말씀하시기 전에 스스로 신을 존숭하는 것보다도 더 아름답고 더 미더운 존숭 방법이 어디에 있겠는가? […] 될 수 있는 한 경건한 마음으로 신에게 복종하는 일 이외에 신들을 기쁘게 해드릴 수 있는 일이 더 있겠는가? 《회상》

나는 여러분의 사형선고를 받고 이 자리를 떠나 죽음의 길에 오르고자 하지만, 여러분 역시 진리의 선고를 받고 사악과 부정의 길을 갈 것입니다. 그리하여 **나는 판결에 복종하겠지만,** 여러분도 역시 복종해야 할 것입니다. […] 나는 이렇게 된 것을 **당연하다**고 생각합니다. 《변론》

크세노폰의 《회상》과 플라톤의 《변론》이 전하는 이 말을 통해 우리는 소크라테스가 국법을 중시하는 사람이었음을 확인할 수 있다. '국법에 따르라'는 것, 당연하다면 너무나 당연한 일이지만 이 당연한 일도 너무나 많은 사람이 법률 따위를 가볍게 위반하는 세상의 현실을 그 배경에 놓고 보면 돋보이는 일이 아닐 수 없다.

더욱이 흥미로운 것은 소크라테스가 준법이라는 이 가치를 '신의 말씀'과 연결시켜 신성시한다는 사실이다. 그가 '신을 믿지 않는다'는 등의 죄목으로 고발을 당하고 재판을 받고 유죄와 사형 판결을 받았던 것을 생각하면 이런 실제 발언은 역설적인 울림으로 우리의 주목을 끌게 된다.

델포이의 신 즉 아폴론이 (실은 아마도 신관이) 이런 말을 했던 모양이다. 심지어 그것을 '신에 대한 보은'이라고 말했던 모양이다. 이는 그것이 당시 그리스의 '신성한' 가치관이었음을 알려준다. 소크라테스는 그것을 받아들이고 있을 뿐만 아니라 자신의 의지를 실어 강조까지 한다. '스스로 신을 존숭하는 것', '아름답고 미더운 존숭 방법', '신들을 기쁘게 해드릴 수 있는 일'이라는 표현들을 통해 우리는 법에 대한 소크라테스의 태도 내지 가치관을 짐작할 수 있다. 그에게 있어 '국법에 따르는 것'은 '경건한 마음으로 신에게 복종하는 일'이기도 했다.

또한 준법 내지 적법은 소크라테스에게 있어 '정의'[올바

름]이기도 했다. 정의는 잘 알려진 대로 소크라테스 철학의
한 핵심 주제였다. 유명한 히피아스와의 대화에서 우리는
그것을 확인한다. 법은 정의와 무관하지 않은 것이다.

히피아스, 나는 정의를 어떠한 것으로 생각하고 있는가에 대
해 끊임없이 세상에 개진해 보이고 있다는 것을 자네는 모르는
가? …

나는 해명은 아니라고 하더라도 행위로써 보이고 있네. 어쨌
든 자네는 말보다 행위 쪽이 증명으로서 가치가 있다고 생각되
지 않는가? …

자네는 부정한 일을 피하는 것이 정의라고 생각하지 않는가?
…

나는 언제나 **부정한 짓을 저지르기를 원하지 않는다**는 말이 정의
에 관한 충분한 해명이 될 것이라고 믿고 있네. …

숙고해보게나, 이렇게 말하면 마음에 들지 어떨지. 즉 나는 말
하네, **적법이 곧 정의**라고….

자네는 **국가의 법**이라는 것을 아는가? …

그렇다면, **그것에 따라 시민생활을 영위하는 자는 법을 준수하는
자요, 그것을 짓밟는 자는 법을 위반하는 자**가 아닌가? …

그리고 **그것[법]에 따르는 자는 올바른 행위를 하는 것**이고, 그것
에 따르지 않는 자는 부정한 행위를 한다는 것이 아닌가? …

마찬가지로 **정의를 행하는 자는 올바른 인간**이고, 부정을 행하

는 자는 부정한 인간이 아닌가? …

그렇다면 **법에 순응하는 것이 정의**이고 법을 어기는 것이 부정이란 말이군. 《히피아스》

소크라테스는 단호하게 말한다. '적법이 곧 정의'라고. '법에 따르는 것이 올바른 행위'라고. '법에 순응하는 것이 정의'라고. 이 말들을 통해 소크라테스가 어떤 인간인지가 곧바로 분명히 드러난다. 그는 옳고 그름, 정의와 부정, 이런 가치관을 마음에 두고 있으며, 그런 가치관에 입각해서 준법과 위법이라는 것을 입에 담고 있는 것이다. 아니, 그저 입과 마음에 두는 것으로 그치지 않는다. 단순한 학문적-이론적 논의가 아니라, 이것을 그의 실제 행동에서 실제 삶에서 고려하고 실천하는 것이다("나는 해명은 아니라고 하더라도 행위로써 보이고 있네."). 이런 단어들이 한 사람의 삶에서 주제가 되고 관심사가 되고 삶의 기준이 된다는 것은, 동서고금을 막론하고 인간 세상의 실제 현실(특히 지금 우리의 현실)을 고려해보면, 결코 흔한 것도 아니고 당연한 것도 아니다. 대개는 그렇지가 않다. 그래서 그의 철학이 돋보이고 빛을 발하는 것이다.

준법에 관한 그의 발언은 계속 이어지며 그것에 대한 '시민교육'을 거론한다. 법을 지키도록 가르쳐야 한다는 것이다. 이것도 우리의 주목을 끈다. 준법교육이 최선의 통치자가 할 일이며, 그 배경에는 '시민이 국법을 지킬 때 국가는 더욱 강하고 더 행복해진다'는, 그리고 '국법을 지키려는 시민들의 마음이 일치되지 않을 때 국가는 융성할 수 없고 가정도 번영할 수 없다'는 판단이 깔려 있다. 비록 법이 개정되고 폐지되는 경우가 있더라도 준수의 가치는 달라지지 않는다고 그는 생각한다.

그렇다면 자네는 법률을 폐지하는 일이 있다고 해서 국법을 준수하는 사람들을 열등시하는 것과 평화가 다시 맺어진다고 해서 군율을 지키는 사람들을 책망하는 것과는 얼마만한 상이가 있다고 생각하는가? […] 라케다이몬의 뤼쿠르고스도 법률의 준수를 최우선의 일로 생각하여 **시민들을 철저하게 교육**시키지 않았더라면 스파르타를 다른 도시와 하등의 차이도 없는 존재로 만들었을 것이네. … 자네는 국가의 지배자 중에서는 시민으로 하여금 국법을 잘 준수토록 한 사람이 최선의 통치자요 또 국가로서는 국법에 가장 잘 따르는 국가의 시민이 평화 시에 있어서도 가장 즐겁게 지내고 전쟁에 있어서도 무적인 것을 모르는가? […] 국법을 따르게 하기 위함이었네. 왜냐하면 **시민이 국법을 지킬 때 국가는 더욱 강하고 더 행복해지기 때문**이네. **국법을 지키려는 시민들의 마음이 일치되지 않을 때, 국가는 융성할 수 없고 가정도 번영할 수 없네.** 개인의 생활에 있어서도 국법을 준수하는 것에 못지않게 국가로부터 벌을 받는 일이 적고 영예를 많이 받는 일이 있을 수 있을까? 법정에 있어서도 이것에 못지않게 패소하는 일이 적고 이기는 경우가 많겠는가? 국법을 중히 여기는 사람 이외의 누구에게 재산 또는 아들딸의 후견을 맡기는 자가 있고, 국가 전체의 국법을 중히 여기는 사람 이외에 누구를 더 신임할 만한 인간이라고 생각하겠는가? [⋯] 법을 중히 여기는 사람을 두고 세상 사람은 이러한 사람 이외의 누구에게 같은 편이 되기를 원하겠는가? 어느 누가 이러한 사람 이외에 우리 편 군사령이나 경비대의 지휘나 국가를 위임하려 하겠는가? 법을 중히 여기는 사람 이외의 누구에게 보은을 기대할 수 있단 말인가? [⋯] 히피아스, 그렇기 때문에 나는 **적법한 것과 정의는 같은 것**이라고 하는 것이네. 《회상》

이상의 말만으로도 법에 대한 소크라테스의 태도는 분명히 드러난다. 특히 인용의 말미에 보이는 '적법한 것과 정의는 같은 것'이라는 그의 말은 그가 지향하는 방향을 다시 한번 확인시켜준다.

그런데 '소크라테스의 준법'이라는 것을 생각할 때, 우리는 이것을 단순한 객관적 '가치관' 정도로 여겨서는 안 된다. 왜냐하면 이것은 우리에게 익숙한 이른바 학문적 논의가 아니기 때문이다. 교과서 등을 통해 이미 유명한 소위 '지행합일'이라고 하는 소크라테스 고유의 노선이 있고 이 준법이라는 것도 예외 없이 그 노선에 포함되기 때문이다. 그에게는 앎과 말과 함과 됨이 불가분리적으로 통일되어 있다. 세상 지식인들이 흔히 그렇듯 그게 따로따로가 아닌 것이다. 재미삼아 이를 '**소크라테스적 사위일체**'라고 해도 좋다. 특히 이 준법이라는 것은 이것이 다른 것도 아닌 '그 자신의 죽음'이라는 결정적으로 중요한 사안과 맞물려 있기 때문에 원천적으로 실존적인 문제라는 성격을 갖는다.[27] 즉, 바로 이 법이 소크라테스 본인에게 유죄와 사형을 선고했고 그 법을 따른다는 것은 그로서는 그 사형을 받아들인다는 것이다. 그 법이 사실상 자기에게 가장 나쁜 것인데, 그런데도/ 그럼에도 불구하고 그것을 따라야 하는 것이다. 그러니 이게 어찌 객관적인 학문적 논의로 끝날 수 있겠는가. '투옥이나 사형에 대한 두려움'이 혹은 '위험'이 준법이라는 이 가치에 대한 회피 조건이 될 수 없음을 그는 분명히 말한다.

그러나 나는 투옥이나 사형을 두려워하여 부당한 의결을 하는 여러분을 따르기보다는 오히려 **위험을 무릅쓰고 법률과 정의 편에 서야 한다**고 굳게 다짐했습니다. 《변론》

---

27) 이른바 실존주의의 선구자인 키에케고가 소크라테스를 특별히 주목하고 거론하는 것도 그의 가치론에 이런 실존적인 맥락이 있기 때문이다. 나는 그렇게 해석한다. 그의 학위논문의 제목이 〈소크라테스에 주안점을 둔 아이러니 개념론(Om Begrebet Ironi med stadigt Hensyn til Socrates)〉이었다.

이게 소크라테스다. 이런 게 소크라테스의 철학이다. '위험을 무릅쓰고'[즉 '그럼에도 불구하고'/'그런데도']라는 것이 여기서 소크라테스를 돋보이게 한다. 이게 결코 누구나 할 수 있는 쉬운 일이 아니기 때문이다. 자기에게 불리한 것은 피하려 하는 것이 인지상정, 인간의 보편적인 본능이다. 보통은 '그래, 법은 마땅히 준수해야지. 그러나 나는 예외야.' 그렇게 생각한다. 특히 그 준수가 자기에게 불리할 경우, 온갖 자기합리화를 통해 혹은 자기기만까지 동원해서 피하기 위한 구실을 찾아낸다. 그 불리한 것이 '자신의 죽음'일 경우에는 더 말할 나위도 없다. 법을 따르면 자기가 죽는다. '그럼에도' 소크라테스는 자신의 생사보다도 '법률과 정의'를 더 중시-우선시하는 것이다. 이런 태도를 보면 그가 왜 철학자의 대표로서 역사에 이름을 남기게 되었는지가 이해된다.

소크라테스의 경우, 또 한 가지 특이한 점은, 그의 이러한 '위험을 무릅쓰고' '법률과 정의 편에 서서' '판결에 복종한다'라는 태도의 밑바탕에 이른바 '다이모니온의 목소리'라는 게 있다는 것이다. 앞에서 이미 말했듯이 준법이라는 것이 일종의 '신성'과 연결된다는 것이다.

여러분은 내가 **신 또는 정령[다이모니온]의 신탁이나 신호**를 듣는다고 여러 차례 여기저기에서 말하는 것을 들은 적이 있을 것입니다. 멜레토스가 소장에서 조소한 신도 바로 이 신입니다. 이 신호는 일종의 소리로서 내가 어릴 때에 처음으로 들려왔습니다. 이 소리는 내가 하려고 하는 일을 **금지**하기만 할 뿐 결코 어떤 일을 하라고 명령하지는 않습니다. 나에게 정치가가 되는 것을 **단념**시킨 것도 이 소리입니다. 그건 올바른 **반대**였다고 나는 생각합니다. […] [이 소리는] 오늘 아침에 내가 집을 나올 때도, 여기 법정에 들어서려고 할 때도 **반대하지 않았으며**, 변론 도중에 나 또는 내가 무슨 말을 하려고 할 때도 **반대하는 일이 없었습니**다.《변론》

오늘날 흔히 '양심의 소리'라고 해석되는 (사람들의 가슴에서 거의 사라져버린 혹은 실종된 혹은 행방불명인) 이 소리는 소크라테스의 경우, 부당한 생각이나 행동에 대한 '금지 혹은 반대'의 목소리로 작용하는데, 바로 이 사안, 즉 준법, 특히 법률과 정의를 위해 위험을 무릅쓰고 결행하는 준법에 대해 반대하지 않는다고 그는 말하는 것이다. 바로 이게 그 준법의 근거로 제시되는 것이다. 유명한 이야기지만, 이 소리는 그가 크리톤을 비롯한 지인들에게 탈옥을 권유받았을 때도 그것을, 즉 법의 판결을 준수하지 않고 탈옥하는 것을 반대한다. 역시 준법의 근거로서 작용하는 것이다.

비슷한 맥락이지만, 소크라테스는 이 다이모니온의 소리를 듣는 것처럼 '국법이나 통치권' 그 자체의 소리를 듣고 대화를 나누기도 한다. 문학적 설정이지만, 의인화된 그 법률의 소리 또한 위법적인 탈출을 반대한다. 즉 '법의 소리'가 준법의 근거로 제시되는 것이다. 《크리톤》의 그 부분을 살펴보자. 제법 길다. 하지만 참고를 위해 통째로 인용한다. 장소는 사형을 기다리는 감옥이고 대화자는 소크라테스와 크리톤이다. 탈출을 권하는 크리톤의 말에 소크라테스는 바로 그 '법의 소리'를 동원해 이렇게 응수한다.

[소크라테스]: 우리는 어떤 경우에도 부정을 행해서는 안 되지 않겠나? [⋯] 어떤 경우에도 부정을 행하는 것은 옳지 않으며, 또 불의를 불의로 갚는 것도 옳지 않다는 것을 잊어서는 안 되네. [⋯]

지금 내가 여기서 탈출 [⋯] 하였을 때, 국법이나 통치권이 이렇게 질문한다고 가정하세.

"소크라테스, 그대는 어쩌자는 셈인가? 그대가 하려는 일은 우리의 법률과 나라 전체를 파괴시키려는 것은 아닌가? 아니, 그대는 그 나라에서 내려진 판결이 아무 효력도 거두지 못하고 한 개인에 의해 무효가 되고 파괴되어도, 그 나라가 멸망하지 않고 존립된다고 생각하는가? [⋯] 나라가 내린 판결은 충실히 지키기로 되어 있지 않은가? [⋯] 그대는 무슨 이유로 국법을 따르지 않고 파괴하려는가? [⋯] 그대가 조국이나 국법에 대하여 그처럼 거역해도 옳단 말인가? [⋯] 국법이나 조국을 파괴하려 하는 것이 옳다고 생각하는가? [⋯] 조국은 부모나 모든 조상들보다도 훨씬 더 귀하고 엄숙하며 신성하여 신이나 지각 있는 인간들이 한층 더 가치 있는 것으로 간주한다는 것을 그대는 모른단 말인가? 그리고 조국이 노여워할 때에 부모가 노여워할 때보다 훨씬 더 두렵게 생각하여 순종하며 공경해야 하지 않겠나? 그대는 또한 조국의 명령을 따르지 않으면 안 되네. 만일 조국이 그대에게 어떤 명령을 내린다면, […] 그대는 꾹 참고 순종해야 하네. […] **그대는 싸움터에서나 법정에서나 그 밖의 어느 곳에서나 나라와 조국이 명령하는 것을 준행하지 않으면 안 되네.** […] 부모에 대해서 횡포를 부리는 것이 경건치 못한 것과 마찬가지로, 조국에 대해서도 그 명령에 따르지 않으면 안 되네. […] 소크라테스, 그렇다면 생각해보게. 그대가 지금 하려는 것을 우리는 옳지 않다고 말하였는데, 그것은 진리라고 생각하는가, 그렇지 않다고 생각하는가? 우리는 그대를 태어나게 하였을 뿐만 아니라, 기르고 가르치고 우리의 힘이 미치는 범위 안에서는 그대나 그 밖의 모든 국민들에게 최선을 다하지 않았는가? 그리고 아테네 사람으로서, 나라가 마음에 들지 않는다면 누구나 자기 모든 소유물을 갖고 어디든지 가고 싶은 곳으로 갈 자유가 있다고 선포하지 않았는가? 우리 국법은 어느 누구에게도 이처럼 마음에 들지 않을 경우에 다른 나라에 가서 살지 못하게 막는 일은 없네. 그리하여 누구나 우리나라가 싫어져, 식민지나 그 밖의 어떤 곳에라도 이주해가 살고 싶다면, 아무 데고 자기가 가고 싶은 곳으로 갈 수 있으며, 자기 소유물을 모두 가져갈 수 있게 되어 있지 않은가? 그러나 만일 누구든지, 우리가 재판하는 방법이나 그 밖의 나라를 다스리는 것을 보고서도 이 나라에 살고 있다면, 그는 이미 우리가 명령하는 것은 무엇이나 동의하였다고 우리는 주장할 수 있네. 따라서 **복종하지 않는 사람은 옳지 못한 일을 하고 있다**고 세 가지 죄목을 들어 말할 수가 있네. 즉, 자기 어버이가 되는 우리에게 순종을 하지 않는 것이며, 또한 자기를 길러온 우리에게 복종을 하지 않는 것이고, 그러므로 우리에게 복종하겠다고 동의한 언약을 저버리는 것일세. 뿐만 아니라 우리에게 어떤 잘못이 있다면, 우리에게 그것을 알아듣도록 깨우쳐주지를 않는 것일세. 우리는 그에게 명령을 할 뿐이지, 무조건 명령을 따르라고 난폭하게 강요하지는 않으며, 그에게 자유를 주어 명령을 준행하거나 우리를 설득하거나 마음대로 택하게 하였지만, 그는 어느 것도 택하지 않았네. 소크라테스, 만일 그대가 그와 같은 행동을 한다면, 그대는 아테네 시민 중에서 가장 큰 여러 가지 죄를 짓는 게 되네."

그리하여 내가 "어찌하여 그렇게 됩니까?" 하고 질문한다면, 아마도 내가 아테네 시민 중에서 누구보다도 분명하게 국법을 지키겠다고 동의하지 않았는가 하고 추궁할 걸세.

그리고 이렇게 말할지도 모르네.

"소크라테스, 나라와 국법은 그대가 누구보다도 잘 따르겠다고 동의한 충분한 증거를 갖고 있네. 만일 그대 마음에 들지 않았더라면, 어느 누구보다도 그대는 결코 이 나라에 머물러 있지 않았을 걸세. 그리고 이 나라에서 단 한 번 이스토모스에 간 일 외에는 이 나라 밖의 어느 곳에도 가지 않았네. 전쟁을 위해 아테네를 떠난 일 외에는 아무 데도 간 일이 없네. 또한 다른 사람처럼 여행도 하지 않았으며, 다른 나라의 일이나 법률에 대해서도 알려고 하지 않았네. 그대에게는 우리나라와 우리 국법이 만족할 만한 것이었네. 그처럼 **열렬히 우리를 지지하고 우리를 따르기를 동의**해온 그대가 아닌가? 그리고 그대는 이 나라에서 가정을 꾸몄네. 그것은 이 나라가 그대의 마음에 들었기 때문이 아닌가? 뿐만 아니라 이번 재판에 있어서도 만일 그대가 원하기만 하였다면 국외 추방의 벌을 제의할 수도 있었을 것이네. 즉 그대는 이 나라의 동의를 얻지 않고 행동할 수 있는 자유를 누릴 수도 있었을 걸세. 그럼에도 불구하고 그대는 사형을 당해도 무방하다고 태연스럽게 말하여 국외 추방보다 사형을 택하지 않았는가? 그런데 이제 와서 그때 한 말은 잊어버리고, **파렴치하게도 비천한 노예들이나 하는 탈주**를 하여 **국법을 파괴하려는 것인가?** 그와 같은 행위는 그대가 **국법에 따라 살기로 언약한 맹세를 어기는 것**일세. 그러니 그대는 이 점에 대하여 대답해보게. 우리는 그대가 **말로서가 아니고 행동으로서 이 나라의 법률에 따르며 살아가겠다고 동의한 것**으로 아네. 이것이 사실인가, 또는 사실이 아닌가?"

이 질문에 대하여 크리톤, 우리는 어떻게 대답해야 옳단 말인가?

[크리톤]: 동의할 수밖에 없네, 소크라테스.

[소크라테스]: 국법은 또 이렇게 말할 걸세.

"그대는 우리에게 **동의하고 약속한 것을 배반**하지 않는가? 그 동의나 약속은 강요당한 것도 아니며, 기만당한 것도 아닌데 말이네. 만일 우리가 그대 비위에 맞지 않고, 그 동의가 옳지 않다고 생각한다면, 그대는 70년 동안이나 생각하여 이곳을 떠날 수 있는 여유가 있었지 않나? 그러나 그대는 언제나 훌륭한 법률이 시행되고 있다고 칭찬하던 라케다이몬(스파르타 일대를 가리킴)이나 크레테, 또는 헬라스의 그 밖의 어떤 나라도 택하지 않았네. 그대는 오히려 절름발이나 소경이나 그 밖의 어느 불구자보다도 이 나라를 떠나지 않았네. 그처럼 그대는 이 나라와 국법이 어느 다른 아테네 사람보다도 비교할 수 없을 정도로 마음에 들었다는 것은 분명하네. 법률이 없는 나라를 어느 누가 사랑하겠나? 그러한 그대가 동의한 것을 지금에 와서는 지키지 않겠다는 건가? 그대가 우리의 말을 알아듣고 **국법을 지킨다면 이 나라를 버리고 도망침으로써 모든 사람들의 조소를 당하는 일은 없을 걸세.** 그리고 또한 이와 같은 것도 생각해보게. 만일 그대가 **국법을 어기고 나라를 배반하는 잘못을 저질렀을 경우에 그대 자신은 말할 것도 없고 그대의 친구들에게 어떤 도움을 줄 수 있겠는가? 그대의 친구들마저 국외로 추방을 당하고 재산을 몰수당하는 재난을 면치 못하리라는 것은 자명한 일이 아닌가?** 그리고 무엇보다도 그대 자신이 이곳에서 가장 가까운 나라 테베나 메가라—두 나라는 모두 좋은 법률을 지니고 있으므로—**로 간다고 하더라도, 소크라테스, 그대를 그 나라에선 국적(國敵)으로밖에 대해주지 않을 걸세.** 그리하여 애국적인 정신이 있는 사람이라면 누구나 **그대를 국법을 거역한 사람이라고 하여 감시할 걸세**. 그리고 그대는 재판관들의 견해를 확증해주고, 그 판결이 정당하다고 인정하게 될 걸세. 그리하여 **법률을 거역한 사람은 누구든지 철없는 젊은이를 타락시키는 사람으로 간주하게 될 것이** 아닌가? 대체 그대는 좋은 법률이 시행되고 있는 나라들을 피해 다니려는가? 그래도 그대는 **삶의 보람**을 느낄 수 있단 말인가? 그런데도 그대는 **부끄러운 줄도 모르고** 그들과 가까이 사귀며 옛날과 같이 이야기를 주고받을 심산인가? 소크라테스, 그래도 여전히 **인간에게 가장 소중한 것은 덕이며, 정의나 질서나 국법을 따르는 것**이라고 말할 수 있겠나? 그리하여 그대는 **아는 것과 행하는 것이 다르다는** 말을 듣고 싶은가? 우리는 **그대가 이렇게 되리라는** 것을 믿어 의심치 않네. 그대가 이 지방을 떠나서 테살리아의 크리톤 친구에게 가서 의탁한다고 치세. 그곳은 그야말로 무질서하고 방탕한 곳이므로, 필경 그곳 사람들은 그대가 어떻게 탈주하였는가를 듣고 싶어 할 걸세. 그들은 탈주자들이 흔히 입는 옷을 입고 해괴한 모습을 한 그대의 이야기에 귀를 기울일 걸세. '**나이가 많고 여생도 얼마 남지 않았는데, 어찌하여 가장 소중한 국법을 어기고 목숨을 부지하는 데만 급급하고 있을까?**' 개중에는 이런 말을 하는 사람도 없지 않을 것이네. 그대가 남의 감정을 상하지 않으면 아마 이런 일은 없을지도 모르네. 그러나 만일 남의 감정을 상하게 한다면 그대는 자신에게 당치 않은 말을 많이 들을 걸세. 그리하여 **그대는 많은 사람들의 눈치를**

보면서 노예가 되어 여생을 살아갈 걸세. 테살리아에 간들 대체 그대는 **무엇을 하며 살아가겠나?** 그대는 마치 여행을 간 사람처럼 좋은 음식이나 먹고 마시며 지낼 게 아닌가? 그대는 **정의나 덕에 대하여 하던 이야기는 어찌할 셈인가?** 그렇다면 자녀들을 위해서, 즉 그들을 기르고 가르치기 위해서 살겠단 말인가? 그들을 테살리아로 데리고 가서, 외국인처럼 기르고 가르쳐서, 그들을 외국 사람으로 만들고 외국인의 생활을 하게 만들려는가? 만일 그렇지 않다면, 그대는 그들과 함께 있지 않더라도 그대가 살아 있기만 한다면 한층 더 훌륭하게 기르거나 가르칠 수 있다고 생각하는가? 그대의 친구들이 그들을 돌봐줄 테니까 말일세. 그런데 그대는 대체 어떻게 생각하나? 그대가 테살리아로 간다면 그들을 보살펴주지만, 그대가 저세상으로 간다면 보살펴주지 않으리라고 믿는가? 적어도 그대의 친구라는 그자들이 사람다운 사람이라면 그대가 어디로 가거나 보살펴줄 게 아닌가? 소크라테스, 그대를 길러준 우리 말을 받아들여, 저세상으로 가서 이와 같은 모든 사실이 그곳 통치자들에게 떳떳이 변명할 수 있도록, **자식이나 목숨이나 그 밖의 어떠한 것이라도 정의보다 존중해서는 안 되네.** 왜냐하면, 그와 같은 일을 할 경우엔, 그대에게나 그대의 친척이나 그 밖의 어느 누구에게도 가장 훌륭하고 가장 옳고 가장 경건한 사람으로 보이지는 않을 걸세. 그리고 또 저세상에 가더라도 한층 더 좋은 일은 없을 걸세. 아마 그대가 지금, 이 세상을 떠난다면, 우리 국법에 의해서가 아니라 인간들의 누명을 쓰고 떠나는 걸세. 그러나 그대가 그처럼 옳지 못한 방법으로 부정에 대한 보복을 하고, 그대 스스로가 우리에게 동의하고 약속한 것을 배반하며, 조금도 해를 끼쳐서는 안 되는 그대 자신과 친구들과 나라와 법률에 해를 끼치고 떠난다면, **우리의 노여움을 살 것이며, 저 세상에서도 그곳 법률이 그대를 기꺼이 맞아들이지 않을 걸세.** 그들은 그대가 우리의 뜻을 거역했다는 사실을 알고 있을 테니까. 오히려 우리보다도 크리톤의 설득을 받아 그 뜻을 따라서는 안 되네."

친애하는 크리톤, 알겠나? 내 귀에는 이와 같은 말들이 들려오는 것 같네. 《크리톤》

이상과 같다. 소크라테스는 좀 장황할 정도로, '법의 소리'를 대변하며 탈출의 부당성을 이야기한다. 물론 이게 사실상 소크라테스 본인의 생각임은 말할 것도 없다. 여기서는 '어떤 경우에도', 즉 자기가 죽더라도 법을 따라야 하는 나름의 여러 이유들이 제시된다. 핵심을 정리하자면 대략 이렇다. 우선은 그게 당위이기 때문이다. 그는 여러 차례 단호히 말한다. '안 된다', '옳지 않다', '따라야 한다', '순종해야 한다', '준행해야 한다'고. 그게 '소중한 것'이라고. 그리고 거기에 덧붙여 이런 이유들이 있다. 법을 따르지 않고 탈출을 하는 것은 사실상 '국법에 따라 살기로 언약한 맹세를 어기는 것', '동의하고 약속한 것을 배반하는 것'이기 때문이다. 말하자면 약속 위반이다. 그리고 '국가를 파괴하는

[나라의 존립을 위태롭게 하는] 것'이기 때문이다. 말하자면 반국가적이라는 것이다. 그리고 '법을 따르지 않고 탈출해 봤자 더 좋을 일도 없을 것이고, 삶의 보람도 느낄 수 없을 것이고, 언행이 일치하지 않는다는 소리를 들을 것이고, 모든 사람들에게 조소와 멸시를 당할 것이고, 하던 대로 철학도 못할 것이고, 외국에서 자녀 교육에도 문제가 있을 것이고, 남의 눈치를 보고 노예 같은 삶을 살게 될 것'이기 때문이다. 말하자면, 위법해봤자 좋을 것도 없다는 것이다. 또한 법을 따르지 않고 탈출을 하면 '자신과 친구들과 나라와 법률에 해를 끼치게 되며 이들에게 노여움을 살 것이고 환영을 받지 못할 것'이기 때문이다. 말하자면, 반응이 나쁘다는 것이다. 그렇게 그는 생각한다. 하여간 옹고집이다. 그의 말에 현실적인 나름의 설득력이 없는 것도 아니고 다이모니온의 반대가 없었던 것도, 또 "이제 내 나이가 나이[70세]니만큼 죽음이 다가왔다고 해서 안절부절못한다면 얼마나 볼썽사납겠나. […] 만일 그것[내일이 마지막 날]이 신의 뜻이라면 나는 기꺼이 죽으려고 하네"라는 것도 다 나름 합당해 보이지만, 가족, 친구, 제자들로서는 그의 이런 옹고집이 하여간 답답했을 것이다. 그러나 바로 이런 옹고집이 소크라테스를 보통 사람들과 차별화하고 돋보이게 했던 것은 틀림없다. 아무나 쉽게 할 수 있는 생각이나 행동이 아닌 것이다.

소크라테스의 말은 맞다. 옳은 말이다. 준법, 법을 지켜야 한다는 것은 당위다. 당연한 가치다. 이런저런 개인적 사정이나 구실로 그걸 가볍게 생각하고 어긴다면 국가의 질서는 지켜지기 어려울 것이다. 무법천지가 되고 국가의 존립이 위태로워질 수도 있다.

그러나 "악법도 법이다"라는 것은 그렇게 간단/단순하지는 않다. 악법임이 명백함에도 그것이 실정법이기 때문에 지켜야 하는가 하는 것은 또 다른 문제다. 철학적인 주제로 검토해볼 필요가 있다. 무조건 준수가 능사가 아닐 수도 있다. 위에서 이미 살펴보았지만, 소크라테스도 '악법이라도 법이라면/법이므로 무조건 지켜야 한다'라는 식으로 단언하지는 않았다.[28] 문맥을 보면, 그가 판결을 준수하는 것은 악법도 법이므로 무조건 따른다기보다, 그 준수가 곧 정의이므로 오히려 그 정의로써 악법에 즉 부당한 판결에 맞선다는 뉘앙스가 없지 않다. 법철학적으로도 검토해보아야 할 부분이 하나둘이 아닐 것이다. 여러 형태의 악법을 직접 경험해본 우리 한국에서는 더욱더 그렇다. 나쁜 사람들이 나쁜 의도로 만든 법도 없지 않기 때문이다. 법 자체가 악법이 아니더라도 법 적용에서는 이른바 '오심'이라는 것도 있을 수 있다. 20여 년간 무죄를 주장하던 사형수가 사

28) 물론 그의 말과 행동에 그런 뉘앙스가 없지는 않다.

형 집행된 직후 증거가 발견돼 그 무죄가 밝혀졌다는 보도
도 있었다. (유명한 영화《쇼생크 탈출》의 소재도 그런 부류
였다.) 그런 사례는 실제로 드물지 않다. 그것도 문제가 될
수 있다. 2,400년 전과 지금이 같을 수는 없다. 소크라테스
의 경우가 '어떤 경우에도' 무조건 표준이 될 수는 없다. 그
의 말대로 '부정을 저지르는 것'은 '어떤 경우에도' 있어서는
안 되겠지만, 이 '어떤 경우에도'가 '악법의 경우에도' 무조
건 따라야 한다는 의미는 아니다. 어떤 법이 악법이냐 아니
냐 하는 것은 특정 개인이나 특정 집단이 아니라 건전한 이
성이 판정한다. 건전한 이성이 '악법'으로 판정한 경우라면
무조건 준수가 아니라 그 개정이나 폐지가, 내지는 그 노력
이, 투쟁이 '정의로운' 것이 될 수 있다.[29] 여러 다양하고 복
잡한 '경우의 수'가 있을 수 있는 것이다. 평소의 소크라테
스는 그런 경우의 수를 검토하는 데 아주 선수였다. (좀 심
하게 말하자면 [나처럼 그에게 우호적인 사람조차도] 지겹
고 짜증날 정도로 이런저런 경우를 따지고 검토한다.) 그런
데 바로 이 경우, 즉 악법임이 명백한 경우, 혹은 명백히 잘
못된 판결인 경우, 이런 경우도 그것을 준수하는 것이 과연
정의인가 하는 것에 대해서는 좀 유감스럽게도 구체적인 논

---

29) 위의 인용에서도 법의 소리 자체가 '우리에게 어떤 잘못이 있을 때 우리
　　가 그것을 알아듣도록 깨우쳐주지 않는 것'을 탓하고 있다. 오류 가능성
　　과 개정 가능성을 법 자체가 인정하고 있는 것이다.

의와 정답을 제시해주지 않는다. 일반론과 그의 사정만을 말해줄 뿐이다.

그런데 그는 늘 이런 식이다. 그의 역할은 문제를 제시하는 것이지 정답을 제공하는 것이 아니었다. 그게 소크라테스의 특징이기도 했다. 답은 우리 스스로가 우리 안에서 찾아야 한다. 그게 그의 이른바 대화술(dialektike)이고 산파술(maieutike)이다. 도리 없다. 자, 그럼 각자 생각해보자. 악법도 법이므로 무조건 준수하는 것이 옳은가. 아니면 악법은 준수하지 않아도 좋은가. 이 문제를 문제로서 제기하기 위해 소크라테스는 그 자신의 목숨을 희생했다. 악법임에도 그것을 준수하여 자신의 죽음을 받아들인 것이다. 참으로 별난/특별한 존재가 아닐 수 없다.[30] 그는 그것을 우리 자신에게 고스란히 숙제로 남겨줬다. 당신의 대답은 무엇인가?

---

30) 단, 소크라테스는 근대적 의미에서의 법철학자가 아니라 일반 가치론 내지 정의론의 테두리 안에서 법의 준수를 거론한 도덕철학자임을 잊어서는 안 된다. 논의의 영역 내지 장(場)이 다른 것이다.

03 의연한 죽음

"죽음을 슬퍼할 까닭이 없다"

소크라테스 철학의 주제 중 하나에 '죽음'이 있다. (굳이 가치론적으로 정형화하자면 '의연한 죽음'이다.) 일반인들에겐 이 사실이 좀 낯설지도 모르겠다. 그러나 철학에 좀 관심이 있는 이들에겐 그렇지도 않다. '소크라테스의 죽음'은 꽤나 유명하기 때문이다. 제법 알려진 대로 소크라테스는 '독배'[31] 를 마시고 죽었다. 고발을 당하고 재판을 받고 사형을 당한 것이다. (예수와 비슷한 경우다.) 유죄 판결을 내린 배심원단의 표차가 아주 근소했다(280 대 221). 터무니없이 억울한 판결이다. 그런데도 그는 이 죽음 앞에서 의연했다.[32] 바

---

31) 우리 식으로 말하면 '사약'.

32) 자신의 죽음 앞에서, 그것도 사형 앞에서 흔들리지 않고 의연하다는 것은 쉬운 일이 아니다. 토머스 모어, 이순신, 안중근 등 유사한 사례가 없는 것은 아니지만 드문 일이다. 보통의 경우라면 저 드라마《모래시계》의 박태수(최민수)처럼 "나 지금 떨고 있냐." 하는 게, 혹은 드라마의 장희빈처럼 발악을 하는 게 정상인 것이다.

로 이 의연한 죽음이 소크라테스의 이미지 형성에 중요한 (혹은 결정적인) 한 축을 이루고 있다고 해도 과언이 아닐 정도다. 제자 파이돈은 그 마지막 모습을 이렇게 전한다.

나는 그분이 죽어가는 데 대하여 측은한 마음이 전혀 들지 않았네. 그럴 수밖에 없는 것이 그분의 말씀이나 행동은 매우 행복스러워 보였으니까. 에케크라테스, 그분에게서는 두려운 빛이라고는 찾아볼 수 없었네. 정말 보기 드문 고결한 임종이었네. 《파이돈》

《변론》, 《크리톤》, 《파이돈》의 전문을 보면 우리는 소크라테스가 죽음에 이르게 되는 그 생생한 전체 맥락[33]을 소상하게 알 수 있다. 확실히 뭔가 다르다. 죽음을 대하는 그의 태도는 보통 사람들의 그것과는 확연히 구별된다. 가장 일반적-대표적인 태도인 두려움과 슬픔이 없다. 두려움이 없었다는 것은 위의 인용에서 확인되고, 슬픔이 없었다는 것은 슬퍼하는 아내 크산티페를 집으로 돌려보낸 데서, 그리고 슬퍼하는 지인들을 나무라는 데서 확인된다.[34]

우리가 감옥 안에 들어갔을 때는 막 사슬에서 풀려난 소크라

---

33) 피소-재판-판결-집행 연기-도주 권유-거절-사형 집행.
34) 당시의 모습이 플라톤의 《파이돈》에 자세하게 묘사되어 있다.

테스 곁에는 […] 크산티페가 어린애를 안고 앉아 있었네. 그녀는 우리를 보자마자 흔히 여자들이 그러듯이 울부짖었네.

"소크라테스, 이제 친구분들이 당신과 이야기하는 것도 오늘로 마지막이네요."

소크라테스는 크리톤을 바라보며 말하였네.

"크리톤, 사람을 시켜서 크산티페를 집으로 보내주게."

그리하여 크리톤의 하인이 가슴을 치며 울부짖는 그녀를 데리고 나갔다네. 그녀가 돌아가고 난 후에 소크라테스는 침대 위에 앉아서 무릎을 꿇고 주무르면서 입을 열었네. 《파이돈》

죽음 앞에서 그는 최소한의 고뇌도 없다. 버들가지를 흔드는 한 줄기 바람도 없어 보인다. 신의 아들이라는 예수조차도 "할 만하시거든 이 잔을 내게서 지나가게 하옵소서"라고 했는데, 소크라테스에게는 그마저도 없다. 가슴을 치며 울부짖는 크산티페와는 너무나 대조적이다. (30세와 70세라는 죽을 당시의 나이 차 때문인지도 모르겠다.) 《파이돈》이 상세히 전하는 그의 마지막 모습은 감동적이기까지 하다. 그는 안타까이 독배를 전하는 사형 집행인을 오히려 위로하기도 하고, 독배를 든 다음의 상태들에 대해 이것저것 물어보기도 한다. 집행인의 설명을 담담히 들으며 조금의 동요도 없다. 그리고 망설임 없이 독배를 비운다.

그분은 … 조용히 약을 마셨네. 우리는 그때까지는 간신히 슬픔을 억제할 수 있었지만, 그분이 약을 드시고 나자 더 이상 참을 수 없었네. 나는 눈물이 폭포수처럼 쏟아져 얼굴을 가리고 울었네. […] 크리톤은 나보다 먼저 울음을 참지 못하고 밖으로 나갔으며, 아폴로도로스는 그때까지 울고 있었지만, 슬픔을 참지 못해 큰 소리로 흐느껴 울었으므로 어느 누구도 충격을 받지 않을 수 없었네. 오직 소크라테스만이 조용히 계셨네. 그분이 드디어 입을 열었네.

"대체 무슨 짓들을 하고 있나? 도무지 알 수 없는 사람들이군. 내가 그 때문에 여자들을 돌려보내지 않았나? 모두 조용하게. 그리고 진정하게. 사람은 마땅히 조용히 죽어야 하는 줄 아네."

우리는 이 말을 듣고 부끄러운 생각에서 눈물을 삼켰네.《파이돈》

소크라테스는 이윽고 감각이 둔해져 자리에 누워 죽어가다가 문득 입을 열고 마지막 부탁을 남긴다. 유명한 장면이다. "아, 크리톤, 아스클레피오스에게 닭 한 마리를 빚졌네. 기억해두었다가 갚아주게."라고 한 것이다. (자기는 이제 죽게 되어 직접 가는 게 불가능하니) 대신 바쳐달라는 말이다. 역시 잘 알려진 이야기지만, 당시 그리스인들은 병에서 회복이 되면 감사의 뜻으로 의술의 신인 아스클레피오스에게 닭을 바치는 풍습이 있었는데, 소크라테스는 자신의 죽음이 바로 그런 회복(괴로운 일에서 놓여나는 것)에 해당하니 감사할 일이라고 여긴 것이다. 철학자다운, 인상적인 유언이 아닐 수 없다. 죽어가는 마당에 이런 여유를 부리기가 어디 쉽겠는가.

이러한 의연함은 대체 어디서 온 것일까? 그 바탕에 대체 뭐가 있는 것일까? 우선 두 가지가 있다. 그 자신이 알려준다. 하나는 '나이'이고 하나는 '신의 뜻'이다. 좀 구체적으로 말하자면, 나이가 70이니 살 만큼 살았는데 죽게 되었다고 안절부절못하는 건 꼴불견이라는 인식이고, 그리고 죽으라는 게 신의 뜻이라면 거역하지 말고 응당 따라야 한다는 자세이다. 이런 사실은 《크리톤》에서 확인할 수 있다. 소크라테스는 탈옥을 권유하는 크리톤에게 이렇게 말한다.

크리톤, 이제 내 나이가 나이이니만큼 죽음이 다가왔다고 안절부절못한다면 얼마나 볼썽사납겠나? […]
크리톤, 만일 그것["내일이 마지막 날이 될 게 아닌가?"]이 신의 뜻이라면 나는 기꺼이 죽으려고 하네. 《크리톤》

'나이가 나이니만큼', '신의 뜻이라면', 이 두 가지를 철학적으로 사유해보자. 우선 '나이'라는 것.
하긴 그렇다. 나름 수긍이 된다. 2,400년 전 당시의 70

이라는 것은 지금으로 치자면 잘은 몰라도 한 90에 해당하는 건지도 모르겠다. 그렇다면 비단 소크라테스뿐만 아니라 많은 사람들이 비슷한 생각을 하고 비슷한 태도를 취할지도 모른다. 그때나 지금이나 적지 않은 사람들이 '이만큼 살았으면 됐지, 뭘 조금 더 살겠다고 안절부절못하고 도망을 치나. 그건 볼썽사납다.' 그렇게 생각하며 담담하게 죽음을 받아들일 수도 있다. 저 심리학자 엘리자베스 퀴블러-로스의 연구처럼 그 죽음의 '수용'이 부정-분노-협상-우울의 단계를 거쳤을 수도 있다. 그러나 설혹 그렇다 하더라도, 즉 이런 태도가 아주 드문 게 아니라 하더라도, 소크라테스가 보여준 이런 의연함의 가치가 반감되거나 없어지는 것은 아니다. 왜냐하면 사람마다 죽음의 양상은 참으로 다양하며 의연한 수용은 어떤 경우에도 쉬운 일은 아니기 때문이다. 참고로, 비슷한 상황에서 의연한 수용 대신 구차한 도주를 택한 아리스토텔레스는 좋은 대비가 된다. 그는 신변의 위험 속에서 허둥지둥,[35] 요상한 변명까지 남기며[36] 외갓집 동네(칼키스)로 도주를 하고 고작 1년을 더 산 후 위장병으로 생을 마쳤다. 아리스토텔레스의 그런 죽음을 나는 명성 대비 '구차한 죽음', '초라한 죽음'이라고 규정하기도 했다. 나이

---

35) 아마도 가장 소중했을 그 자신의 원고도 제대로 챙기지 못한 채.

36) 그가 남긴 '도주의 변'은 유명하다. "사랑하는 아테네가 철학에 대해 두 번 죄를 짓지 않도록 하기 위해", 즉 소크라테스에 이어 자기까지 죽이는 죄를 짓지 않도록 하기 위해 피신하겠다는 것이다.

와는 상관없다. 사람마다 다르다. 죽음 앞에서 안절부절못
하는 게 볼썽사납다는 것도 일반적이거나 절대적인 생각은
아니다. 자기가 죽는 건데 안절부절못하는 게 당연하다고
할 수도 있다. 죽음에 대한 인식 내지 태도, 특히 자신의 죽
음에 대한 태도, 사형으로 인한 죽음에 대한 태도, 부당한
사형으로 인한 억울한 죽음에 대한 태도, 그런 건 사람마다
다 다르다. 소크라테스와 같은 의연한 태도는 누가 뭐래도
돋보이는 것이 아닐 수 없다.

그리고 '신의 뜻이라면 기꺼이'라는 것.

이것도 마찬가지다. 이런 인식과 태도 역시 제법 드물지
않을 것이나 이것 또한 돋보이는 것이라 아니 할 수 없다.
대표적인 유사 사례가 예수일 것이다. "아버지의 뜻대로 하
옵소서"라는 게 그 증거다. 역시 신의 뜻에 기꺼이 따르겠
다는 것이다. 모르긴 해도 대의를 위해 사형을 감수한 베
드로와 바울은 물론, 보에티우스나 토머스 모어, 김대건이
나 안중근의 경우도 비슷했을 것이다. 그들에게도 신에 대
한 깊은 신앙이 그 죽음을 의연하게 했다. 그런데 소크라테
스의 경우는 좀 뜻밖이다. 그는 우리에게 익숙한 '기독교적
신앙'을 알지 못했다. 그는 기원전 470/469년에 태어나 기
원전 399년에 죽었으니 예수보다 400여 년이나 이전의 사
람이다. 더욱이 그는 '신을 믿지 않는다'는 죄목으로 고발당
해 재판을 받고 유죄 및 사형 선고를 받은 사람이다. 그러

니 '신의 뜻이라면 기꺼이'라는 것은 철학도가 아닌 일반인들에게는 좀 낯설 것이다. 그런데 사실이다. 위의 인용문에 보이듯이 그는 분명히 이렇게 말했다. 뒤에서 따로 자세히 거론하겠지만, 소크라테스는 의외로 자주 '신'을 언급한다. 그는 무신론자가 아닌 유신론자인 것이다. 물론 그가 말하는 신은 기독교의 야훼 같은 유일 절대적인 신이 아니라 제우스나 아폴론이나 다이모니온(δαιμόνιον: 정령) 같은 그런 그리스 신화의 신들이다. 그들의 신격은 인간들과 크게 다르지도 않다. 그런데 (이건 연구 대상이지만) 좀 묘한 부분이 있다. 소크라테스가 하는 말의 문맥을 보면 그가 거론하는 '신'은 제신 중의 어떤 특정 신을 지칭하지 않는다. 호칭은 다르지만 그 신의 성격(신격?)은 기독교적 유일신과 거의 흡사하다. 동일 대상이라고 해도 과언이 아닐 정도다.

아무튼. 그 '신의 뜻'을 그는 판단과 행동의 기준으로 삼고 있는 것이다. 구체적으로는 그 행동이 '죽음의 수용'이다. '기꺼이 죽겠다'는 것이다. 죽으라는 것이 '신의 뜻이라면' 기꺼이 죽겠다는 것이다. 이런 건 '인명은 재천'이라는 우리에게 익숙한 저 말과도 통한다. 죽음이라는 건 사실상 도리 없다. 어차피 그럴 수밖에 없다. 우리 인간은 (물론 소크라테스도 포함해서) 자신의 죽음에 대해 완벽하게 무력하다. 생사를 주관하는 것은 신이다. 죽음은 신의 소관인 것이다. 어떤 형태로든 죽음이 닥치면 무력한 우리 인간들은

"네, 잘 알겠습니다." 하고 죽을 수밖에 달리 무슨 도리가 있겠는가. 파라오나 진시황이나 카이사르 같은 절대 권력자도 자신의 죽음에 대해서는 완전히 무력했다. 부처나 예수 같은 성자들도 마찬가지다. 1,083억의 역대 인간들 중 단 한 명도 예외가 없다. 그러니 소크라테스식 수용은 어쩌면 정답 혹은 모범답안일지도 모르겠다. 지혜라고 해도 좋겠다. 뒤에서 다시 제대로 논하겠지만, '경신'은 대표적-기본적인 소크라테스적 가치 중의 하나였다.

그런데 이게 다도 아니다. 죽음에 대한 소크라테스의 이런 의연함에는 죽음 그 자체에 대한 그의 특이한 인식이 가로놓여 있다. 그는 보통 사람들처럼 그것을 '무서운 것', '나쁜 것', '슬픈 것'으로 즉 부정적으로 생각하지 않는다. 심지어 그것을 '좋은 것'일지도 모른다고 즉 긍정적으로 생각한다. 에이, 설마. 정말? 정말이다. 그는 그렇게 생각한다. 증거가 있다. 그 자신의 말이다.

죽음이란 어떤 의미에서는 사람들에게 가장 좋은 것일지도 모릅니다. 그런데도 사람들은 나쁜 것 중에서도 가장 나쁜 것이라고 믿고나 있는 듯이 무서워하고 있습니다. [⋯] 죽음을 슬퍼할 까닭이 없지 않은가? 《파이돈》

나는 **죽음을 유익한 것**이라고 생각하고 있으니까요. […] 그렇다면 **죽음이란 큰 소득**이라고 하겠습니다. 《변론》

　보통 사람들의 생각과는 확실히 다르다. 죽음이 가장 좋은 것이라니, 유익한 것, 큰 소득이라니…. 별나다면 별나다. 별나도 한참 별나다. 그런데 그의 말투에서는 어떤 확신이 느껴진다. 이런 확신은 도대체 어디서 오는 것일까? 그에게는 나름의 논리 내지 근거가 있다. 이러이러하기 때문에 나쁜 게 아니라 좋은 것이라는 말이다. 죽음을 논하는 저 유명한 《파이돈》의 문맥을 좀 들여다보자.

　나는 **보다 훌륭한 분들의 곁으로 간다**는 기대를 갖고 있을 뿐 아니라 나의 선량한 주인이신 **신의 곁으로 간다**는 것을 추호도 의심치 않네. 그러므로 나는 **죽음을 슬퍼할 까닭이 없지 않은가**? […] 착한 사람은 죽은 후 반드시 커다란 보상을 받게 된다는 기대를 갖고 있네.
　그것[죽음]은 바로 영혼이 육체에서 떠나는 것이 아니겠나? 죽는다는 것은 육체와 영혼이 제각기 분리되는 것이 아니겠나? 죽음이란 바로 이런 것일 테지? […] 영혼이 육체에서 떠날 때, 바람에 날리어 부서지고 흩어져서 없어지리라는 염려는 조금도 할 필요가 없네. […]
　죽음이란 바로 영혼이 육체에서 분리되어 해방되는 것이 아니겠나? 《파이돈》

이 말들을 들어보면 분명하게 알 수 있다. 소크라테스는 죽음을 '영혼이 육체에서 떠나는 것', '육체와 영혼이 제각기 분리되는 것'이라고 생각한다. 그리고 그 '떠남', '분리'는 '바람에 날리어 부서지고 흩어져서 없어지는 것'이 아니라, '영혼이 육체에서 분리되어 해방되는 것'으로 생각한다. (일단 사후의 영혼불멸[37]이 전제로 되어 있다.) 그리고 그 영혼이 '보다 훌륭한 분들의 곁으로 가는 것', '선량한 주인이신 신의 곁으로 가는 것'으로 생각한다. 심지어 '착한 사람은 죽은 후 반드시 커다란 보상을 받게 된다'고 기대한다. 기대라고 그는 말하지만, '추호도 의심치 않네'라고도 말한다. 이런 기대 및 확신을 근거로 그는 죽음이 가장 좋은 것, 유익한 것, 큰 소득이라고 생각하는 것이다. 그리고 보통 사람들이 죽음을 두려워하는 것, 무서워하는 것, 나쁜 것 중에서도 가장 나쁜 것이라고 생각하는 것은 죽음의 이런 사실 (즉 '영혼이 죽음에서 떠나는 것', '육체와 영혼이 제각기 분리되는 것', 그 '떠남', '분리'는 '바람에 날리어 부서지고 흩어져서 없어지는 것'이 아니라, '영혼이 육체에서 분리되어 해방되는 것', 그리고 그 영혼이 '보다 훌륭한 분들의 곁으로 가는 것', '선량한 주인이신 신의 곁으로 가는 것', '착한 사람은 죽은 후 반드시 커다란 보상을 받게 된다'는 것)을

---

37) 이는 당시 그리스에서 신봉되던 오르페우스교-피타고라스교의 기본 전제이기도 했다.

모르기 때문이라고 생각한다.

이런 맥락에서 전형적인 그의 발언이 다시 등장한다. 즉, 죽음을 두려워하는 것은 '모르면서 아는 체하는 것'에 해당한다는 것이다. 비난받아 마땅한 일이라는 것이다.

죽음을 두려워한다는 것은 지혜가 없으면서도 있다고 생각하고 있기 때문입니다. 즉 죽음을 알지 못하면서도 알고 있는 것처럼 생각하고 있기 때문입니다. **죽음이란 어느 의미에서는 사람들에게 가장 좋은 것일지도** 모릅니다. 그런데도 사람들은 나쁜 것 중에서도 가장 나쁜 것이라고 믿고나 있는 듯이 무서워하고 있습니다. 모르면서도 아는 듯이 생각하는 것은 비난을 받아 마땅한 무지요 수치라고 생각합니다. [⋯] 내가 다른 사람들보다 지혜로운 점이 있다고 주장할 수 있다면, 바로 이 점에 대하여, 즉 저세상에 대하여 전혀 알지 못하기 때문에, 솔직히 모른다고 생각하는 점일 것입니다.《파이돈》

이른바 '무지의 지'다. 물론 이 말에는 약간의 모순이 없지 않다. '저세상에 대하여 전혀 알지 못한다'[38]는 것과 '죽으면 그 영혼이 보다 훌륭한 분들의 곁으로 간다', '선량한 주인이신 신의 곁으로 간다', '착한 사람은 죽은 후 반드시

---

38) 이 말은 유명한 공자의 말, "아직 삶도 모르는데 어찌 죽음을 알겠는가(未知生 焉知死)"와 통한다.

커다란 보상을 받게 된다'는 것은 뭔가 아귀가 잘 맞지 않는
다. 엄밀한 논리적 정합성을 따지자면 분명히 문제의 여지
가 없지 않지만, 그게 이 말을 전한 플라톤의 잘못이든[39] 소
크라테스 본인의 잘못이든, 그건 사실 별로 중요한 문제가
아니다. 중요한 것은 소크라테스 자신이 죽음을 그러한 것
으로 '생각하고 있다'는 사실이다. 그리고 '확신하고 있다'는
사실이다. 말하자면 그게 그의 의식 속에서의 현상학적 사
실이라는 것이다.

죽음과 그 이후에 대한 그의 이런 생각은 유명한 《변론》
에서도 확인된다. 좀 길지만 문맥을 이해하기 위해 그대로
인용한다.

나는 죽음을 유익한 것이라고 생각하고 있으니까요. 나는 죽음
이란 다음 두 가지 중의 하나라고 생각합니다. 죽음이란 완전히 무로
돌아가는 것, 즉 사람이 죽으면 모든 감각이 없어지는 것, 또는 전설에
나오는 것처럼 영혼이 이 세상에서 저세상으로 주소를 옮기듯이 옮겨
가는 것이 아닌가 합니다. 만일 무로 돌아가서 모든 감각이 사라
진다면, 꿈도 꾸지 않을 정도로 깊이 잠든 것이나 다름없을 게

---

39) 플라톤에 대한 서양철학계의 엄청난 칭송에도 불구하고 그의 글을 실제
로 자세히 읽어보면 의외로 엉성한 부분이 적지 않다. 그에 대한 칼 포
퍼의 비판도 한 가지 참고가 된다. 물론 이데아론, 정의론 등 그의 탁견
에 대한 평가는 반드시 필요하다.

아닙니까? 그렇다면 **죽음이란 큰 소득**이라고 하겠습니다. 꿈도 꾸지 않을 정도로 깊이 잠든 밤을 골라서 자기 생애의 다른 밤과 비교해본다면, 그런 밤보다 더 즐거운 낮과 밤이 자기 생애에 얼마나 있었을까요? 여느 사람은 말할 것도 없고, 페르시아의 임금이라 할지라도 그런 밤이 다른 낮이나 밤과 비교하여 손을 꼽을 정도로 적다는 것을 알게 될 것입니다. 그러므로 만일 **죽음이 이런 것이라면, 그것을 어찌 형벌이라고 하겠습니까?** 죽음이 영원히 그런 것이라면 하룻밤보다 길다고 생각할 수는 없을 겁니다. 그리고 만일 죽음이라는 것이 이 세상에서 저세상으로 가는 여정(旅程)과 같은 것이라면, 그리하여 전설에서처럼 죽는 사람은 누구나 그곳으로 가는 것이라면, **이것보다 더 좋은 일이 어디 있겠습니까?**

재판관 및 친구 여러분, **이 세상의 재판관들에게서 놓여나 저세상에 가 진짜 재판관을 만나게 되면 얼마나 보람 있는 일이겠습니까?** 즉 미노스나 라다만튀스, 아이아코스, 트리프틀레모스, 그리고 그 밖에 그들의 생애에 있어서 정의파(正義派)였던 반신(半神)들을 볼 수 있다면 **이 여행은 얼마나 의의 있는 것일까요?** 만일 오르페우스와 무사이우스와 헤시오도스와 호메로스를 모두 만날 수 있다면, 여러분 가운데는 아무리 많은 벌금을 내더라도 서슴지 않고 나서려는 사람이 많을 줄 압니다. 그리고 **그것이 사실이라면 나는 몇 번 죽임을 당하여도 좋다고 생각합니다.** 나로서는 **그곳에서 사는 것이 다시없는 즐거움일 테니까.** 팔라메데스나 텔라몬의 아들인 아이아스, 그리고 옛날 사람으로서 옳지 못한 재판을 받고 죽은 사람들을 만나서 내가 받은 재앙과 그들이 받은 재앙을 비교해볼 때, **얼마나 즐거운 일이 되겠습니까?** 뿐만 아니라, 이 세상 사람들처럼 저세상 사람들도 두루 살피면서, 그중에 어떤 사람이 지혜로운 자이고, 또 어떤 사람이 그렇지 못한 사람인가를 검토하면서, 어떤 사람은 정말로 지혜롭고, 어떤 사람은 지혜롭다고 하지만 사실은 그렇지 않다는 것을 알게 될 것입니다. 만일 트로이 전쟁에서 대군을 이끌고 간 오디세우스나 시시포스나 그 밖의 많은 남녀들을 만날 수 있다면 **그것을 위하여 어떤 물건을 다 바친대도 아깝지 않을 것입니다.** 저세상에 가서 이러한 사람들과 이야기를 나누며, 서로 사귀고 사물을 검토한다는 것은 **얼마나 복된 일일까요?** 그러나 저세상 사람들과 서로 사귀며 이런 이야기를 나눈다 하여 **그곳에서는 사형에 처하는 일은 절대로 없을 것**입니다. 왜냐하면, 저세상 사람들은 이 세상 사람들보다 훨씬 더 행복할 수밖에 없는 것이, 전설이 사실이라면 그들은 죽는 일이 없을 테니까 말입니다.

재판관 여러분, 그러므로 여러분들도 **죽음에 대하여 좋은 기대를 가져야** 합니다. 그리고 **선량한 사람들에게는** 살아 있을 동안이나 **죽은 후에도 나쁜 일이란 절대로 없습니다.** 또한 무슨 일을 하든지 신께서 보살펴준다는 것을 진실로 믿고 명심해두어야 합니다. 지금 나에게 일어난 이러한 일도 절대로 우연히 생긴 것이라고는 할 수가 없습니다. 나로서는 괴로운 일에서 놓여나는 것이

오히려 자신에게는 즐거움이라는 사실을 분명히 알 수 있습니다. 그러므로 다이모니온의 음성이 나의 행동을 가로막지 않았습니다. 따라서 나는 유죄 투표한 사람들이나 나를 고소한 사람들에게 조금도 원한을 품지 않습니다. 그러나 그들이 평소부터 이와 같은 일을 생각하고 내게 사형을 선고하거나 고소를 한 것은 아닙니다. 오히려 나를 해칠 생각으로 한 것이므로 그들은 마땅히 비난을 받아야 할 것입니다.

[…]

이제 우리는 각각 떠날 시간이 되었습니다. 나는 사형장으로 죽으러 가고 여러분은 살기 위해 갈 것입니다. 그러나 **어느 쪽에 더 좋은 것이 기다리고 있는지는 신 이외에는 아무도 알지 못할 것입니다.** 《변론》

이렇듯, 여기서도 확인된다. 그는 죽음과 그 이후를 긍정적으로 바라본다. 그것은 '유익한 것, 큰 소득, 형벌이 아닌 것, 이것보다 더 좋을 수 없는 일, 보람 있는 일, 의의 있는 일, 다시없는 즐거움, 복된 일'이라고 그는 생각하는 것이다. 그리고 그 이유 내지 근거도 제시한다.

즉, 죽음이란 완전히 무로 돌아가는 것, 모든 감각이 없어지는 것이거나 또는 전설에 나오는 것처럼 영혼이 이 세상에서 저세상으로 주소를 옮기듯이 옮겨가는 것인데, 만일 무로 돌아가서 모든 감각이 사라진다면, 꿈도 꾸지 않을 정도로 깊이 잠든 것이나 다름없을 것이고 그건 즐거운 것이니, 그렇다면 죽음이란 '큰 소득'이라는 것이다. 형벌이 아니라는 것이다. 그리고 만일 죽음이라는 것이 이 세상에서 저세상으로 가는 여정(旅程)과 같은 것이고 전설에서처럼 죽는 사람은 누구나 그곳으로 가는 것이라면, 무엇보다 '좋은 일'이라는 것이다. 또한 죽음은, 이 세상의 재판관들에게서 놓여나 저세상에 가 진짜 재판관을 만나게 되는 것이니 보람 있는 일이고,[40] 미노스나 라다만튀스, 아이아코스, 트리프틀레모스, 그리고 정의파(正義派)였던 반신(半神)들을 볼 수 있는 것이니 의의 있는 일이고, 또 오르페우스와 무사이우스와 헤시오도스와 호메로스를 모두 만날 수도 있으니, 그곳에서 사는 것이 다시없는 즐거움이고, 팔라메데스나 텔라몬의 아들인 아이아스, 그리고 옛날 사람으로서 옳지 못한 재판을 받고 죽은 사람들을 만나서 내가 받은 재앙과 그들이 받은 재앙을 비교해볼 수 있으니 즐거운 일이고, 또 이 세상 사람들처럼 저세상 사람들도 두루 살피면서, 그 중에 어떤 사람이 지혜로운 자이고 또 어떤 사람이 그렇지 못한 사람인가를 검토하면서, 어떤 사람은 정말로 지혜롭고 어떤 사람은 지혜롭다고 하지만 사실은 그렇지 않다는 것을 알게 될 것이고, 트로이 전쟁에서 대군을 이끌고 간 오디세우스나 시시포스나 그 밖의 많은 남녀들을 만날 수 있으니

---

40) 여기서는 현세의 재판관들에 대한 불신이 드러난다.

어떤 물건을 다 바친대도 아깝지 않을 것이고, 저세상에 가서 이러한 사람들과 이야기를 나누며 서로 사귀고 사물을 검토한다는 것은 복된 일이고, 또한 저세상 사람들과 서로 사귀며 이런 이야기를 나눈다 하여 그곳에서는 사형에 처하는 일은 절대로 없을 것이고, 저세상에서는 다시 죽는 일이 없으니 이 세상 사람들보다 훨씬 더 행복하다는 것이다.

대략 이렇다. 다소 억지스럽지만, 이런 것들이 '죽음이 나쁜 것이 아니라 좋은 것'이라는 이유 내지 근거로서 나열되고 있다. 그래서 그는 죽음에 대하여 좋은 기대를 가지라고, 선량한 사람들에게는 살아 있을 동안이나 죽은 후에도 나쁜 일이란 절대로 없다고, 그리고 무슨 일을 하든지 신께서 보살펴준다는 것을 진실로 믿고 명심해두라고, 그렇게 사람들에게 권하는 것이다. 사실상 두려워하지 말라고, 무서워하지 말라고, 안절부절 애태우지 말라고, 슬퍼하지 말라고 권하는 것이다.

물론 그가 나열하는 이런 게 정말인지, 정말로 의연한 죽음에 대한 근거가 될 수 있는지 확인할 길은 없다. 흔히 말하듯이 그건 실제로 직접 죽어보지 않으면 모르는 것이다. 그리고 죽은 후 알게 되었다 하더라도 이 세상으로 되돌아와 그것을 알려줄 수도 없다. 시중에는 소위 임사 체험이니 사후세계니 하는 이야기도 제법 떠돌지만 과학적—이성적인 신뢰성은 없다. 환상일 수도 사기일 수도 있다. 호기심을 자극하는 '믿거나 말거나' 수준인 것이다. 믿는다 하더라도 그건 어디까지나 '종교적' 영역의 일이다. 단, 만일 소크라테스의 이런 말들이 '사실'이라면(가정법이다) 죽음은 정말 좋은 것일 수도 있다. (의식 내에서의 현상학적 사실로서는 받아들일 수도 있고 그런 '생각'이 긍정적인 작용을 할 수도 있다. 현실에서는 이런 것이 통한다. '그렇게 생각하니 그렇게 되더라'는 식이다.)

단, 죽음이 이렇듯 나쁜 것이 아니라 좋은 것이라 하더라도, 소크라테스는 사람들이 스스로 죽음을 선택하는 것, 즉 '자살'을 권하지는 않는다. 그것은 옳은 일이 아니라고, 우리 인간들에게는 그럴 권리가 없다고 그는 단언한다. 죽음은 신의 소관, 신의 권한이기 때문이다.

누구라도 철학자라면 죽기를 원할 줄 아네. 그렇지만 스스로 목숨을 끊을 수는 없을 걸세. 왜냐하면 그건 옳은 일이 아니니까. […] 인간은 본래 죄인인 까닭에 형무소에 갇혀 있는데,[41] 아무도 스스로 문을 열고 도망칠 권리가 없다는 견해일세. […] 나는 신들이 우리의 보호자이며 우리 인간은 모두 신의 소유물 중 하나라는 것만은 확신하네.[42] […] 신이 날 부르듯이 우리를 부를 때까지

---

41) 이 말은 인간을 '죄인(peccator)'으로 규정하는 기독교적 인간관과 동일해 대단히 흥미롭다.

42) 이 말도 인간을 '피조물(ens creatum)'로 규정하는 기독교적 인간관과 유사해 대단히 흥미롭다.

우리의 마음대로 목숨을 끊어서는 안 된다는 것이 어찌 부당하다고 하겠나? 《파이돈》

이렇게 분명히 말한다. '스스로 목숨을 끊을 수는 없다', '우리의 마음대로 목숨을 끊어서는 안 된다'라고. 왜냐하면 '그건 옳은 일이 아니니까', '아무도 스스로 [이 세상이라는 감옥의] 문을 열고 도망칠 권리는 없으니까'다. 왜냐하면 신들이 우리의 보호자이며 우리 인간은 모두 신의 소유물 중하나이기 때문이다. 말하자면 인간의 죽음은 신의 부름인 셈이다. (소크라테스의 말에는 그런 뉘앙스가 있다.) 소크라테스의 이런 진술은 그의 신관-인간관-세계관과 관련해서 대단히 흥미롭다. 단, 여기서는 죽음과 관련해서, 특히 자살과 관련해서 그가 그것을 지지하지 않는다는 것만 확인하고 신-인간-세계의 문제는 따로 논할 필요가 있다.

아무튼, 소크라테스가 죽음을 어떻게 생각했고 왜 그런 의연한 모습을 보일 수 있었는지는 대강 이와 같다. 그의 이런 생각, 이런 말, 이런 태도, 이런 행동은 우리에게 많은 생각을 하게 한다. 나훈아처럼 "먼저 가 본 저세상 어떤가요 테스 형, 가보니까 천국은 있던가요 테스 형." 하고 물어보고 싶기도 하다. 물론 어떤 대답이 돌아올 턱은 없다. 그러나 죽은 그의 대답이 없더라도 상관없다. 기대할 수도 없고 기대하지도 않는다. 중요한 것은 그가 실제로 말하고 보여준, 죽음을 대하는 그의 태도다. 그가 죽었듯이 우리도 모두 죽게 되어 있다. 우리 모두는 하이데거가 말했듯이 '죽음을 향한 존재(Sein zum Tode)'이고 '죽게 될 자들(die Sterblichen)'이다. 논리학의 삼단논법에서 대전제로 흔히 언급되듯이 '모든 인간은 죽는다.' 그걸 모르는 자는 아무도 없다. 중요한 것은 그 '어떻게'다. 우리는 '어떻게' 죽을 것인가. 그게 철학이다. 소크라테스가, 그의 철학이 우리에게 남긴 과제다. 최소한, 보통 사람들처럼 죽음을 그저 단순히 슬픈 것, 무서운 것, 두려운 것, 나쁜 것으로 생각하지 말 것을, 어쩌면 좋은 것일 수도 있다고 생각할 것을, 그리하여 죽음 앞에서 의연할 것을 그의 철학은 권하고 있다. 그 자신이 직접 모범을 보이면서.

그리고 어쩌면 그보다 더욱 중요한 메시지가 하나 더 있다. 그것은, 죽지 않기 위해, 살아남기 위해, 안절부절못하고 비굴하게 구차하게 변명하지는 말라는 것이다. 떳떳하게 할 말을 하면서 죽는 게 낫다는 것이다.

남들처럼 **구구하게 변명을 하고서 살기보다는 떳떳한 말을 하고서 죽는 것이 낫다**고 생각하기 때문입니다. […] 어려운 것은 죽음을 면하는 것이 아니라 오히려 옳지 못한 짓을 않는 것이 아니겠습니까? 왜냐하면 옳지 못한 짓을 하기란 죽음보다 훨씬 수월하니까요. 《변론》

소크라테스에게 있어 죽음은 (그리고 살기는) 이렇게 '구구한 변명' 혹은 '떳떳한 말' 같은 주제와도 얽혀 있다. 그는 '옳지 못한 짓을 하는 것'이 '죽는 것'보다 더 나쁜 것임을, 그리고 너무나 쉬운 일임을 말하고 있다. 이 세상에서는 도대체 얼마나 많은 사람이 얼마나 많은 '옳지 못한 짓'을, 죽기보다 더 나쁜 그런 짓을 하고 있기에 소크라테스는 우리에게 이런 말을 남겨준 것일까.

죽음에 관한 소크라테스의 말들은 이렇게 '어떻게 죽을 것인가' 하는 문제를 건드리고 있다. 그리고 그것은 또한 '어떻게 살 것인가' 하는 문제와도 얽혀 있다. 삶의 모습이 죽음의 모습을 결정한다. 죽는 것도 다 똑같은 것이 아니며 사는 것도 다 똑같은 것이 아니다. 죽음에도 삶에도 '질'이 있고 '수준'이 있다. 삶의 질이 죽음의 질을 결정한다. 소크라테스의 철학은, 그리고 그의 죽음은 그것을 알려준다. 이렇게인지 저렇게인지 그 선택은 우리들 각자에게 달려 있다.

04 덕

"덕은 선[좋은 것]이다"

대략 2,600년에 걸친 서양철학의 역사에는 최소한 100명이 넘는 거물 철학자들이 등장하는데, 그중에서도 소크라테스는 좀 특별히 두드러진다. 그의 철학적 주제들도 그렇지만, 그 밖에도 그에게는 남다른 화젯거리가 참 많다. 부모님의 직업(석공, 산파), 특이한 용모, 전투에서의 용감무쌍, 돈-지위-명성에 대한 무관심, 거리, 시장, 은행 등 장소를 가리지 않고 젊은이들과 철학적 대화를 나누는 생활, 사람들을 일깨우는 등에의 역할, 큰 나이 차의 만혼, 아내 크산티페의 바가지, 플라톤과의 사제관계, 말만 하고 글을 쓰지 않음, 미청년 알키비아데스와의 야릇한 관계, 그의 유혹에도 흔들리지 않은 꿋꿋함, 델포이 신탁[43]에 대한 별난 대처, 고발-재판-유죄-사형, 탈옥의 거부, 신(다이모니온)의 소리 또는

43) "소크라테스보다 더 지혜로운 사람은 없다."

법의 소리, 의연한 죽음, 마지막 유언 등등, 하여간 많다. 그의 삶 자체가 혹은 그의 삶 전체가 곧 철학이기도 했다. 그런데 그중 하나로 그의 유죄–사형 판결 후 지인들에게 남긴 부탁의 말도 곧잘 사람들의 입에 오르내린다. 이 말이다.

끝으로 한 가지 부탁이 있습니다. 나의 자식들이 성장하거든 내가 여러분을 괴롭힌 것처럼 그들을 괴롭혀주십시오. 만일 그들이 덕을 쌓지 않고, 돈이나 그 밖의 다른 일에만 관심을 갖는다면, 그리고 되지도 못한 것들이 잘난 체하고 뽐내거나 혹은 여러분과 마찬가지로 유의(留意)할 것에 유의하지 않고 아무 쓸모없는 것에 관심을 기울인다면, 내가 여러분을 책망한 것처럼 나의 자식들을 책망하여주십시오. 여러분께서 이와 같은 책망을 해주신다면 나와 나의 자식들은 여러분에게 사람대접을 받는 것이 될 겁니다. 《변론》

여기에 '덕(德 ἀρετή aretē)'이라는 것이 언급된다. 이 말은 자식들에 관한 부탁이다. 그는 상당한 만혼이고 아내 크산티페와의 나이 차도 컸던 터라 이 말을 했을 당시 그의 자식들은 큰애가 청년이었고 막내는 아직 엄마 품에 안겨 있을 정도로 어렸었다.[44] 그래서 그 아이들이 성장한 후가 아버지로서 당연히 염려되었을 것이다. 자기는 이제 죽어야

---

44) 《파이돈》 참조.

하고 아이들의 성장을 지켜볼 수가 없으니까. 특히 교육할 수가 없으니까. 그런데 그 와중에 부탁한다는 내용이 예사롭지가 않다. 그 아이들을 '괴롭혀달라'는 것이다. '책망해달라'는 것이다. 단, '만일'이라는 조건 내지 가정이 있다. 만일 '그들이 덕을 쌓지 않고, 돈이나 그 밖의 다른 일에만 관심을 갖는다면, 그리고 되지도 못한 것들이 잘난 체하고 뽐내거나 혹은 유의할 것에 유의하지 않고 아무 쓸모없는 것에 관심을 기울인다면', 만일 그렇다면, 그렇게 해달라는 것이다. 나무라달라는 것이다. 꾸짖어달라는 것이다. 다른 누구도 아닌 자기 자식들을 부탁하는 것이니 이건 그의 진심이라고 볼 수밖에 없다. 더욱이 자신의 죽음이 결정된 마당이다. 사실상 유언인 셈이다. 그러니 이건 그의 가치관이 확실한 것이다. 그런데 그 내용이 다름 아닌 '덕의 권유'다. 바로 이 '덕'이라는 것이 그의 관심사요 주제요 가치임을 위의 말에서 여실히 확인할 수 있다. (그리고 그가 생각하는 '반가치'도 여기서 짐작할 수 있다.) 이것은 '돈이나 그 밖의 다른 일'과 대비된다. '잘난 체하고 뽐내는 것'과 대비된다. 문맥상 덕은 '유의할 [가치가 있는] 것'이고 돈이나 그 밖의 다른 일은 '아무 쓸모없는 것'으로 치부된다. 아이들 엄마인 크산티페가 동의했을지는 의문이다.[45] 그러나 그는 이렇게 하는 것이, 즉 덕에 관심 없는 것을 책망하는 것이 '사람대

---

45) 알려진 대로 그녀는 아주 현실적인 여성이었다. '바가지'로 유명하다.

접을 받는 것'이라고 분명히 말한다.

아닌 게 아니라 그렇다. '덕'은 소크라테스의 최대 관심사 중 하나다. 《열전》에 보면, 에우리피데스가 그의 극에서 덕에 관해 "이런 것은 떠나가는 대로 놔두는 것이 제일이다."라고 한 것을 읽고 소크라테스는 "달아난 노예를 찾지 못할 때는 찾는 것이 당연하다고 생각하면서 덕은 그런 식으로 잃어버린 채로 놔두는 것은 우스꽝스런 일"이라고 하면서 자리에서 일어나 나가버렸다는 이야기가 나온다. 이처럼 그에게 있어 덕은 주제 중의 주제다. 그는 도처에서 이 '덕'을 언급한다. (아마도 전체 텍스트에서 그 빈도를 조사한다면 이게 랭킹 1위가 될 가능성이 크다.) 《변론》과 《메논》에서 집중적으로 거론하지만, 다른 대화편에서도 불쑥불쑥 등장한다. 그가 생각하는 기본가치라는 증거다. 그는 평소에 이것을 강조하고 권장했으며 이것을 인간에게 '가장 소중한 것'의 하나라고 분명히 말했다.

[법률이 소크라테스에게] 덕을 강조하는 그대가… 《크리톤》

인간에게 가장 소중한 것은 덕이며, 정의나 질서나 국법을 따르는 것 《크리톤》

나는 이미 오래전부터 … 여러분들을 … 만나서 덕을 위하여

힘쓰도록 권장해왔습니다. 《변론》

　우리는 살아 있는 동안에 **덕**과 지혜를 갖추기 위해 최대의 노
력을 기울여야 할 걸세. 《파이돈》

　우리는 **덕**의 탐구부터 시작해야 해요. 왜냐하면 이것은 우리
에게 너무나 엄청난 문제니까요. 《라케스》

　덕은 정의, 질서, 준법 등과 병렬되는 소중한 가치인 것
이다. 그에게 있어 '덕'이라는 것은 우선적인 '탐구'의 대상
이며 '엄청난 문제'이다.
　우리는 그의 이런 말들을 가볍게 흘려들어서는 안 된다.
무릇 어떤 사람의 입에서 어떤 특정 단어가 자주 나온다면
그것은 절대 우연한 일이 아니다. 언어는 정신의 반영이다.
그것을 말하는 그 사람의 정신이 스며 있는 게 언어인 것이
다. 소크라테스가 '덕'이라는 것을 그토록 자주 언급한다는
그 사실 자체가 이미 그게 소크라테스의 소신이자 철학임
을 알려준다. 이 단어에는 그의 영혼이 녹아 있다. (이는 덕
이라는 이 단어가 그 어디서도 들리지 않고 거의 사어가 되
어버린 작금의 우리 현실과 선명한 대비를 이룬다. 그건 아
마 요즘의 소위 AI를 동원해 SNS에서 사용되는 언어의 빅
데이터를 전산 처리해보면 곧바로 드러날 것이다. '덕'이라

는 말은 [덕후니 덕질이니 입덕이니 하는 괴상한 말을 제외한다면] 거의 '0'에 가까울 것이다.)

단, 소크라테스에게 '덕이란 무엇인가'에 대한 학문적인 설명 내지 해명, 즉 '덕이란 이러이러한 것이다' 같은 개념적 논의를 기대한다면, 혹은 관련된 어떤 명언을 기대한다면, 우리는 실망하게 된다. 그는 속 시원한 정답을 제공하지 않는다. 심지어 그는 자기는 '덕에 대해 아무것도 아는 바가 없다'고, '다른 사람도 마찬가지'라고 선을 긋는다.

나도 … 덕에 대해서는 아무것도 모르는 형편이라네. 덕이 무엇인지 모르면서 어떻게 그 성질에 대해 알 수 있겠나? 비단 나에 대해서뿐만 아니라, 아무도 덕에 대해 아는 사람이 없다고 말해도 무방하네.《메논》

좀 무책임하다고 느낄 수도 있다. 하지만 이건 어쩌면 자기에게 답을 기대하지 말고 각자가 직접 그 답을 찾아보라는 소크라테스 특유의 전략일지도 모른다. (혹은 저 유대인들처럼, 생선을 주는 대신 생선 잡는 법을 알려주려는 것일까?) 철학도들에게는 비교적 잘 알려진 바이지만, 소크라테스의 철학에는 이른바 '대화(dialektike)' 및 '조산(助産 maieutike)'[46)]이라는 특이한 면모랄까 방법론이 있다. 이미

---

46) 조산(助産): 출산을 도와줌. '산파술'이라고도 한다.

아는 어떤 내용이나 지식을 전수하듯 가르치는 것이 아니라 다른 누군가와 어떤 주제에 대해 대화를 하며 탐구를 하고 그 대화의 상대방이 그 주제에 대한 진리를 스스로 깨닫도록 (즉 자기 안에 잉태된 진리를 스스로 낳도록) 도와주는 산파 같은 역할을 하는 것이 그의 대화요 조산이었다. 그게 그의 철학하는 방식이었다.

(철학에서는 보통 이것을 높이 평가하는데, 이미 말했듯이 나는 소크라테스의 이런 방식을 그다지 좋아하지 않는다. 별로 높이 평가하지도 않는다. 대화 상대를 주제에 참여시켜 탐구의 동기 부여를 하는 교육적 효과가 있다 하더라도 그렇다. 진정한 철학자는 [특히 소크라테스 같은 훌륭한 철학자는] 탐구의 일정한 결과를 스스로 가지고 있어야 한다고 나는 보기 때문이다. 공자, 부처, 예수의 경우는 그런 것이 있었다. 그 점에서 소크라테스는 저들보다 급이 좀 떨어진다. 그렇기는 하지만, 그런 설명이 없다고 해서 소크라테스가 훌륭하지 않은 것은 아니다. 왜냐하면, 그의 경우는 비록 그 방식이 좀 다르기는 하지만, 그가 특정한 단어들을 주제적으로 언급했다는 그 사실 자체가 일정한 '방향'에 대한 지향으로서 충분한 가치 내지 의의를 지니기 때문이다. 그 방향이 바로 인간의 가치 내지 윤리에 대한 지향이기 때문이다. 그의 눈은 분명히 그런 방향을 바라보았고, 그런 시선 자체가, 그 당시의 그리스 사회는 물론 그 이후

의 인간 세상에 대한 일종의 계몽이었고 전환이었다. 그것만으로도 이미 충분히 훌륭한 일이었다. 말하자면 그것은 하나의 새로운 이정표였다. 더욱이 그는 스스로 그런 쪽으로 '발걸음'을 해서 확실한 모범을 보였다.

나는 여러분이나 나 자신을 위하여 이득이 없다고 생각되는 곳에는 발을 들여놓지 않았습니다. 단지 내가 가서 많은 사람들에게 도움이 될 수 있으리라고 생각되는 곳에만 발을 들여놓았습니다.

그것이 그 이후의 유럽 세계를 일정 부분 가치의 방향으로 이끌었고 그것이 유럽 내지 서방을 주도한 영국과 미국을 통해 전 세계에 영향을 끼치기도 했다. 그래서 그는 인류의 사표인 것이다.)

물론, '덕이란 무엇인가'에 대한 탐구의 결과나 설명이 별로 없다는 것은 소크라테스의 한계요 아쉬움이다. 덕이 어떤 의미인가 하는 것은 그의 문맥에서 이미 누구나 당연히 아는 어떤 전제로 되어 있다. 아리스토텔레스가 《니코마코스 윤리학》에서 알려준 대로 아마도 그것은 '훌륭함', '탁월함', '뛰어남'이라는 의미일 것이다. (예컨대, 씨름꾼에게는 힘과 기술이 덕이고 준마에게는 빠름이 덕이다.) 이건 우리 한국말에서도 그렇듯이 이 말이 자연스럽게 통용되는 아테네에서도 굳이 설명이 필요 없었을지 모른다. 그래서 그에게는 구체적인 덕들, 이를테면 지혜, 용기, 절제나 정의 그런 것들,[47] 그리고 그 덕들이 '어떠한가'가 문제였을 것이다. 단, '덕이란 무엇인가'에 대한 답은 아니더라도, '어떠한가'에 관련된 논의에서 우리가 얻을 수 있는 것도 적지는 않다. 그것을 그의 문맥에서 확인해보기로 하자. 우선 《변론》을 보자.

그들을 훌륭한 사람으로 만들려면 어떠한 사람을 택하여 그처럼 아들들을 가르치려나? 그러기 위해서는 인간으로서 갖추어야 할 **덕**에 대하여 잘 아는 사람이라야 될 줄 아네. […]

만일 **덕**을 지니고 있지 않으면서 **덕**을 지니고 있는 것처럼 위장할 것 같으면, 그에게 가장 소중한 것을 소홀히 여기며, 가장 대수롭지 않은 것을 귀중하게 여긴다고 비난할 것입니다. […]

재물에서 **덕**이 생기는 것이 아니라 **덕**으로 말미암아 재물이나 그 밖의 모든 것이 즉 개인적으로나 공적으로 이익을 가져오기 마련이다. […]

만일 여러분들 중에서 지혜나 용기나 그 밖의 **덕**에 대하여 월등하다고 생각되는 사람이 그런 비겁한 짓을 한다면, 그것은 수치스러운 일이라고 하지 않을 수 없습니다. […]

내가 인간의 최대의 선은 날마다 **덕**에 대해 이야기하고, 나 자신과 남을 살피는 것이라고 하면서, 이와 같은 생활만이 보람 있

---

47) 잘 알려져 있듯이 이것은 플라톤 철학의 핵심 주제들이기도 했다.

는 일이라고 말하여도, 여러분은 믿지 않을 것입니다. […]

남을 제거하기보다는 오히려 여러분 자신이 지혜와 **덕**을 쌓기 위해 노력하는 편이 훨씬 더 훌륭하고 쉬운 일입니다. 《변론》

여기서 소크라테스는 덕과 '관련된' 몇 가지 중요한 사실을 알려준다.

첫째, 덕에 대해 날마다 이야기하는 것은 (그리고 나 자신과 남을 살피는 것은) 인간의 최대의 선[가장 좋은 일]이고 보람 있는 일이라는 것.

둘째, 덕 있는 사람이 비겁한 짓을 하는 것은 수치스러운 일이라는 것. 즉 비겁은 훌륭함이 아니라는 것.

셋째, 자기 자신의 (지혜와) 덕을 쌓기 위해 노력하는 것이 남을 제거하기 위해 애쓰는 것보다 훨씬 더 훌륭하고 쉬운 일이라는 것. 즉 남에 대한 마이너스적 노력보다 자기에 대한 플러스적 노력을 하라는 것.

넷째, 덕 없는 자가 덕 있는 것처럼 꾸며대지 말라는 것. 소중한 것과 대수롭지 않은 것을 구별하라는 것. 소중한 것을 소홀히 하지 말고 대수롭지 않은 것을 귀중히 여기지 말라는 것.

다섯째, 아이들을 훌륭한 사람으로 만들려면 인간으로서 갖추어야 할 덕에 대해 잘 아는 사람을 택하여 가르쳐야 한다는 것.

여섯째, 사적이든 공적이든, 재물에서 덕이 생기는 것이 아니라 덕으로 말미암아 재물이나 그 밖의 모든 것이 이익을 가져다준다는 것.

그리고 또 있다. 《파이돈》을 보자.

그중에서도 가장 행복하고 가장 좋은 곳으로 가는 사람들은 국민으로서의 덕을 쌓은 사람들 — 세상 사람들이 절제와 정의라고 하는 것, 즉 철학과 이성은 지니지 못하였지만, 습관이나 수련으로 그러한 덕을 쌓은 사람들이 아니겠나? […]

참된 덕은 어떠한 공포나 쾌락이나 또는 그와 비슷한 좋고 언짢은 것이 따르거나 말거나 오직 지혜의 편이 되어야 하네. 그러므로 덕이 아무리 소중하더라도 지혜에서 분리된다면 그것은 덕의 그림자에 지나지 않으며 그 속에는 아무런 자유도 존엄도 진실도 깃들어 있지 않은 걸세. […]

영혼이 지혜와 덕을 갖추고 있으면 선하고 무지와 악덕을 지니고 있으면 악하다고 할 수 있지 않겠나?《파이돈》

여기서도 소크라테스는 덕에 관한 몇 가지 중요한 사실을 알려준다.

첫째, 덕이 있느냐 덕이 없느냐 하는 것이 (그리고 지혜가 있느냐 무지하냐 하는 것이) 영혼이 선하냐 악하냐를 결정한다는 것.

둘째, 그가 '국민으로서의 덕', 즉 절제와 정의 같은 덕에 관심을 기울인다는 것, 그런 덕을 쌓은 사람들이 가장 행복하고 가장 좋은 곳으로 간다는 것, (적어도 그는 그렇게 믿고 있다는 것) 철학과 이성이 없더라도 습관과 수련으로 덕을 쌓을 수 있다는 것.

셋째, 참된 덕은 지혜의 편이어야 하고 지혜에서 분리되어서는 안 된다는 것, (즉 덕은 지혜와 짝을 이루어야 한다는 것) 그렇지 않다면 참된 덕이 못 되며 자유도 존엄도 진실도 거기에 없다는 것, 공포나 쾌락이나 언짢은 것이 따르거나 말거나 지혜의 편이 되어야 한다는 것, 즉 그런 부정적인 것으로 인해 지혜 편이 되는 것을 주저해서는 안 된다는 것.

그리고 또 있다. 《메논》을 보자.

[메논]: 소크라테스, 덕은 가르칠 수 있는지, 또는 그렇지 않고 수양에 의해 얻을 수 있는지, 혹은 수양으로나 가르침에 의해서가 아니라 선천적으로 타고나는 것인지 가르쳐주십시오. […]

[소크라테스]: 여러 가지 덕… 설사 그것들이 허다하더라도, 모든 덕은 적어도 같은 형상을 지니고 있으며, 그런 점에서 덕이라고 할 수 있는 것일세. […]

덕이 무엇인가에 대해 함께 탐구해보지 않으려나? […]

나는 이렇게 생각하네. 정의의 편에서 행하는 일은 덕이 되고

그렇지 않은 것은 악덕이라고. […]

우리는 **덕이 선임**을 주장하지 않았나? 이것은 버릴 수 없는 전제이네. […]

우리는 **덕**으로 선하게 되겠지? […] **덕**도 유익하겠지? […]

만일 **덕**이 선인 동시에 유익한 것이라면 그건 지혜로워야 하네. […] **덕**은 적어도 유익하므로 어떤 지혜라야 하네. […]

우리는 우리 자신을 훌륭한 인간으로 교육시켜줄 만한 사람을 찾아야 하네. […]

덕은 가르칠 수 없으므로 지식이 아니지 않나? […]

만일 우리의 견해가 옳다면 **덕**은 타고나는 것도 아니고 또 가르칠 수 있는 것도 아니며, 그것을 지닌 자는 신으로부터 이성의 힘을 빌리지 않고 부여받은 천성이라는 것이었네. […]

덕이 있는 사람은 신으로부터 받은 천성임에 틀림이 없네. 그러나 이에 대해 확실한 진리를 알려면 **덕**이 인간에게 어떻게 갖추어지느냐 하는 것을 밝히기 전에, **덕** 자체가 무엇인가를 추구하는 데서 비로소 얻을 수 있네. 《메논》

특히 이 《메논》은 덕을 주제적으로 논하는 대화편으로 유명하다. 이 대화편은 다짜고짜 '덕은 가르칠 수 있는지, 또는 그렇지 않고 수양에 의해 얻을 수 있는지, 혹은 수양으로나 가르침에 의해서가 아니라 선천적으로 타고나는 것인지 가르쳐주십시오'라는 메논의 질문으로 시작한다. 누구나 할 법한 질문이다. 그런데 소크라테스는 늘 그렇듯이 속 시원한 가르침을 주지 않는다. 그는 '지혜의 가뭄' 운운하면서 '[나는] 덕에 대해서도 아무것도 모르는 형편이라네. … 비단 나에 대해서뿐만 아니라 아무도 덕에 대하여 아는 사람이 없다고 말해도 무방하네'라며 선을 긋는다. 그리고 '덕이 무엇인가에 대해 함께 탐구해보지 않으려나?' 하며 메논과 함께 이런저런 문답들을 주고받는다. '남자의 덕', '여자의 덕' 등, '모든 덕은 적어도 같은 형상을 지니고 있으며 그런 점에서 덕이라고 할 수 있다'는 등 덕에 대해 여러 견해들을 밝히지만, 그 본질에 대한 결론도 뚜렷하지는 않다. 그는 이 대화의 마지막 부분에서 이렇게 말한다.

우리가 지금 이 이야기를 종합하면, 만일 우리의 견해가 옳다면, 덕은 타고나는 것이 아니고, 또 가르칠 수 있는 것도 아니며, 그것을 지닌 자는 신으로부터 이성의 힘을 빌리지 않고, 부여받은 천성이라는 것이었네. […] 메논, 덕이 있는 사람은 신으로부터 받은 천성임에 틀림이 없네. 그러나 이에 대한 확실한 진리를 알려면, 덕이 인간에게 어떻게 갖추어지느냐 하는 것을 밝히기 전에, 덕 자체가 무엇인가를 추구하는 데서 비로소 얻을 수 있네. 《메논》

비록 속 시원한 결정적 명제가 주어지지는 않지만, 여기서도 소크라테스는 덕에 관한 몇 가지 중요한 사실을 알려준다.

첫째, 그것은 타고나는 게 아니라는 것.

둘째, 그것은 가르칠 수 있는 게 아니라는 것.

셋째, 그것은 신으로부터 부여받은 천성이라는 것.

정작 결정적으로 중요한 '덕 자체가 무엇인가'에 대해서는 끝내 답을 주지 않고 과제로 남겨둔 채 소크라테스는 자리를 뜬다. 그는 대체로 이런 식이다. 그에 대해 기대가 큰 우리로서는 아쉬움이 없을 수 없다. 그러나 거듭 말하지만, 그의 논의가 전혀 의미 없는 것은 절대 아니다. 그가 말해준 '덕에 관련된 사실들'은 그것대로 상당한 의미가 있다. 그것이 타고나는 게 아니며 가르칠 수 없는 것이며 천부적인 것이라는 것도 그렇다. 타고나는 게 아니라는 말은, 그것이 [즉 덕이라는 것이] 우리가 자라나면서, 살아가면서, 쌓아가야 할 그 무엇이라는 것을 시사한다. 유덕하냐 부덕하냐 하는 것은 각자의 책임이라는 말이다. 그리고 가르칠 수 없다는 말은, 그것이 무슨 지식처럼 이미 아는 누군가가 아직 모르는 누군가에게 전수할 수 있는 그 무엇이 아니라는 것을 시사한다. 어쩌면 부덕한 사람을 유덕한 사람으로 만드는 게 그만큼 어렵다는 혹은 불가능하다는 것을 시사하는 것일 수도 있다. 그리고 신에게 부여받은 천성이라는 말은, 더러 유덕한 사람이 있는 건 신의 축복이라는 것을, 그

만큼 대단한 것이라는 사실을, 그래서 우러러보아야 한다는 사실을 시사한다. 그런 건 어떤 유덕한 사람이 우리 곁에 있다가 떠나갔을 때 비로소 그리고 실제로 실감하게 된다. 당연한 듯 곁에 있을 때는 잘 모른다. 소중한 줄도 모르고 고마운 줄도 잘 모른다. 그러나 막상 있다가 없어지면 그가 얼마나 훌륭했으며 대체 불가능하고 소중한 존재였던가 하는 것을 아쉬움과 후회 속에서 절감하게 된다. 소크라테스 본인이나 예수나 부처나 공자 같은 존재가 그러했다. 간디나 김수환 같은 존재도 그러했다. 어디 그뿐인가. 각 분야별로 '훌륭한 [즉 유덕한] 사람'들은 적지 않게 존재한다. 각자의 생활 주변에도 제법 많다. 그게 세상의 실상이다. 부모나 형제나 친구나 선생 … 중에도 그 해당자가 있다. 그야말로 신이 부여해준 천성을 지니게 된 사람들. 분명히 있다. 다만 너무 가까워서 너무 익숙해서 너무 당연해서, 우리가 잘 모를 뿐이다.

소크라테스 본인도 그런 신이 준 천성을 지닌 사람 중의 하나였다. 그가 덕이란 무엇인가 하는 물음에 대해 속 시원한 대답을 내놓진 않았어도 실은 별로 상관없다. 그건 그의 말대로 혹은 바람대로 우리 각자가 찾아야 한다. 그는 그런 과제를 내준 선생님으로서 이미 크나큰 의미를 지니고 있다. 평생 이 '덕'이라는 것을 입에 올렸다는 것만으로도, 그것이 '선'(좋은 것)임을 언급해준 것만으로도, 그런 방향을 제시한 것만으로도, 이미 크나큰 역할을 했다. 우리는 그런 그를 주목해야 하고 평가해야 하고 기억해야 하고 고마워해야 한다. 요즘 같은 시대에는 특히 그렇다. 돌아보라. 요즘 누가 덕이라는 것을 말하고 다니는가. 요즘 누가 덕을 선이라 여기는가. 요즘 누가 그런 방향을 손가락으로 가리키는가. 누가 그런 쪽으로 발걸음을 하는가. 요즘 누가 그런 사람을 따라다니는가. 지금도 그런 사람이 아예 없지는 않겠지만 찾기가 쉽질 않다. 있어도 소문이 나질 않는다. 그런 사람의 주변에는 사람이 꼬이지 않는다. 인기가 완전히 꽝이다. 소크라테스는 그나마 행복한 편이었다. 플라톤을 비롯해 수많은 젊은이들이 그의 주변에 모여들어 그의 말에 귀를 기울였으니까. 그를 따라했으니까. 그리고 그의 죽음을 눈물로 슬퍼해주었으니까. 그리고 그의 가르침을 퍼트려주었으니까. 이 거친 들판을 적시는 실개천처럼. 나는 그런 그가 오히려 부럽다. 역시 덕을 강조했던 공자는 "덕불고 필유린(德不孤 必有隣: 덕은 외롭지 않다. 반드시 이웃이 있다.)"이라고 말했지만, 그런 공자의 말도 ('악불고 필유린'이 두드러지는) 요즘 시대에는 왠지 공허하게만 들린다. 우리는 이렇게 소크라테스를 통해서 덕이라는 것을 간신히 듣게 된다. 이렇게라도 우리는 우리의 눈과 귀와 입에서 이것을 떠나보내지 말아야 한다.

05 진리

"우리는 진리를 찾고 있네"

철학은 수많은 주제들을 다루고 있으며 특히 '가치'에 대해 특별한 관심을 기울인다. 소크라테스 이래의 전통이다.[48] 철학사나 교과서 등에서 특별히 강조되는 경우가 많지 않지만, '가치'에 대한 관심은 사실상 소크라테스에 의해 본격화되었다고 말할 수 있다. 가치들이 가득 담긴 그 소크라테스의 바구니 안에, 혹은 보물상자 안에, '진리(眞理 αλήθεια aletheia)'라는 특별히 빛나는 가치가 있다. 물론 이것이 공식적으로 철학의 무대에 등장한 첫 사례는 (일반인에게는 잘 알려져 있지 않지만) 파르메니데스다. 바로 이 '진리'의 탐구가 학문 특히 철학의 본질이라고 폭넓게 인정

---

48) 널리 알려진 대로 소크라테스 이전에는 경이로운 '자연(physis)'이, 특히 그 '근원(arche)'이 철학자들의 주된 관심사였다. 물론 인간 및 가치에 대한 관심도 없지는 않다. 특히 데모크리토스의 철학적 관심은 자연과 인간의 거의 전 분야를 망라한다.

된다. 단, 정작 그 진리가 뭐냐 하는 것은 모호한 채로 남겨져 있다. 즉 그 의미와 내용은 철학자에 따라 일정치 않은 것이다. 일단 철학적 탐구의 근본 기초가 되고 최종 목표가 되는 '숭고한 그 무엇'이라는 이미지는 정해져 있다.

후대의 라이프니츠는 철학의 주제를 진-선-미 세 단어로 요약할 수 있다고 말했고, 칸트는 이것을 이른바 3대 비판서 《순수이성비판》, 《실천이성비판》, 《판단력비판》의 주제로 각각 다룸으로써 이런 이해를 공고히 했다. 미스코리아를 통해 익숙한 '진-선-미' 같은 게 이런 역사와 배경을 갖는다는 건 보통 잘 모르고 있다. 물론 소크라테스의 경우에는 이런 순서가 없으며 가치의 서열이 따로 존재하지도 않는다. 선이나 미가 먼저 강조되는 경우도 적지 않다. (《국가론》 등에서는 그의 이름으로 '선(善)' 즉 '좋음(τό ἀγάθων to agathon)'이라는 가치를 최고의 것으로 설정하지만, 그건 소크라테스 본인의 생각이 아니라 플라톤의 생각이라는 게 전문가들의 정설이다.[49])

일단 중요한 것은 소크라테스가 진리라는 것을 대단히 중시하고 있으며 곳곳에서 이를 언급하고 있다는 사실이다. (진리가 소크라테스적 가치의 하나라는 말이다.)

---

49) 플라톤의 이런 생각은 나름 근거도 있고 의미도 있다. 나도 그런 생각을 일정 부분 지지한다.

나 같은 사람은 범인으로 다만 **진리를 이야기하는 자**에 지나지
않네.《이온》

우리는 진리를 찾고 있네.《파이돈》

나는 진리를 사랑하는 까닭에…《파이돈》

눈에 띄는 대표적 사례다. '진리를 이야기한다', '진리를
찾는다', '진리를 사랑한다', 이는 그가 추구하는 방향, 혹
은 걷는 길의 방향을 보여주므로 반가운 언급들이 아닐 수
없다. 그런데 앞서 다룬 '덕' 등도 그랬지만 이 진리라는 것
에 대해서도 소크라테스는 '설명'이나 '논의'를 하지 않는다.
'진리란 무엇인가' 같은 물음에 대해 어떤 철학적인 해답을
(혹은 정답을) 기대한다면 텍스트를 아무리 뒤져도 우리는
실망할 수밖에 없다. 그는 진리 그 자체를 언급하고 수행하
는 지자—현자이지 진리에 대해 '논하는' 학자가 아닌 것이
다.[50] 그래서 우리는 그의 대화 속에 등장하는 이 말의 용례

---

50) 물론 그에게 주제를 '논의'하는 학자의 면모가 아예 없는 건 아니다. 플
라톤의 여러 대화편에서 그는 제자들이나 소피스트들과 특정 주제에 대
해 끈질기게 '논의'를 하는 경우도 적지 않다. 이른바 '문답법'이라는 게
바로 그 '아규(argue)'에 다름 아니다. 대개는 상대가 꼬투리를 잡히고
소크라테스가 승리를 거둔다. 이런 '아규먼트(argument)'는 오늘날 영
미 철학계의 한 전통이 되어 있다.

를 통해 진리의 '면모'를 짐작할 수밖에 없다.

몇 가지는 알 수 있다. 그의 말들을 들어보자.

나는 여러분의 사형선고를 받고 이 자리를 떠나 죽음의 길에 오르려고 하지만, 여러분 역시 **진리의 선고를 받고 사악과 부정의 길을 갈 것**입니다. 그리하여 나는 판결에 복종하겠지만 여러분도 역시 **복종해야 할 것**입니다. 《변론》

법정에서 사형선고가 내려진 후 그는 그 판결이 진실이 아니며 '사악'하고 '부정'한 것임을 시사하며 이렇게 말했다. 여기서 우리는 소크라테스가 진리를 '복종해야 할 것'으로 생각했음을 알 수 있다. 진리에 대한 그의 태도가 읽힌다. 또 하나를 보자.

내가 말하는 것이 진리라고 생각한다면 그것을 **따라야 한다**고 생각하네. […] 내가 진리를 말한다고 생각한다면 나의 견해에 **동의해주게.** … 나는 자네들이 나보다 더 **진리를 사랑해주기**를 바라고 있네. **나는 진리를 사랑**하는 까닭에 나 자신이나 자네들을 속이면서까지 이제 저세상으로 떠나는 마당에 마치 벌(蜂)처럼 자네들 속에 가시를 남겨놓고 가지 않도록 경계해야 할 줄 아네. 《파이돈》

이 말도 그것을 확인시켜준다. 그리고 또한 '동의해야 할 것', '사랑해야 할 것'으로 생각했음도 알 수 있다. 더욱이 진리는 소크라테스 자신보다, 사람보다, 좋아하는 사람보다 '더' 사랑해야 할 대상이다.

진리 자체의 말을 존중해야 한다는 것이네.《크리톤》

나는 언제나 내가 옳다고 판단이 내려야만 이를 따르는 성미라네. [⋯] 옳은 견해는 존중해야 하겠지만, 그렇지 않은 의견은 존중할 필요가 없지 않겠나?《크리톤》

아가톤, 소크라테스에게 반대하는 것은 어렵지 않지만, 모름지기 진리에 반대할 수는 없다고 말해야 하지 않겠나?《향연》

진리를 (내지는 '옳은 판단', '옳은 견해'를) '존중해야 한다', '반대할 수 없다'는 이 말도 역시 비슷한 맥락이다.

그런데 이 말들은 아직 진리 그 자체의 면모에 대해서는 아무것도 알려주는 바가 없다. 그렇다고 짐작할 수 있는 말이 전혀 없는 것은 아니다.

있는 사실을 말하는 사람은 진리를 말하게 되네.《에우튀데모스》

이 말은 진리가 '있는 사실'이라는 뜻임을 알려준다. '있다'는 말이나 '사실'이라는 말이나 이게 아직 우리가 알고 있는 저 존재론이나 인식론적-논리학적 맥락에서 나온 게 아님은 말할 것도 없다. 그러나 이렇게 표현된 이상 완전히 무관할 수도 없다. 표현은 [그것이 지시하는] 내용을 담고 있기 때문이다. 그래서 확대해석이 가능하다. 있는 사실이란 거짓이 아니라 '실제로 그러함'이다. 이 간단한 말에는 무한한 내용이 담길 수 있다. '이 사과는 맛있다', '백합, 장미, 라일락, 라벤더는 향기로운 꽃이다', '홍길동은 남자다', 그런 것부터 '2 + 2 = 4', '$E = mc^2$', '지구는 둥글다', '지구는 돈다', '모든 인간은 죽는다', '무가 아니라 존재가 있다', 그런 것까지, 엄청난 현상들이 다 '있는 사실'에 해당할 수 있다. 유럽 언어에서 '있다'는 '…이다', '그러하다', '맞다', '타당하다'를 다 포함하므로 사실과 현상과 존재는 다 통하는 것이다. 그 모든 것이 '실제로 그렇지 않다', '없다'가 아니라면, 그게 다 '진리'에 해당하는 것이다. 진리는 그렇게 거룩한 어떤 것뿐만이 아니라 모든 '참된 사실'을 다 포함한다. 소크라테스의 이 말은 그런 해석 가능성을 열어주고 있는 것이다. 그렇게 확대해석을 하자면 이 말은 하이데거 철학의 선구이기도 하고 비트겐슈타인 철학의 선구이기도 하다. 우리는 이 말에 담긴 구체적인 내용을 각자의 철학적 관심에서 찾아볼 필요가 있다.

그런데 이 외에도 한 가지 주목할 만한 언급이 있다. 소크라테스는 이 진리라는 것을 단순한 객관적 '사실'뿐만 아니라 '행위'의 맥락에서 고려하고 있다는 것이다.

진리의 인도를 받으면 오류를 범하는 일이 없으며, 사람들은 각각 행실이 올바르게 되어 행복을 얻을 수 있을 거요. 크리티아스, 이것이 바로 우리가 말해온 알고 모르는 것을 아는 지혜의 커다란 효용이 아니겠소? 《카르미데스》

이 말에서 명백한 것은 진리라는 것이 '무오류'[오류를 범하지 않음, 잘못을 저지르지 않음]와 '사람들의 행실'과 그 '올바름'과 '행복'의 준거가 된다는 것이다. 이런 것들을 얻기 위해서는 이 준거로서의 진리를 아는 것이, 진리의 인도를 받는 것이, 즉 알고 모르는 것을 아는 지혜가 중요함을 소크라테스는 말하는 것이다. 이런 게 지혜의 효용이라는 것이다. 즉 진리가 어떤 행실이 올바른지 오류인지를 알려주므로 그 진리를 우리가 알아야 한다(즉 진리를 아는 그런 지혜를 가져야 한다)는 이야기다.

그리고 주목할 만한 언급이 한 가지 더 있다. 진리는 영혼(psyche: 정신, 눈[혜안])으로 접근해야 하는 것이며 육체는 그것을 방해한다는 것이다.

눈이나 귀나 또는 모든 신체에서 영혼이 분리되지 않으면, 영혼이 진리와 지혜를 얻는 것을 방해한다…. 될 수 있는 대로 이런 것과 관계를 끊고 여기서 벗어나는 자만이 참된 존재를 인식할 수 있다고 생각하네. […]

그리고 무엇보다 고약한 것은, 만일 틈이 나서 무언가 고찰해 보려고 하면, 언제나 육체가 개입하여 우리의 정신을 혼란하게 만들고 우리의 눈을 무디게 하여, 진리를 보지 못하게 하는 것이 아닌가? 그러므로 우리가 순수하게 사물을 인식하려면 육체를 떠나 영혼 그 자체로 돌아가야 사물을 올바로 볼 수 있다는 것은 분명한 사실이네. […]

이와 같이 육체의 무지에서 벗어나 정화되어야만, 순결한 사람들과 함께 있게 될 것이며, 또한 우리 자신을 통하여 모든 진리를 알게 될 걸세. […]

그러므로 육체의 쾌락이나 장식은 아무 쓸모가 없을 뿐만 아니라 백해무익하다는 것을 깨닫고 그와 같은 생각을 물리치고 오직 배움에만 열중해온 사람들은 영혼에 대한 확신을 얻을 수 있어 기쁨에 충만될 걸세. 그리하여 자기 영혼을 쓸모없는 것으로 장식하지 않고, 오직 영혼만을 위한 절제나 정의, 용기나 자유, 그리고 진리 등으로 장식한다네. 《파이돈》

물론 육체가 진리를 방해한다는 이런 부정적 시각은 현대적 관점에서는 많은 논란의 소지가 없지 않다. 하지만 '영혼의 향상'이 소크라테스의 철학적 지표였음을 감안하면 이러한 견해가 전혀 이해되지 않는 것은 아니다. 이수정을 포함해 임어당, 이기철 등 적지 않은 사람들이 '육체의 복권'을 이야기한 바 있으니 여기서 그것을 재론하지는 않겠다. 단 소크라테스가 위와 같은 부정적인 육체관을 갖고 있었다고 해서 그것이 영혼에 대한 그의 긍정 평가를 훼손하지는 않는다. 왜냐하면 실제의 인간이 영혼과 육체 어느 한쪽만으로 성립될 수 없듯이, 이 양자는 필연적으로 결합된 반반이기 때문이다. 맞물려 비로소 하나인 것이다. 문제는 육체 우위, 영혼 경시라는 현실이다. 그런 문제적 현실을 배경으로 소크라테스의 이런 언급이 나왔다고 우리는 해석할 수 있다. 그것은 지금 우리의 현실에서도 확인할 수 있다. 사람들은 육체에 대해 온갖 관심과 투자를 아끼지 않으면서 영혼에 대해서는 거의 돌보지 않는다. 육체를 위한 화장품이나 성형이나 헬스나 건강검진 등이 엄청난 인기를 끄는 데 비해, 영혼을 위한 출판이나 서점이나 강의 등은 파리만 날린다. 특히 영혼을 가다듬고 개조하는 철학과는 폐업의 위기에 내몰려 있다.

소크라테스는 영혼이 진리를 얻는 주체이며 '참된 존재'를 인식할 수 있다고, 순수하게 사물을 인식한다고, 사물을 올바로 볼 수 있다고, 순결한 사람들과 함께 있게 된다고, 모든 진리를 알게 된다고 생각한다. 그리고 진리 등이 영혼을 장식한다고 생각한다. 문맥상 그는 이 진리라는 것을 지혜, 용기, 절제, 정의, 자유 등의 가치들과 병렬로 생각한다. 고귀한 여러 가치들 중의 하나인 것이다. 혹 진리가 다른 것들보다 더 상위의 가치가 아니냐고 생각하는 사람들도 있겠지만, 우리의 실제 정신생활을 고려해보면 이런 병렬 취급으로 특별히 문제될 것은 없다고 생각한다.

그러나 육체가 진리를 보지 못하게 방해한다는 사실은 기억해두기로 하자. 소크라테스가 어디 보통 사람인가. 그런 면이 있으니까 이런 말을 한 것이다. '눈이나 귀나 또는 모든 신체', 이런 것과의 '분리', '이런 것과 관계를 끊고 여기서 벗어나는 것'을 언급한 것은 소위 '안이비설신의'(육체)와 '색성향미촉법'(감각)을 경계한 저 《반야심경》의 부처를 연상시킨다. 그런 육체적 관심이 영혼으로부터 진리에 대한 관심을 방해하고 뺏어간다는 것은 우리의 이 시대에 넘쳐나는 [눈을 향한] '볼 것'과 [귀를 향한] '들을 것'과 [입을 향한] '먹을 것'의 유혹이, 그리고 스포츠와 섹스를 비롯한 그 밖의 온갖 육체적인 [즉 몸을 향한] '할 것'이, 진리에 대한 정신-영혼의 관심인 책, 철학, 종교 등의 관심을 뺏어간다는 현상에서 확인할 수도 있다. 고로 소크라테스의 이 말은 그 진실성을 쉽게 부인할 수 없다. '육체의 쾌락이나 장식은 아무 쓸모가 없을 뿐만 아니라 백해무익하다'는 것은 좀 지나친 감이 없지 않지만, '육체가 개입하여 우리의 정신을 혼란하게 만들고 우리의 눈을 무디게 하여, 진리를 보지 못하게 한다'는 것은 어느 정도 사실이다. 현실이 그것을 증명한다.

그래서 그는 영혼을 강조하는 것이다. 기억해두자. 진리를 인식하는 것은 영혼이다. 플라톤이 후기에 전하는 이 말도 그것을 확인해준다.

선천적으로 **영혼이…** 진리로 향해 있다면, 그는 **진리를 날카롭게 인식하게 될 걸세.**《국가》

또 한편 소크라테스는 진리라는 것이 '대중의 의견', '비평'이 아니라 '도리에 밝은 사람의 의견', '지자의 견해' 속에 있음을 시사한다.

옳은 것과 옳지 못한 것, 아름다운 것과 추한 것, 선한 것과 악한 것에 대해 우리가 지금 생각해보려 하지만, 우리는 대중의 의견에 따라 그들의 비평을 두려워할 것인가, 아니면 **도리에 밝은 사람의 의견을 존중해야** 할 것인가? […] 우리가 **존중해야 하는 것**은 정의와 불의에 관한 **지자의 견해**가 아니겠나? 다시 말하면, **진리 자체의 말을 존중해야** 한다는 것이네.《크리톤》

플라톤이 전하는 이 문장은 다소 매끄럽지 못하지만, 취지는 그런 것이다. 진리는 아름다움, 좋음, 정의와 함께 지자의 말과 견해 속에서 드러나는 것임을 소크라테스는 알려 준다. 그것을 존중해야 한다고 그는 강조하는 것이다.

이 외에도 우리는 그의 몇 가지 발언에서 몇 가지의 면모들을 더 확인할 수 있다.

> 진리를 탐구하려는 사람이라면, 마치 논쟁을 일삼는 사람들처럼 그 근본원리에서 나온 여러 가지 결론을 혼동해서는 안 되네.
> 《파이돈》

이 말은 진리 탐구가 근본적인 문제가 아닌 지엽적인 문제들로 옥신각신, 가타부타해서는 안 된다는 경계 내지 경고로 해석할 수 있다. 마치 오늘날의 일부 학자들이 학회에서 벌이는 잘난 체 즉 '과시'를 위한 지식 자랑을 알고서 하는 말인 것처럼 들리기도 한다. 결코 드물지 않은, 낯설지 않은 그런 지엽적인 논쟁은 사실 진리의 근본원리와는 한참 먼 경우가 태반이다. 많은 경우 오늘날의 학문에서는 진리 자체가 오히려 낯설다.

이와 직접 연관된 문맥은 아니지만 내용상 무관하지 않은 프로타고라스에 대한 비판도 흥미롭다. 그는 이렇게 말한다.

> 만일 '[모든 것의] 척도는 인간'이라는 것을 그 자신도 그렇게

생각하고 있지 않고, 또 대다수의 인사들도 역시 그렇게 생각하고 있지 않다면 […] 그가 쓴 저 '**진리**'란 어떤 사람에게도 있을 수 없는 것이라는 이야기가 되지 않을까요? […] **프로타고라스가 말하는 '진리'란 어떤 사람에게도 참되지 않고 심지어 프로타고라스 자신에게도 참되지 않다**는 이야기가 될 것입니다. 《테아이테토스》

그는 진리 그 자체를 인간이라는 척도와 무관하게 인정하고 있는 것이다. 물론 프로타고라스의 이 유명한 말은 [내가 따로 논한 바 있듯이[51]] 그 나름의 철학적 의미가 충분히 있는 말로써 간단히 폄하될 수는 없다. 그러나 그런 의미와 별도로, 인간과 무관한 진리 그 자체는 인정되지 않으면 안 된다. 내가 [강의 등에서] 거듭 지적한 대로 철학의 역사에는 두 갈래의 흐름이 있다. 진리를 바라보는 시점이 진리 그 자체 쪽에 놓인 흐름(세계중심적 철학)과 그 시점이 인간 쪽에 놓인 흐름(인간중심적 철학)이 그것이다. 이른바 존재론-형이상학[52]이 전자이고, 이른바 인식론-언어철학[53]이 후자에 속한다. 존재와 무를 둘러싼 하이데거와 카르납의 불화는 (특히 카르납의 비판은) 그런 관점의 차이에 대한 무지에서 비롯된 것이었다. 깊이 들여다보아야 할 주제가 아

---

51) 《편지로 쓴 철학사 II: 전통편》'프로타고라스' 항목 참조.
52) 헤라클레이토스, 파르메니데스, 하이데거 등.
53) 데카르트, 칸트, 후설, 비트겐슈타인 등.

닐 수 없다.

주목할 말은 또 있다.

진실로 **학문을 사랑하는 사람**이라면, 어려서부터 될 수 있는 한
모든 **진리**를 사랑할 게 아닌가? […] 교육을 받은 일이 없고 **진리**
가 무엇인지 모르는 사람에게는 국가를 충분히 통치할 자격이 없고…
《국가》

이 말은 학문과 진리의 연관성을 (해석하자면 학문의 내
용이 진리라는 것을) 그리고 교육을 받는다는 것, 진리를
안다는 것이 국가를 잘 통치할 수 있는 자격이라는 것을 우
리에게 말해준다. 언뜻 상투적인 말처럼 들릴 수도 있지
만, 아니다. 지금 우리의 문제 지평에서 볼 때 소크라테스
의 [실은 플라톤의] 이 말은 우리의 가슴속에서 대단히 크게
울린다. 왜냐하면 지금 우리의 현실에서는 학문에서 진리가
떠나갔고 국가 통치에서도 진리는 아무 상관이 없기 때문이
다. 진리 대신에 지식이 (더 정확하게는 점수가) 국가 대신
에 당파가 학문과 국가의 실질적 내용이 되어버린 면이 없
지 않기 때문이다. 이런 어둡고 무거운 그늘 속에서 우리는
소크라테스의 이 말을 다시 한 번 곱씹어보게 된다.

그러나 소크라테스는 절망하는 타입이 아니다. 그 점에서
우리에게도 희망과 용기를 준다. 그는 이렇게 말한다.

모든 면에 있어 **진리**를 알고 있는 사람이야말로 유사성을 잘 발견할 수 있네. […] **참된 것**을 추구하는 사람은 결국 그것을 손에 넣기 마련이네. 《파이드로스》

약간 자의적인 확대해석이 될 수도 있겠지만 그는 여기서 진리를 아는 사람의 유유상종을 이야기한다. 우리는 '유사성을 잘 발견할 수 있다'는 이 말을 "덕불고 필유린"과 같은 맥락에서 읽을 수도 있다. 그리고 '참된 것' 즉 '진리를 추구하는 사람은 결국 그것을 얻게 된다'는 말을 철학에 대한 격려로 읽을 수도 있다. 진리 탐구의 길은 참으로 험난하고 쉽지 않지만 소크라테스는 이렇게 희망을 주는 것이다. 이 막막한 길을 외롭고 불안하게 걷는 자에게는 참으로 든든하고 힘이 되는 한마디가 아닐 수 없다. 진리는 지금도 우리 앞에 과제로서 혹은 목표로서 놓여 있다. 그리고 그쪽으로 고개를 돌리고 발걸음을 향하는 것은 우리 자신에게 맡겨져 있다.

06 선

"선[좋음]을 원하는 것은 인간의 상정이다"

'선(善 τό ἀγάθων to agathon)'은 소크라테스의 최우선적 관심사 내지 핵심 가치의 하나였다. 좀 과장하자면 그는 거의 모든 대화편에서 이 '선'을 언급한다. (그 빈도는 '덕'과 막상막하다.) 심지어 《국가》 등에서는 유명한 '이데아'를 논하며 바로 이 '선의 이데아(ἡ τοῦ ἀγαθοῦ ἰδέα μέγιστον μάθημα he tou agathou idea)'를 모든 이데아들 중 최고의 것으로 자리매김하기도 한다. 세계의 근본 구조에서 가장 중요한 게 '선'이라는 것이다.[54] 물론 그것은 제자인 플라톤의 사상으로 알려져 있지만, 명목상 소크라테스의 발언으로 되어 있는 만큼 그와 전혀 무관하다고 할 수도 없다. 소

---

54) 나는 이것을 《구약성서》의 〈창세기〉를 동원해가며 두둔한 바 있다. 창조의 과정마다 "하느님 보시기에 좋았더라"라는 게 피조된 일체 존재가 '좋음'을 위해 존재한다는 근거가 된다는 취지다.

크라테스가 평소에 한 말들을 플라톤이 그렇게 듣고 그렇게 받아들였다고 해석할 여지가 있는 것이다.

아닌 게 아니라 소크라테스 본인의 육성이라 평가되는 초기의 대화편에서도 그는 이 '선'에 대한 관심과 중시를 분명히 내비친다.

크리톤, 우리가 가장 깊은 관심을 기울여야 하는 것은 선한 사람들에 관한 것으로 그들은 이 일에 대하여 실정을 알 수 있을 걸세. […]
우리는 단순히 산다는 것을 소중히 여길 것이 아니라 선하게 사는 것을 소중히 여겨야 한다는 말이네. 《크리톤》

물론 소크라테스에게 중요한 것은 그냥 막연한 선이 아니라 선한 사람, 선한 삶이다. 사람의 선, 삶의 선이 그의 관심사요 '소중히 여길 것'이었다. 그의 이런 방향성 즉 가치지향성, 다시 말해 선의 지향은 오늘날의 현실을 배경으로 생각할 때 착잡함 같은 묘한 감상을 불러일으키며 아프게 우리 가슴에 다가온다. 요즘 세상에서는 이 선이라는 게 너무나 인기가 없기 때문이다. 아무도 이것에 관심을 기울이지 않으며 아무도 이것을 소중히 여기지 않는다. 이것을 지향하는 사람은 참으로 드물다. '착하면 손해 본다'는 게 거의 정설처럼 되어 있다. 그래서 선은 오히려 기피의 대상이 되기도 한다. '그런 건 남에게 권할 건 돼도 자기가 할 건 못된다'고 말하는 사람도 있다. 그래서 사실 무조건 권하기도 조심스럽다. 심지어 시중의 우스갯소리 중에는 이런 것도 있다. "넌 여자를 볼 때 예쁜 게 좋아, 착한 게 좋아?" "바보야, 예쁜 게 착한 거야." 들으면 웃지만 참 씁쓸하다. 선은 미에 대해서도 열세인 것이다. 소크라테스의 경우는 이것들이 최소한 병렬되거나 선이 먼저 언급되는 경우가 많았다.

그 사람과 나는 선이나 미에 대해서 전혀 아는 것이 없는데도, 그 사람은 자기가 모르는 줄도 모르고 있다. 《변론》

그런데 선한 생활은 아름다운 생활이나 올바른 생활과도 동일하지 않은가? 《크리톤》

신들은 각각 선하고, 아름답고, 옳다고 생각하는 것은 사랑하고, 그 반대가 되는 것은 배격하겠지? 《에우튀프론》

이런 언급의 순서가 물론 가치의 서열은 아니지만, 이 가치들에 대한 그의 무의식적 평가로 해석될 여지 또한 전혀 없지는 않다. [55] 아무튼 진-선-미는 이렇게 소크라테스의

---

55) 미가 선보다 먼저 언급되는 경우도 있다. 따라서 언급의 순서가 절대적인 것은 아니다.

기본가치였다.

그런데 한 가지 미리 주의해둘 것이 있다. 소크라테스가 말하는 '선(to agathon)'이라는 것은 한국어의 '착함'과 완전히 일치하는 개념이 아니라는 것이다. (고대 그리스어와 현대 한국어 사이의 차이는 어쩌면 너무 당연한 것이기도 하다.) 소크라테스의 언어 자체가 대화체라 학문적 개념 설명과는 애당초 거리가 있지만, 문맥에서 짚이는 그 의미는 인품의 선량함뿐만 아니라 더 포괄적인 '좋음'을 아우른다. "죽음이란 어떤 의미에서는 사람들에게 가장 **선한[좋은]** 것일지도 모릅니다." "우리가 **선한[좋은]** 것을 많이 갖고 있으면 행복하게 되지 않을까?" 같은 말에서도 선은 그런 뉘앙스다. 물론 도덕적-윤리적-인격적 선량함도 당연히 그 '좋음'에 포함된다.

그렇다면 소크라테스가 말하는 '선(to agathon)'이란 무엇인가? 앞서 살펴본 다른 가치들의 경우도 그랬지만 이런 물음에 대해 어떤 개념적 논의나 학문적 답변을 기대한다면 우리는 실망할 수밖에 없다. 이것에 대해서도 소크라테스는 명쾌한 정답을 제공하지 않는다. 그의 대화에서는 이게 어떤 것인가에 대한 이해가 이미 전제되어 있다. 그래서 곧장 '무엇이 선인가'가, 즉 그 내용이 문제되는 것이다. 그렇다면 그게 뭘까?

가장 먼저 눈에 띄는 것은 '선이 아닌 것'이다. 구체적으로는? 우선은 '부정'이다. (온갖 부정이 판을 치는 우리의 현실에서 특히 눈여겨보아야 할, 귀담아들어야 할 부분이다.) 그는 말한다.

적어도 부정을 일으키는 것은 악한 일이며, 부정을 저지르지 않는 것은 선한 일이 아니겠나? 《소 히피아스》

선은 부정하지 않다. 《에우튀데모스》

그러나 '선이 아닌 것', '부정'이 꼭 그렇게 자명하지만은 않다. 부정이 선을 가장하는 경우도 있고, 또 좋게 보이지만 실은 좋지 않은 것도 있다.

나는 주장하기를, 그런 것들[환락과 쾌락과 만족 그리고 이와 유사한 모든 것]은 선이 아니…라고 말하였네. 《필레보스》

환락, 쾌락, 만족 … 보통은 이거야말로 좋은 것(선)이라고 생각하는 것들이다. 그런데 그는 아니라고 단언한다. 그는 이렇게 보통 사람들의 상식을 뒤집는다.
그렇다면 '선'은?
'부정을 저지르지 않는 것'뿐만이 아니다. 《필레보스》에서 그는 이렇게 말을 잇는다.

나는 … 지혜와 사유와 기억, 그리고 이와 유사한 것, 즉 올바른 판단이나 참된 추리야말로 이것들에 관여할 수 있는 모든 사람들에게 쾌락보다도 선이며 또 바람직한 것이라고 말하였네. 이런 것들은 그것을 소유할 수 있는 사람들에게는 현재와 미래를 통하여 무엇보다도 유익한 것이라네. 《필레보스》

'지혜, 사유, 기억, 그리고 이와 유사한 것, 즉 올바른 판단이나 참된 추리', 이런 게 쾌락보다 더 선이며 바람직한 것, 유익한 것이라고 그는 단정한다. 그가 생각하는 '선'의 방향을 이 말로써 가늠할 수 있다. 소크라테스 본인이 실제로 이런 선들을 좋아했다.

그런데 선의 내용들은 이게 다가 아니다. 어떤 점에서는 더욱 중요한 것들이 있다. 우선 눈에 띄는 것은 '덕'이다. 덕이 선이라는 것이다.

내가 인간의 최대의 선은 날마다 덕에 대해 이야기하고, 나 자신과 남을 살피는 것이라고 하면서, 이와 같은 생활만이 보람 있는 것이라고 말하여도, 여러분은 믿지 않을 것입니다. 《변론》

우리는 덕이 선임을 주장하지 않았나? 이것은 버릴 수 없는 전제이네. 《메논》

이처럼 소크라테스에게는 덕이 선이다. 덕으로 선하게 된다. 선과 덕은 서로 맞물려 있다. 얽혀 있다. 덕 자체가 선인 동시에 그 덕에 대해 날마다 이야기하고 나 자신과 남을 살피는 것이, 그런 생활이 또한 인간의 최대의 선[좋은 일]이며 보람 있는 일이라고 소크라테스는 생각한다. 덤으로 그는 이런 생각이 당시에도 이미 일반적인 것은 아니었음을, 즉 사람들이 믿지 않을 것이라는 사실을 알려준다. 고대 그리스에서도 보통 사람들에게는 선이라는 게 인기가 없었던 모양이다. 이런 외면은 어쩌면 선과 덕을 포함한 모든 고귀한 것들의 숙명인지도 모르겠다.

한편 그는 또 다른 선도 알려준다. '영혼의 선'이다. 구체적으로는 절제, 정의, 용기, 총명, 기억력, 너그러움 등등이다. 재산, 건강, 아름다움도 있다.

영혼의 선에 대한 걸 생각해보게. 이것은 절제, 정의, 용기, 총명, 기억력, 너그러움 등등이 아니겠나?《메논》

재산, 건강, 또는 아름다움과 같은 여러 가지 선을 사용할 경우에…《메논》

비교적 귀에 익은 것들이다. 그가 이런 것을 '선'으로 손꼽아준 것은 다행스럽다. 이런 것이 '좋은' 것이라는 평가 내지 가치관이기 때문이다. 총명, 기억력, 재산, 건강, 아름다움에 대해서는 그게 '선'(좋은 것)이라는 데 대해 누구든 별 이의가 없을 것이다. 하지만 다른 것들은 반드시 그렇지도 않다. 절제도 정의도 용기도 너그러움도 명목상의 선임은 대개 인정하지만, 그걸 자기 자신의 가치로, 즉 자기 자신이 정말로 그걸 좋은 것으로 받아들일지, 그런 쪽으로 자기 인생의 방향을 잡을지는 별개의 문제다. 그래서 이런 걸 자꾸 주제화할 필요가 있는 것이다. '좋은 나', '좋은 인간', '좋은 세상'을 위해서다.

선의 내용으로 또 뭐가 없을까? 있다. '신에 대해 봉사하는 것'이다.

신에 대해 봉사하는 것보다 더 나은 선은 없다고 생각합니다. 《변론》

위와 같이 소크라테스는 말한다. (신에 대해서는 나중에 따로 자세히 살펴보겠지만) 이 말은 좀 뜻밖이다. 잘 알려진 대로 그는 '국가가 공인하는 신을 믿지 않는다'는 죄목으로 고발을 당하고 재판을 받고 유죄를 선고받고 사형을 당한 사람이다. 그런데 이렇게 아닌 것이다. 그는 오히려 반대로 신에 대한 봉사를 최고의 선으로 간주하는 것이다. 진정한 선이 어떤 것인지를 따져봐야 할 이유가 바로 이런 데 있다. 인간 세상에서는 선과 악이 뒤집혀 있는 경우가 하나 둘이 아니다. 요즘 세상은 더욱 그렇다. 기억해두자. 신에 대한 봉사는 최고의 선이다. (눈에 보이지도 귀에 들리지도 손에 잡히지도 않는 잘 알 수 없는 신을 우리 인간이 이토록 마음 쓴다는 것은 참으로 묘한 현상이 아닐 수 없다.)

그런데 소크라테스가 이렇게 '선'을 주제화하고 권면하는 것은 칸트식의 의무론은 아니다. '정언적[무조건적] 명령'도 아니다. 구체적이고 실질적이다. 그 배경이 있는 것이다. 필연적인 이유가 있는 것이다. 그게 뭘까. 세상이, 사람들이 선하지 않기 때문이다. '악'이 있기 때문이다. 그래서 호소력이 있다.

본래 우리가 선을 아끼고 이를 원하는 것은 악이 존재하기 때문이며, 악이라는 질병을 제거하기 위한 것이 아니겠나? 《뤼시스》

주목해야 할 중요한 발언이다. 내가 늘 강조했던, 철학의 '의학적' 성격이 그에게도 해당하는 것이다. 쉽게 말하자면 철학이란, 특히 가치론적 철학이란 '문제'로 인한 '문제'의 해결이다. 정상의 지향이다. 소크라테스 철학도 예외가 아니다.

그런데 이 선악의 구별, 선악의 판단이, 즉 진단이 그렇게 명확하지 않은 게 문제다. 소크라테스는 그 점도 짚어준다.

악을 악인 줄 모르는 사람은 악으로 이것을 원하는 것이 아니라 실은 악도 **선**으로 알고 원하는 것일세. 그러므로 그들이 만일 그 판단을 그르쳐 악을 선으로 생각하는 경우는 있어도 사실은 선을 원한 것이 분명하네. 《메논》

보통은 악도 선인 줄 알고 행한다는 것이다. 그러니 선의 지향은 누구에게나 보편적이다. (어떤 악도 나름대로 선인 핑계는 다 있다.) 그래서 그는 이렇게 말한다.

선을 원하는 것은 인간의 상정으로 이 점에 대해서는 누구나 마찬가지가 아니겠나? 《메논》

'좋은 게 좋다'[56)]는 말은 일단 이렇게 원리가 된다. 누군들 좋음을 원하지 않는 사람이 있겠는가. 누구나가 좋기를 바란다. 심지어 신들까지도 좋은 것(선)을 좋아한다. 사랑한다. 그 반대는 배격한다.

신들은 각각 선하고 아름답고 옳다고 생각하는 것은 사랑하고, 그 반대가 되는 것은 배격하겠지? 《에우튀프론》

---

56) '적당한 타협'이 아니다.

다만 문제는 무엇이 좋은 것인가 하는 게, 좋은 게 무엇인가 하는 게, 사람에 따라 다르다는 것이다. 그래서 잘 '아는' 것이 중요한 것이다. 그렇다면 소크라테스는 선에 대해, 선이 무엇인지 그리고 무엇이 선인지에 대해 잘 알고 있었을까? 본인은 일단 아니라고 몸을 낮춘다. 그러나 최소한 모르는 줄은 알아야 한다는 것이 그의 철학이었다.

그 사람과 나는 선이나 미에 대해서 전혀 아는 것이 없는데도, 그 사람은 자기가 모르는 줄도 모르고 있다.《변론》

유명한 이른바 무지의 지가 이 '선'에 대한 지에도 적용되는 것이다. 그러나 위에서 살펴보았듯이 소크라테스는 무엇이 선인지를 이미 알고 있었다. 정말(아예/전혀) 모르고서는 위와 같은 발언들을 할 수가 없는 것이다.[57] 물론 그 지의 정도나 수준이 그 자신의 성에, 기준에 차지는 않았을 것이다. 그래서 '아는 게 없다'고 말했을 것이다. 그래서 그는 선에 대한 [제대로 된] '앎'을, 지식 내지 지혜를 강조했을 것이다. '지' 자체가 선의 일종인 것이다.

지식이 제외된 선한 것은 있을 수 없다면, 지식을 선의 일종이라고 생각하여도 무방하지 않겠나?《메논》

---

57) 하이데거가 말한 '우선 대개' 즉 '막연한 선존재론적 존재이해' 같은 것이 소크라테스에게도 '명시적인' 가치이해의 전제로 작용한다.

세상에는 선하고 악한 것 자체는 없고, 지혜가 거기서 선을 가져오고 무지가 악을 가져올 뿐이네. 《에우튀데모스》

선한 것이라면 일종의 지식임에 틀림없다. 《에우튀데모스》

우리가 처음에 선이라고 말한 것은, 모두 그 자체가 선이라고 볼 수 없으며, 만일 무지가 그 선을 다루고, 악한 자가 그것을 취급하면 오히려 해악을 가져오며, 만일 지식과 지혜가 그것을 다루면 더욱 선한 결과를 가져올 뿐, 그 자체로서는 아무 가치도 없는 것일세. 《에우튀데모스》

이 말만으로는 사실 다소 모호한 부분이 있지만 그가 '선과 지의 결부'를, 특히 '지가 선의 전제조건'임을 이야기하고 싶은 것은 틀림없다. 그런 점에서 '지가 선의 일종'이기도 한 것이다. 세상에 선한 것 자체, 악한 것 자체는 없으며 지와 무지가 그것을 결정한다는 것, 즉 무지는 악을 야기하고 지가 선을 결과시킨다는 것은 특히 중요하다. 곱씹어볼 말이 아닐 수 없다.

한 가지 덧붙이자면 그가 이 '선'이라는 것을 유익하고 유용한 것으로 생각한다는 것이다.

선은 유익하네. 《메논》

만일 덕이 선인 동시에 유익한 것이라면, 그건 **지혜로워야** 하네. 《메논》

선량한 사람은 유용하고 유익해야 한다는 것이네. 《메논》

선량한 사람은 유용한 사람이라는 것을 우리는 인정했지? 《메논》

나는 … **지혜와 사유와 기억, 그리고 이와 유사한 것, 즉 올바른 판단이나 참된 추리야말로 이것들에 관여할 수 있는 모든 사람들에게 쾌락보다도 선이며 또 바람직한 것**이라고 말하였네. 이런 것들은 그것을 소유할 수 있는 사람들에게는 현재와 미래를 통하여 **무엇보다도 유익한 것**이라네. 《필레보스》

무슨 프래그머티즘은 아니지만, 유용이나 유익이라는 말을 통해 우리는 소크라테스가 말하는 '선'이 막연하고 추상적인 이념적 가치가 아니라 지극히 실질적―구체적인 사람의 선, 삶의 선임을 다시 한 번 확인할 수 있다.[58]

---

58) 물론 《메논》과 《필레보스》의 이 말들은 고유한 문맥이 있으며 단순한 단편들은 아니다. 그러나 플라톤이 전해주는 그 문맥은 사실 어떤 결정적인 의미는 없다. 수미일관된 것도 아니고 뚜렷한 결론도 없기에 의미 있는 단편적 발언만 가지고 판단해도 큰 지장은 없다. 그의 경우는 문제제기 그 자체에 가장 큰 철학적 의미가 있다. 소크라테스의 논의 전개가 꼭 성공적이고 유의미한 것만은 아니다. 플라톤의 문장은 사실 약간 과대평가된 측면이 없지 않다.

한편 소크라테스는 선을 '행복'과 연관해서 생각하기도 한다. 넓은 의미에서는 이것도 유용이나 유익의 범주에 들 수도 있다. 선은 행복을 위해서 유용하고 유익하다는 것이다.

우리는 이 청년이 참으로 선량한 자가 되기를 진심으로 바라네. […]
우리가 선한 것을 많이 갖고 있으면 행복하게 되지 않을까? […]
만일 선한 것을 마음에 소유하고 있을 때에는 우리가 행복하고, 따라서 행운을 누리고 있다. […]
만일 우리가 행복하기 위해서는 선한 것을 많이 소유하고 있을 뿐만 아니라, 이것을 사용해야 하네. 그것들을 소유하고 있기만 해서는 아무 이득도 누릴 수 없으니까. […]
선한 것을 소유하여 이것을 [올바로] 사용한다면 충분한 행복을 누릴 수 있다. 《에우튀데모스》

이렇듯, 그에게는 '선'(좋은 것)이 행복의 조건인 셈이다. 다만 그 소유만으로는 '아무 이득도 누릴 수 없다.' 그 '사용'이 필요하다. '사용한다면 충분한 행복을 누릴 수 있다'고 그는 분명히 말한다. 아무리 좋은 것이더라도 그 소유만으로는 행복과 연결될 수 없다는 것이다. 그 사용에서 비로소 행복을 느낄 수 있다는 것이다. 선, 그리고 그 소유와 사용, 의미심장한 주제가 아닐 수 없다. 특히 재산 등 많은 것을 소유한 사람이 귀담아들어야 할 말이 아닐 수 없다. 그 런데 선의 사용이란 대체 무슨 뜻일까? 이 표현은 좀 막연하다. 만일 이걸 '좋은 것'이라는 의미로 읽고 앞서 확인한 덕, 지혜, 사유, 절제, 정의, 용기, 총명, 기억력, 너그러움 등을, 특히 재산, 건강, 아름다움 등 구체적인 덕들을 대입해서 생각해보면 그 문맥이 통하게 된다. '사용'이란 그 선(좋은 것)을 '다른 사람들'에게 사용하는 것이다. 다른 사람들을 위해 사용하는 것이다. 그러면 그 문맥이 더 잘 통하게 된다. 그래서 선의 사용은 '베풂'이 되기도 한다. '자선'이란 말도 그 이해에 도움을 준다. 이른바 '봉사'도 그 범주에 들 것이다. 그런 게 다 '선을 베풂'이다. 그런 베풂이 '행복'으로 연결된다는 것, 행복을 가져다준다는 것은 굳이 구구한 설명도 필요 없다. 행복은 아리스토텔레스의 말대로[59] 동서고금을 막론하고 모든 인간이 추구하는 최종 지표인 만큼 충분히 고려해봐야 할 사안이 아닐 수 없다.

이상으로 '선'에 대한 소크라테스의 생각이 어떤 것인지 그 대략적인 윤곽은 그려졌다. 이제 '선'과 관련해 몇 가지를 보충한다. 남아 있는 그의 관련 발언들을 들여다보자.

---

59) 아리스토텔레스, 《니코마코스 윤리학》 참조. 이 책 뒤쪽의 '행복' 편도 참조.

선을 원하는 데 있어서 남보다 뛰어나지 않을 때, 선을 얻는 힘이 남보다 뛰어났다고 할 수 없지 않을까?《메논》

여기서 소크라테스는 '선을 원함'과 '선을 얻음'의 상관관계를 이야기한다. 선을 얻음이라는 결과는 선을 원함이라는 지향 내지 의지의 정도에 따라 그 정도가 결정된다는 것이다. 원하지 않고서 얻어지는 선은 없다. 선은 원하는 것만큼 얻어진다. 그게 인간 세상의 이치다. 선이라는 가치도 그렇다. 소크라테스는 그런 이치를 이렇게 꿰뚫어보고 있었다. (물론 원하지 않았는데 얻어지는 선도 있기는 하다. 능력이나 노력과 무관하게 주어지는 좋은 것, 그런 것을 우리는 '복(福)'이라고 부른다. '행운(luck)'이라고 부르기도 한다. 그것은 인생과 세상의 이해 불가한 불가사의한 수수께끼다. "적선지가 필유여경, 적악지가 필유여앙(積善之家 必有餘慶, 積惡之家 必有餘殃)"이라는 말은 인간들의 기대 내지 희망사항일 뿐 실제 세상은 그렇지가 않다.) 다음.

선량한 사람은 나면서부터 선량할 수 없겠지?《메논》

여기서 소크라테스는 사람의 선량함이 태생적이 아니라고 지적한다. 이 말만 놓고 보면 그는 표면상 맹자의 소위 성선설과 대치점에 있다. 그런데 이 간단한 한마디는 결코 간단할 수 없는 주제다. 자세히 논하자면 책 한 권 분량이 될 것이다. 그러나 지금 여기서 그럴 수도 없으니 불가피하게 간단히 정리한다. 맹자식의 성선설과 순자식의 성악설은 둘 다 맞기도 하고 둘 다 틀리기도 한다. 둘 다 맞다는 것은 사람에게는 실제로 태생적으로 선한 부분이 있고 태생적으로 악한 부분이 있기 때문이다. 그것은 어린이집에서 아이들을 관찰해보면 곧바로 확인된다. 어릴 때부터 착한 아이들이 있고 어릴 때부터 고약한 아이들도 있다. 둘 다 틀리다는 것은 똑같은 이유를 반대로 적용해보면 알 수 있다. 사람에게는 태생적으로 악한 부분이 있으니 성선설은 틀린 것이요, 태생적으로 선한 부분이 있으니 성악설은 틀린 것이다. 인간에게 현상적으로 선과 악이 있는 이상, 절대적인 성선설과 절대적인 성악설은 성립되지 않는다. 그렇다면? 부분적인 성선설과 부분적인 성악설이 양립 가능한 것이다. 더 정확히 말하자면 인간의 본성이 선하냐 악하냐 하는 전제 자체가 잘못된 것이다. 본성의 선악은 정해져 있지 않다. 그것은 태어나 자라고 살아가면서 선해질 수도 있고 악해질 수도 있다. 부모, 가정, 학교, 직장, 국가, 상황, 교육 등등 수많은 조건이 작용하여 그 영향을 받는다. 악한 사람이 선해질 수도 있고 선한 사람이 악해질 수도 있다. 요컨대 사람은 '선악 가능적 존재', '가변적 존재'인 것이다. 선도 악도 각자의 선택이다. 실존적 선택이다. 사르트르의 말처럼 매 순간 선택(choix)이다. 그래서 그 책임도 각자에게 있다. 그 결과는 비난일 수도 있고 존경일 수도 있다. 감옥일 수도 있고 추앙일 수도 있다. 지옥일 수도 있고 천국일 수도 있다. 그러니 '선량한 사람은 나면서부터 선량할 수는 없다'는 소크라테스의 말은 일단 진실이다. 다음.

선량한 사람들은 어느 모로나 선한 일을 하는 것이 아니겠나? 《변론》

여기서 소크라테스는 선한 사람의 기준 내지 조건이 '선한 일을 하는 것' 즉 '선한 행위'에 있음을 알려준다. 지당한 말이다. 나쁜 짓을 하는 좋은 사람은 없다. 있을 수 없다. 있다면 모순이다. 나쁜 짓을 하는 그 순간 그는 '선인'(좋은 사람, 착한 사람, 선한 사람, 선량한 사람)의 자격을 상실하는 것이다. 행위의 질이 사람의 질을 결정한다. 이 '선한 행위'에 대해서는 역시 한 권 분량의 윤리학이 필요하므로 여기서는 더 이상의 논의를 일단 단념한다.[60] 다음.

만일 당신이 보다 **사회에 공헌**할 수 있는 사람이라면, 무슨 일을 할 때, **옳은 일인지 옳지 않은 일인지, 선한 사람이 할 일인지 악한 사람이 할 일인지**에 대해서만 생각해야 합니다. 《변론》

---

60) 졸저 《알고 보니 문학도 철학이었다》(철학과현실사, 2018) 중 '좋은 사람' 참조.

여기서 소크라테스는 사회적 행위에서 그 시비선악을 생각해야 한다고, 그것만을 생각해야 한다고 (즉 그런 생각 없이 사익만을 추구해서는 안 된다고) 말한다. 그게 사회에 대한 '공헌'이라고 그는 생각하는 것이다. 역시 이상주의다. 현실과는 괴리가 있다. 그러나 바로 그렇기에 소크라테스 같은 이런 사람의 이런 말이 필요한 것이다. 이런 게 배제된다면 남는 것은 그야말로 홉스가 말한 '만인에 대한 만인의 투쟁(bellum omnium contra omnes)', 그런 것밖에 없을 것이다. 요즘 우리 사회에서 시비선악을 생각하는 사람이 과연 얼마나 되는지 우리는 진지하게 반성해볼 필요가 있다. 말은 넘치는데 정작 그 실체는 어디로 갔는지 종잡을 수가 없다. 다음.

그러므로 나는 세상에서 악하다[나쁘다]고 생각하지만 어쩌면 선할[좋을]지도 모르는 것을 두려워하거나 회피하는 일은 결코 없을 것입니다. 《변론》

《변론》에서 소크라테스는 선악에 대한 세상의 판단을 의심의 눈초리로 바라본다. 앞뒤의 문맥을 보면 구체적으로는 '죽음'의 선악 여부를 가리킨다. 세상 사람들은 이게 나쁜 것(나쁜 것 중에서도 가장 나쁜 것)이라고 잘 아는 듯이 단정하고 있지만 실은 잘 모르며, 그는 이게 '어떤 의미에서는 사람들에게 가장 선한[좋은] 것일지도 모른다'고 말한다. 죽어보지 않고서 좋은지 나쁜지 어떻게 알겠느냐는 것이다. 그래서 자기는 (잘 모르니까) 그것을 두려워하지도 않고 피하지도 않겠다는 것이다. 유명한 이야기다. 그런데 이런 게 어디 죽음뿐이겠는가. 선이다/악이다, 즉 좋다/나쁘다에 대한 세상 사람들의 생각은 절대적이 아니다. 오히려 뒤집혀 있는 경우도 적지 않다. 세상은 좋은 걸 나쁘다 하고 나쁜 걸 좋다고 하기도 한다. 그래서 이걸 제대로 아는 '지혜'가 필요하다고 소크라테스는 강조했던 것이다. 이걸 논하자면 역시 한도 끝도 없겠지만, 결국은 '이성' 내지 '양식'이 그걸 판단해줄 것이다. 그 이성에 대한 신뢰가 서양철학의 한 핵심이었다.[61] 그리고 아마 역사적 평가를 받고 있는 성현들(공자, 부처, 소크라테스, 예수 등)의 가르침이 그 구체적인 지침이 될 수도 있을 것이다. 역사의 인정 내지 승인은 절대 어쩌다 우연히 주어지는 게 아니기 때문이다. (시비와 선악을 가리기 위해서도) 우리는 그런 것을 잘 공부해볼 필요가 있다. 다음.

사실상 그들(대중)은 선도 행할 수 없고 또한 악도 행할 수 없네. 다시 말하면, 그들은 사람을 현명하게 할 수도 없고 또 우매하게 할 수

---

61) 데카르트와 하버마스 등이 그것(이성, 양식)에 대한 절대적 지지를 보내고 있다.

도 없으며, 그들의 행위는 다만 우연의 결과에 불과하네. 《크리톤》

여기서도 소크라테스는 대중 내지 '다수의 의견'에 대한 불신을 드러낸다. 대중은 선악에 대해 유의미한 행위를 할 수 없다는 것이다. 여기서 그가 생각하는 선악이란 사람의 현명함과 우매함이다. 앞뒤 문맥상 그의 이 말은 우리가 진정으로 관심을 기울여야 할 '선량한 사람들'과 달리 대중은 선악에 대해 이렇다 할 영향력이 없다는 것인데, 과연 그런지 생각해볼 여지가 많은 주제다. 다만 대중을 하이데거의 이른바 '세인(das Man)'과 연관지어 고려해본다면 소크라테스의 이 말은 대중이 (즉 세인이) 선이든 악이든 진정한 그 무엇에는 애당초 관심이 없다는 (즉 중립적 거리를 취한다는) 것으로 해석될 수도 있다. 그들은 이래도 그만 저래도 그만, 그냥 온갖 일들의 표면에 '부유하고'(떠다니고) 있을 따름이다. 또한 다수의 의견이 반드시 선이 아니라는 것은 이를테면 여론조사나 선거의 결과가 반드시 좋은 것만은 아니라는 데서도 확인할 수 있다. 실제로 대중은 종종 악의 쪽에 손을 들어주고 거기에 가담하기도 한다. 소크라테스 재판의 결과만 보더라도 이는 명백하다. 다수의 결정이 반드시 선은 아니다. 논의의 여지를 남겨둔 채 이 정도만 지적해두기로 하자. 다음.

자네는 … 내 **정신을 좀 고쳐**주기 바라네. 나를 **무지에서 해방**시켜주면, 몸을 병고에서 해방시켜준 때보다 **훨씬 더 선한 일**을 하는 것이 될 테니까. […]

더욱 **유능하고 현명한 영혼이 선하고** 또 어떠한 행위에 있어서도 선과 악의 양자를 행하기에 적합하지 않겠나? […]

선한 영혼의 소유자는 선량한 사람이고, 악한 영혼의 소유자는 악한 **사람**이겠지?《소 히피아스》

여기서 소크라테스는 선과 영혼(정신)의 관계를 언급한다. 영혼의 선악(좋고 나쁨)이 삶의 선악(좋고 나쁨)을 결정한다는 말이다. 그리고 영혼의 선함이 행위의 선함을 결정한다는 말이다. 즉 선한 영혼이 선한 행위를 한다는 말이다. 그리고 정신을 고쳐주는 것이, 즉 무지에서 해방시켜주는 것이 육신의 병을 고쳐주는 것보다 훨씬 더 선한 일(좋은 일)이라는 말이다.

그는 이 선에 대한 보상을 기대한다.

착한 사람은 죽은 후 반드시 커다란 보상을 받게 된다는 기대를 갖고 있네.《파이돈》

이런 기대를 우리가 사후 확인해볼 수는 없지만, 선한 행위에 대한 격려의 근거는 될 수가 있을 것이다. 이런 생각은 칸트의 이른바 '최고선(das höchste Gut)'[62]의 선구로 평가될 수도 있다.

소크라테스는 이런 생각의, 이런 가치관의 소유자였다. 그리고 그 자신이 실제로 이런 삶을 살았다. 그런 삶 자체가 그의 철학이었다. 그는 선한 영혼을 가지고 선한 행위를 한 선한 사람이었던 것이다. 인간 세상의 기본적인 사악함을 생각할 때 참으로 드문 경우였다. 그런 소크라테스를 가졌던 2,400여 년 전의 아테네가 부럽다. 지금 우리 시대에는 그런 소크라테스가 어디에 숨어 있는지 잘 보이지를 않는다. 마지막으로 소크라테스의 다음 말을 곱씹어보기로 하자.

선한 사람과 악한 사람은 극소수이고 대부분의 사람들은 그 중간적인 존재라는 것을 알아야 하네. 《파이돈》

이 '선악 중간적 존재'는 역시 하나의 과제로서 현재를 살아가는 우리 앞에 던져져 있다. 우리들 대부분이 바로 그 해당자이기 때문이다.

---

62) 도덕성과 행복의 완전한 결합, 즉 가장 도덕적인 사람이 가장 행복해지는 것.

07 미

"완벽한 아름다움을 지니게 될 걸세. … 만일 고상한 정신만 있다면"

우리가 사는 이 존재의 세계에는 '아름다움'이라는 것이 있다. 실제로 그것이 구현된 '아름다운 것'들도 있다. 꽃, 경치, 계절, 미인 …. 그런데 우리는 이것에 대해 얼마나 알고 있을까? 이것을 얼마나 평가하고 얼마나 지향하고 있을까? 현실에는 오히려 그 반대가 너무나 많이 널려 있다. 온갖 더러움, 추악함 …. 아마도 그래서 소크라테스는 '미'를 입에 담았을 것이다. 소크라테스의 가치들 중에 '미(美 τό καλόν to kalon)'라는 것이 있다.

라이프니츠는 철학의 주제를 진-선-미 세 단어로 요약할 수 있다고 말했고, 칸트는 이것을 이른바 3대 비판서 《순수이성비판》, 《실천이성비판》, 《판단력비판》의 주제로 각각 다룸으로써 이런 이해를 공고히 했다. 미스코리아를 통해 익숙한 진-선-미 같은 게 이런 역사와 배경을 갖는다는 건 보통 잘 모르고 있다. 앞에서도 이미 이런 말을 한 적이 있다. 그런데 '진'과 '선'은 그렇다 치더라도 '미'라는 것이 철학의 3대 주제 내지 기본가치 중 하나라는 것은 일반인들에겐 좀 낯설지도 모르겠다. 철학과 미? 왠지 곧바로 잘 연결되지 않는다. 별개인 줄 안다. 심지어 대학에서도 '미학과'는 '철학과'와 별도로 존재한다. 그런데 알아야 한다. 미학은 엄연히 철학의 한 분과다.[63] 말하자면 기하와 수학의 관계 비슷한 것이다. '미'도 철학적 가치의 일부다. 그걸 일반인들은 잘 모르는 것이다. '미' 즉 '아름다움'이라는 것이 철학적 주제의 하나로 등장한다는 것은 뭔가 좀 색다르고 멋지다. 비너스나 양귀비나 벚꽃이나 단풍이나 설경이나 야경이나 그림이나 음악이나 혹은 오드리 헵번이나 이영애 같은 것이 그 내용이 되기 때문이다. 소크라테스 철학에 '미'가 등장한다는 것도 그래서 뭔가 좀 색다르고 멋지다.

소크라테스는 여러 단편에서 좀 의외로 상당히 자주 이 '미'(아름다움)를 언급한다. 《크리톤》, 《파이드로스》, 《변론》, 《메논》, 《에우튀프론》, 《티마이오스》, 《뤼시스》, 《카르미데스》, 《에우튀데모스》, 《파이돈》, 《향연》 등에 그런 언급

---

63) '윤리학'도 마찬가지다. 윤리는 철학의 일부, 한 분야다. 고등학교에서 '철학'과 '윤리'가 별개의 과목인 것도, 철학 전공자가 윤리 교사가 되지 못하는 것도 실은 어불성설이다.

이 보인다. 반가운 일이다. 그러나 여기서도 예외 없다. '미란 이러이러한 것이다'라는 철학적 논의와 그 답을 기대한다면 우리는 실망할 수밖에 없다. 그런 건 거의 없다. 그는 항상 언급만 한다. 문제 제기만 한다. 답을 찾는 것은 우리 자신들의 몫이다. 그게 소크라테스의 방식이다. 그는 '등에' 역할, '산파' 역할만 한다. 좀 아쉽지만 그것만 해도 어딘가. 언급조차 없는 것보다는 다행스럽고 고마운 일이다. 더구나 잘 들어보면 그의 말들 속에 답의 방향도 어느 정도 암시된다. 그런 걸 찾아보는 재미도 제법 쏠쏠하다. 해변에서 예쁜 조가비를 찾듯이, 혹은 그 조가비 속에서 진주를 찾듯이 소크라테스의 미론도 한번 찾아보자.

그는 분명히 '미'라는 것을 주제의 하나로서 바라보고 언급했다. 이것에 '관심'이 있었던 것이다. 그는 '일종의 미'를 지닌 '구체적인 것'들을 통해 '절대적인 미'(미 그 자체)를 지향했다.

나는 아름다운 것을 보았네. […] 그것은 절대의 미는 아니지만, 어쨌든 그 각각에 **일종의 미를 지니고 있네**. 《에우튀프론》

단, 그는 늘 그렇듯이 그것을 안다고 떠벌리지 않는다. 모른다고 솔직히 고백한다. '미란 이러이러한 것이다', '이러이러한 것이 아름다운 것이다', 그 판정이 그렇게 간단한 것이 아니기 때문이다.

그 사람과 나는 선이나 **미에 대해서** 전혀 **아는 것이** 없는데도, 그 사람은 자기가 모르는 줄도 모르고 있다. 《변론》

유명한 《변론》에서도 소크라테스는 이렇게 '미'를 언급한다. ('선'과 병렬해서다.) 그러나 이렇게 그것에 대해 '전혀 아는 것이 없다'고 고백한다. 이 간단한 말은 그러나 단순한 그 자신의 무지의 고백이나, 일반인들 혹은 제대로 알지 못하면서 아는 체하는 지식인들의 저 '무지의 무지'에 대한 단순한 비난이 아니다. 이 말은 무엇보다도 '미'라는 이 가치에 대한 그의 관심을 알려주는 것이고 그것이 '알아야 할 것'임을 알려준다. 그리고 이 가치가 주목되지 않고 있는 현실을 지적해 보여준다. 미가 우리의 삶을 얼마나 풍요롭게 해주는지, 그리고 더러움 내지 추악함이 우리의 삶에서 얼마나 보편적인지, 그런 현실을 배경에 놓고 보면 툭 던지듯 내놓은 소크라테스의 이 말이 얼마나 철학적으로 중요한 것인지가 드러날 수 있다. 이런 점은 그의 다음 발언에서 조금 더 실감할 수 있다.

옳은 것과 옳지 못한 것, 아름다운 것과 추한 것, 선한 것과 악한 것

에 대해 우리는 지금 생각해보려고 하는데, 우리는 대중의 의견
에 따라 그들의 비평을 두려워할 것인가, 아니면 **도리에 밝은 사**
람의 의견을 존중해야 할 것인가? […]

　　정의와 불의, 옳은 것과 옳지 않은 것, 아름다운 것과 추한 것, 선한
것과 악한 것에 대하여 대중의 견해를 좇아야 한다는 자네 말은 그릇
된 것이 아니겠나? 《크리톤》

　　역시 초기의 이 작품에서 소크라테스는 그의 관심 내용에
'미'라는 게 있다는 사실과 함께 '아름다운 것과 추한 것'이
짝을 이루고 있음을 알려준다. 중요한 시사다. 진-위, 선-
악처럼 '미-추'도 하나의 쌍인 것이다. '그렇지 않은 현실'을
배경으로 해서 '그러한 것'의 가치가 비로소 그 가치를 드러
내는 것이다. 미도 또한 그런 것이다. 이 발언도 그런 점을
알려준다. 더러움과 추악함이 아름다움의 가치를 역설적으
로 부각시켜준다. 소크라테스는 그것을 '반대되는 것에서
비롯되었다'고 표현한다.

　　아름다운 것은 추한 것의 반대이고 옳은 것은 옳지 않은 것의 반
대인 것처럼, 이 밖에도 반대되는 것이 수없이 많을 걸세. … **상**
반되는 모든 것… 그것들은 모두 반대되는 것에서 비롯되었다고…
《파이돈》

그런데 그는 앞의 인용에서 이미 논의에 불을 지피고 있다. 물음표(?)들이 그것을 알려준다. 미-추를, 즉 그 내용을 결정하고 판정하는 기준 내지 준거가 무엇인가 하는 논의다. 그는 '대중의 의견'이 아닌 '도리에 밝은 사람의 의견'을 존중해야 한다고 그 방향을 제시한다. (여기서도 '대중에 대한 불신'을 그는 공공연히 드러낸다. 참으로 탁견이다.) 이것이 옳고 저것이 그르고, 이것이 맞고 저것이 틀리고, 이것이 선하고 저것이 악하고, 이것이 아름답고 저것이 추하고, 그런 것을 대중들의 의견으로, 투표로 정할 수는 없다는 것이다. 진-선-미에 대한 대중들의 판단이 얼마든지 잘못된 것일 수 있음을 우리는 현실에서 확인할 수 있다. 그른 것을 옳다 하고 틀린 것을 맞다 하고, 악한 것을 선하다 하고, 추한 것을 아름답다 하는 대중은 실제로 적지 않다. 그 역도 많다. 소크라테스와 예수를 '나쁘다'고 단정해 죽음에 이르게 한 다수 대중들만 보더라도 그의 이 말이 의미 있음을 우리는 곧바로 인정할 수밖에 없다. '도리에 밝은 사람'은 따로 있는 것이다. 아마도 소크라테스와 예수 같은 이가 거기에 해당할 것이다. (이 점에 대해서는 따로 전문적인 논의가 필요하다.)

그런데 소크라테스는 한 걸음 더 나아가 미-추의 결정이 사람마다 다를 수 있고 그로 인해 반목과 격분이 있을 수 있으며 그 궁극의 바탕에는 신들의 선호가 있음을 시사한다. 신들은 진-선-미를 사랑하고 그 반대를 배격한다는 것이다. 그 결정에 이렇게 '신들'을 끌어들이는 것은 시사적이다. 신을 동원해 좋은 것의 좋음을 옹호하는 것이다.

정의와 부정, 아름다움과 추함, 선과 악에 대해 견해가 다를 경우에 우리는 반목하고 격분하네. 신들은 각각 선하고, 아름답고, 옳다고 생각하는 것은 사랑하고, 그 반대가 되는 것은 배격하겠지? 《에우튀프론》

비슷한 맥락에서 소크라테스는 미에 이미 조물주의 뜻이 스며 있다는 식으로 말하기도 한다. 단, 그 범위는 인간의 미에 국한되지 않고 만물과 자연 전체의 미를 포괄한다. 물론 인간도 당연히 거기에 포함될 것이다.

조물주는 만물을 아름답게 만들어야겠다는 견지에서, 가시적인 자연에 대하여, 지혜롭지 못한 것은 지혜로운 것보다 아름답지 못하고, 또 영혼을 갖지 못한 것에는 지혜를 주지 않았습니다. 그리하여 그는 우주를 지을 때 영혼 속에 지혜가 있게 하고, 또한 그 영혼을 물체 속에 있게 함으로써, **자연을 가장 선하고 아름답게 지은 창조주가 된 것입니다.** 《티마이오스》

또 한편 그는 '미'라는 것이 '해롭고 추하지 않은 것'으로서 '부정', '옳지 않은 것', '악', 이런 것들과 반대되는 것으로 인식되고 있음을 알려준다. '미'가 단순히 표면적−외면적−감각적인 '예쁨, 고움'만은 아닌 어떤 내적−정신적인 가치임을 짐작할 수 있다. 이런 사상은 그의 다음 말을 통해서도 확인된다.

아름다운 용모… 육체[나체]는 실로 완전무결… 한 가지만 더 갖춘다면 아마도 달리 비교할 수 없을 만큼 **완벽한 아름다움**을 지니게 될 걸세. … 그에게 만일 **고상한 정신**만 있다면 말이오. 《카르미데스》

… 여러 신들에게 기원하나니, 나로 하여금 **속을 아름답게 가꾸게** 하여주시고, 내가 밖으로 소유하고 있는 모든 것이 **내부세계와 조화를 이룰 수 있도록** 해주소서! 나로 하여금 **현인이야말로 가장 부유한 사람**이라고 생각하게 하소서! 내가 소유하고 있는 황금의 분량은 다만 지각 있는 자에게 필요한 정도로 그치게 하소서! … 이밖에 기원할 게 또 있겠나? 나는 충분히 기원했네. 《파이드로스》

이 언급들을 통해서 소크라테스는 우리 인간들에게 중요한 미학적 방향을 제시했다. 진정한 미는 외면적인 아름다움에 있는 것이 아니라 '속'(내부세계)의 아름다움 즉 '내면적−정신적 고상함'을 갖출 때 비로소 완벽한 것이 될 수 있으니 그런 쪽을 추구해야 한다는 것이다. 주목해야 할 말이다. 《파이드로스》에서의 기원도 그 자신이 실제로 그런 방향을 지향하고 있음을 분명히 알려준다. '속을 아름답게 가꾸게', '소유물이 내부세계와 조화를 이룰 수 있도록', '현인이야말로 가장 부유' 등등, 요컨대 내면의 아름다움, 요즘 세상에서는 온갖 가시덤불로 황폐해진 길이다.

또 한편, 그는 '선함'과 '아름다움'과 '옳음'이 [즉 진-선-미가] '동일'하다는 시각도 드러낸다. 이것도 중요한 논점의 하나가 된다.

선한 생활은 아름다운 생활이나 올바른 생활과도 동일하지 않은가? 부정을 행하는 일은 옳은 일이 못 되며 아름다운 일도 아니란 말인가? … 악을 행한다는 것은 … 그 당사자에게 해롭고 추한 것이 되지 않겠나? 《크리톤》

미는 실로 유연하고 매끄럽고 또 반질반질하네. … 선은 곧 미라고 생각되기 때문이네. 《뤼시스》

재산, 건강, 또는 아름다움과 같은 여러 가지 선을 사용할 경우에, 그 정당한 사용법을 가르쳐주고 그 실천에 있어서 우리를 인도해주는 것은 지식이 아니었나? 《에우튀데모스》

이 역시 전문적인 논의는 통째로 생략되어 있지만, '진-선-미'는 우리가 추구해야 할 진정한 가치라는 점에서 결국 서로 통한다는 그런 시각을 드러낸 것은 아닐까 하고 우리는 해석할 수도 있다. 샌델의 '정의론'처럼 각론에 들어가면 이것도 역시 논란거리가 하나둘이 아니겠지만, 전체적 방향에서는 시사하는 바가 적지 않다. 진정으로 추구해야 할 가치들은 그것들끼리 서로 충돌하는 일이 없다. 진정한 가치들은 (본질적으로 '좋은 것'이라는 점에서) 결국은 다 하나로 통한다.

한편 소크라테스는 '미', '아름다움'이 '신성한 것', '유익한 것'이라는 인식을 피력한다.

나는 남녀 현인들이 **신성한 것**에 대하여 이야기하는 것을 들은 적이 있네. […] **진실과 미**에 대해서이네.
우리는 주장하네. **건강, 힘, 아름다움, 재물** 등이 유익한 거라고.
《메논》

신성과 유익이라는 것은 그저 단순한 '성격'의 서술이 아니다. 미와 이 단어들의 연결은 이미 소크라테스의 철학을 반영한다. 미는 오늘날 대부분의 사람들에게 대체로 그렇듯 그저 단순히 화장품이나 성형이나 옷이나 스타일이나 그런 외면적인 것들(특히 외모)과 그리고 예술작품이나 건축물과 연결되는 것이 아니라, 진실이나 현인 같은 단어들과 연결되고 있다는 사실을 우리는 주목할 필요가 있다.

소크라테스에게 있어 '미'란 '신성한 것'이다. 미가 신성한 것이라는 이 발언은 일반적인 것이 아니다. 신성이란 신적인 것에 대해 부여되는 특별한 가치인 것이다. 어쩌면 [테레사 수녀나 오드리 헵번 같은] 깊은 내면의 아름다움, 자연[특히 우주]의 아름다움, 성전의 아름다움 등이 이에 해당할지도 모르겠다.

미가 '유익한 것'이라는 말도 우리의 관심을 끈다. 미는 건강, 힘, 재물 등과 함께 유익한 것의 실례로 거론된다. 어떤 점에서 유익하다는 걸까? 미가 유익하다는 것은 어떤 의미일까? 인간관계나 미모가 사회생활에서 유리하게 작용한다거나 단순히 그런 것만은 아닐 것이다. 역시 상세한 논의는 생략되어 있고 그가 뚜렷한 답을 주지도 않는다. 그러나 우리는 짐작해볼 수 있다. 함께 나란히 거론되는 건강, 힘, 재물 등이 모두 인간들이 바라는 것, 즉 욕구의 대상이며 그 가치는 그 결여 상태에서 두말할 필요도 없이 곧바로 인정되는 것이다.[64] 즉 건강을 잃어보면, 힘이 없으면, 재물이 없으면, 그것들이 얼마나 간절히 필요한 것인지가 곧바로

---

64) 필자의 중요한 철학적 방법론이기도 한 이 '결여 가정'은 실은 소크라테스가 《파르메니데스》에서 최초로 천명한 것이기도 하다.

드러나는 것이다. 그런 점에서 미도 마찬가지다. 미의 상실이 그 미의 가치를 곧바로 알려준다. 특히 '인간의 미'가 그렇다. 잘생긴 아름다운 사람과 그렇지 못한 사람은 그 삶의 조건이 애당초 다른 것이다. 그런 점에서 미가 유익한 것이라는 말은 일단 진실이다. 단, 이것들은 이를테면 '행복'처럼 더 상위의 무언가를 갖지 않는 그 자체로 최종적인 목적은 아니다. 다른 무언가를 위한 수단으로서 도움이 되는 수단적인 가치들이다. 이를테면 건강하면 운동을 즐길 수 있고, 힘이 세면 무거운 것을 들 수 있고, 재물[돈]이 많으면 좋은 물건을 살 수가 있다. 그렇다면 아름다우면? 아름다우면 뭇사람들의 주목을 끌 수가 있다. 특히 좋은 사람의 사랑을 받을 수가 있다. 함께 있을 수가 있다. 심지어 그것으로 돈, 지위, 명성도 얻을 수도 있다. 욕망의 실질적 대상들이다. 그러니 이보다 더 유익한 게 어디 있겠는가. 인간적인 가치관으로서는 일단 그렇다.

미는 우정을 낳게 한다. 《뤼시스》

이 말도 일단 그런 취지로 해석할 수 있는 여지가 있다. 미는 우정을 위해 도움 되는 가치라는 말이다. 우정을 위해 미가 반드시 요구되는 그런 필요충분조건은 아니겠지만, 미가 우정을 야기하는 조건이 되는 면도 분명히 있다. 외모와 내면이 아름다운 사람은 친구의 관심을 끌게 된다. 우정이 그렇다면 사랑은?

소크라테스는 이 '미'와 '사랑(에로스)'의 관계에 대해서도 관심을 표명한다. 흥미로운 주제다. 특히 사랑 자체가 미인 것이 아니라 오히려 미의 결핍이 사랑을 지향하는 계기가 됨을 시사한다. 그리스 신화의 상식이지만 에로스가 페니아 (궁핍)의 아들이기 때문이다. 유명한 《향연》에서 그는 이렇게 말한다.

[소크라테스]: 에로스는 아름다움에 대한 사랑이고 추에 대한 사랑은 아닐 게 아닌가? … 그렇다면 에로스는 아름다움이 결여되어 그것을 지니고 있지 않다는 것으로 간주해야 하지 않겠나? … 그렇다면 자네는 아름다움을 지니고 있지 않은 것을 아름답다고 할 수 있겠는가? (그럴 수는 없습니다.) … 에로스가 아름다움을 지니지 못했다는 사실은 동시에 선량한 것도 결여되었다는 것이 아니겠나? … 에로스는 위대한 신이며 아름다운 것에 대한 사랑이라고. 그리하여 나는 지금 내가 아가톤을 설득한 것처럼 에로스는 아름답지도 선량하지도 않다고 그녀[디오티마]에게 설득당했네. […]
[디오티마]: 지혜는 가장 아름다운 것이기 때문에 에로스는 아름다움을 추구하고 있는 거지요. … 에로스는 사랑을 받는 자와 사

랑을 주는 자를 혼동하고 있는 것 같습니다. 그러므로 사랑을 모두 아름다운 것으로 생각하였을 것입니다. 사실 사랑을 받는 자는 아름답고 우아하며 행복한 존재이지만, 사랑을 주는 쪽은 그와는 달리 내가 설명한 것처럼 전혀 다른 모습을 하고 있습니다.

[소크라테스]: 부인, 당신 말씀이 옳습니다. 《향연》

마지막으로 한 가지 주목할 것은 본질(그것 자체)과 구체적인 것의 관계에 관한 논의다. 《파이돈》에서 소크라테스는 이 문제에 관해 제법 길게 논의를 펼친다. 미는 선이나 정의와 함께 거론되기도 하고 미 단독으로 거론되기도 한다.

[소크라테스]: 정의 자체란 있다고 생각하나 없다고 생각하나?

[심미아스]: 있습니다.

[소]: 그리고 또한 **미나 선 자체**는 어떻게 생각하나?

[심]: 물론 **있습니다.**

[소]: 그런데 자네는 이와 같은 것을 눈으로 본 일이 있는가?

[심]: 전혀 없습니다. […]

[소]: 하나하나의 본질을 알아보려고 노력하는 자만이 이와 같은 참된 인식에 접할 수 있는 것이 아니겠나? […] 사유만으로 탐구의 대상을 삼고, 이 사유 속에 […] **아름다움**이나 선이나, 그 외의 모든 것에 본질이 있다고 한다면… 같은 것 자체, **아름다움 자체**, 그리고 그 밖의 어떤 것이나 **그 자체에 있어서의 존재하는 본**

질은 어떠한 변화도 하지 않는가 하는 것일세. … 그 많은 **아름다운 것들**은 어떻게 되겠나? 즉 인간이나 말이나 의복이나 그 밖의 무엇이든지 **아름답다는 말을 듣는 것들**은 언제나 같은 모습으로 있는 경우가 없단 말인가?

[심]: 결코 같은 상태는 아닙니다. […]

[소]: 나는 언제나 누구나 알고 있는 많은 사람들의 논란의 대상이 되고 있는 **아름다움 자체**와 선 자체 그리고 큰 것 자체며 그 밖의 모든 것이 있다는 것을 전제로 하여 다시 처음부터 출발하려고 하네. … 만일 **아름다움 자체 외에도 다른 어떤 것이 아름답다**고 한다면, 그것은 다름 아닌 **아름다움 그 자체를 갖추고 있기 때문에 아름다운 것**이라고 나는 생각하고 있는데… […]

나는 그 밖의 그럴듯한 여러 가지 원인에 대하여 아직 그 어느 것도 인정할 수 없으며 또 이해할 수도 없네. 그러나 만일 아름다운 빛깔이나, 모양이나 그 외의 그와 비슷한 것을 **아름다움**의 원인이라고 말하는 사람이 있다면, 나는 그에게 그와 같은 말을 하는 것은 나를 어리둥절하게 할 뿐이라고 말하면서, 그의 어떠한 말도 받아들이지 않을 걸세. 오직 나는 **아름다운 것은 어느 모로 보거나 아름다움 자체가 거기에 있거나, 또는 아름다움 자체와 관계를 맺음으로써 아름다운 것이 된다**는 한 가지 사실만은 단순하게 그리고 철저하게 또는 어리석을 정도로 마음속에 굳게 간직하고 있으려고 하네. **그것이 어떻게 아름다움 자체에 참여하는가는 알 수 없네.** 그렇지만 그것은 어떠한 모양으로든지 **아름다움 자체**

에 의하여 아름다워진다는 것을 강경히 주장하네. 이러한 사실은 나 자신에게나 남에게나, 또는 어느 누구에게라도 자신 있게 답변할 수 있다고 믿어 의심치 않네. 이러한 원리에 따른다면, 절대로 미궁에 빠질 염려도 없을뿐더러 나에게나 그 외의 어느 누구에게도 아름다운 것은 아름다움에 의하여 아름다워진다는 확고한 답변을 할 수 있네.《파이돈》

이 논의에서 보이듯 소크라테스가 강조하는 핵심은, 아름다움 자체라는 것이 있으며 구체적인 아름다운 것들은 그 아름다움 자체에 '의해서' 아름다워진다는 것이다. 그리고 아름다움의 본질은 '불변'하는 것이며 구체적인 아름다운 것들은 '가변적'이라는 것이다. (이런 '가변성'은 현실에서 얼마든지 확인된다. 아름다웠던 꽃이 시드는 것도 미인이 늙어 추해지는 것도 그 사례들이다.) 그러한 본질은 눈으로 볼 수 있는 가시적(可視的)인 것이 아니라 오직 사유를 통해서만 그것을 탐구하고 인식할 수 있다. 가사적(可思的)인 것이다. 그리고 아름다움의 '원인'은 빛깔이나 모양이나 그 비슷한 것은 아니다. 오직 아름다움 자체가 아름다운 것들의 원인이 된다, 이게 그 핵심이다. 이게 말하자면 소크라테스의 미학인 것이다. 그는 이렇게 '본질적인 것'의 존재를 인정 혹은 전제하고 있다. 아마도 이런 본질을 플라톤은 '이데아'라고 불렀을 것이다. 아름다움 자체(아름다움의 이데아)의 '분유(methexis: 나눠 가짐)'로 인해 '아름다운 것은 아름답다'라고 하는 것은 실은 플라톤의 한 핵심 사상이기도 하다.

우리가 소크라테스에게 배울 수 있는 많은 것 중 하나가 이런 아프리오리한 가치에 대한 인정이다. 그리고 그것에 대한 지향이다. 그러한 것들이 분명히 있다. 우리 인간들의 의사 여부에 아무 상관없이 '그러한' 것은 애당초 '그러한' 것이다. 아름다운 것도 애당초 아프리오리하게 아름다운 것이다. 누구든 꽃을 곱다 하고 똥을 더럽다고 한다. 향기를 좋다 하고 구린내를 싫다고 한다. 그 반대는 없다. 거기에 우리가 놓치고 있는 (너무 가까워서 잘 보지 못하는) '존재의 비밀'이 이미 작용하고 있다. 소크라테스는 그런 점에서 본질주의자의 한 사람이었다. 보통은 그를 '인간학적 전회'의 상징으로 평가하지만, 그렇다고 그가 '인간 너머'인 본질적 가치의 세계에 대해 눈을 감은 것은 절대로 아니었던 셈이다. 그는 두 눈으로 본질과 현상 양면을 동시에 다 보고 있다.

아름다움과 아름다운 것들, 이것은 유한한 가사적(可死的: 죽게 될) 존재인 우리 인간에게 무한의 일부를 맛보여주는 축복의 하나가 아닐 수 없다. 아름다운 것은 좋은 것이다.

08 지혜

"지혜가 있는 사람은 그 이상 더 행운을 바랄 필요가 없다"

우리는 이 세상에서 참으로 다양한 사람들과 어울려 참으로 다양한 일들을 겪으며 인생이라는 것을 살아간다. 그 일들을 겪다 보면 똑같은 일이건만 어떤 사람은 그것에 아주 현명하게 잘 대처하고 어떤 사람은 그것에 참 어리석게 잘못 대처하는 것을 무수히 목격하게 된다. 그 현명함과 어리석음의 차이는 대체 어디에서 오는 걸까? 아마도 그 일의 본질을 잘 알고 있는가 모르고 있는가 하는 지혜의 유무일 것이다. 그래서 예전부터 인간들은 이 지혜를 숭상하고 추구했다. 그러한 지혜의 추구를 그리스인을 비롯한 서양 사람들은 피타고라스 이래 '애지(φιλοσοφία philosophia)' 즉 '철학'이라고 불렀다. '지혜(sophia)'에 대한 '사랑(philos)'이라는 말이다. 이 '지혜 사랑'의 대표적 인물 중 하나가 소크라테스다. (동양에서는 공자와 노자가 이 '지(知)'를 중시한

대표적 인물로 손꼽힌다.[65])

플라톤이 전하는 소크라테스의 대화들을 눈여겨 살펴
보면 그는 여기저기에서 마치 기본 중의 기본, 혹은 전
제 중의 전제인 것처럼 이 지혜(σοφία/φρόνησις sophia/
phronēsis)라는 것을 불쑥불쑥 입에 올린다. 그중 하나.

나는 … 신의 명령에 따라 **지혜를 사랑**하고 나 자신과 남들을
살피면서 살았습니다.《변론》

나는 … 여러분의 명령보다는 신의 명령에 복종하겠습니다.
그리하여 목숨이 붙어 있는 한, 그리고 힘이 미치는 한, **지혜를
사랑하라**고 여러분에게 권고하고 가르치면서 만나는 사람마다
나의 생각을 전하겠습니다.《변론》

그의 지혜 사랑을 그 자신이 이렇게 확실히 천명하고 있
다. 심지어 그게 신의 명령이라고까지 말한다. 이것이 빈말
이 아님을 우리는 잘 알고 있다. 그는 실제로 바로 그런 삶
을 살았고 바로 그것 때문에 죽었다고 해도 과언이 아니다.
유명한 《변론》을 통해 잘 알려진 대로, 그는 제자 카이레폰

---

65) 졸저 《공자의 가치들》(에피파니, 2016), 《노자는 이렇게 말했다》(철학
과현실사, 2020) 참조.

이 델포이의 아폴론 신전에서 받아온 신탁 "이 세상에서 소크라테스보다 더 지혜로운 사람은 없다"는 것을 계기로 결국 법정에 고발당하고 재판을 받고 유죄가 되어 사형에 처해진 것이다. 그는 그 신탁을 납득하지 못하고 자타가 공인하는 소위 '지자'를 찾아가 그 지혜를 확인하고자 했고, 결국 그것을 확인하지 못했고, 그 과정에서 그들의 자존심을 건드려 미움을 받았고, 그게 쌓여 결국 고발을 당하고 죽임을 당하는 처지에 이르게 되었던 것이다. 바로 그 사건의 중심에 바로 이 '지혜'라는 게 있었던 것이다. 그가 확인한 것은 결국 그 자신이 가진 '무지의 지'라는, 즉 알지 못함을 알고 있다는 단 하나의 지혜였다.

나는 이 점에서도 아마 일반 사람들과는 같지 않을 것입니다. 그러므로 만일 내가 다른 사람보다 **지혜로운 점**이 있다고 주장할 수 있다면, 바로 이 점에 대하여 즉 저세상에 대하여 **전혀 알지 못하기 때문에 솔직히 모른다고 생각하는 사실**일 것입니다. 《변론》

'무지의 지'에 대해서는 이미 앞에서 자세히 논하였으므로 재론은 생략하지만, 일단 '지혜'와 관련된 것이므로 그의 중요한 발언 내용은 확인 삼아 여기에 나열해둔다.

만일 나에게 그러한 **지혜**가 있다면 난들 자랑스럽게 생각하지

않을 수 있겠습니까? 그러나 … 나는 그런 **지혜**를 지니고 있지 않습니다. […]

나는 내가 왜 **지혜로운** 사람이라는 말을 듣게 되고 또한 그런 중상을 받게 되었는지 그 까닭을 여러분에게 밝히고자 합니다. […] 내가 **지혜 있는** 사람이라는 말을 듣게 된 것은 아마도 나의 지혜에서 비롯된 것이라고 생각합니다. 그렇다면 그것은 어떤 어떠한 **지혜**일까요? 아마도 그것은 사람으로서 지니고 있는 평범한 **지혜**일 것입니다. 내가 가지고 있는 **지혜**란 그와 같은 것에 지나지 않습니다. 왜냐하면 나는 그런 **지혜**를 갖고 있지 않기 때문입니다.

델포이 신께서 나를 세상에서 가장 **지혜로운** 사람이라고 하시는 데는 무슨 섭리가 있는 것이 아닐까. 신이 거짓말을 할 까닭은 없을 테니 말이다. … 그리하여 나는 **지혜로운** 사람이라고 생각되는 분[정치가]을 찾아가기로 하였습니다. 만일 그 사람이 나보다 더 **지혜롭다면** 신탁을 반박하려고 말입니다. "이분이 저보다 더 **지혜로운데** 당신께서는 어찌하여 나더러 더 **지혜로운** 사람이라고 말씀하십니까?" […] 그분[정치가]은 많은 사람들에게 **지혜로운** 사람이라고 인정되어왔으며 자기 자신도 그렇게 자부하고 있었던 것 같습니다. 그러나 나는 결코 그분이 **지혜로운** 사람이라고 인정할 수가 없었습니다. 그리하여 나는 그에게 그 자신이 **지혜로운** 사람이라고 자부하는 것이 옳지 않은 생각이라는 것을 깨닫게 해주려고 노력했습니다. … 그와 같은 나의 노력은 …

많은 사람들의 감정을 사게 되었습니다. […] '분명히 저 사람은 나보다 더 **지혜롭지** 못하다. 그 사람과 나는 선이나 미에 대해서 전혀 아는 것이 없는데도 그 사람은 자기가 모르는 줄을 모르고 있다. 그러나 나의 경우는 어떠한가? 나는 내가 모르는 줄을 알고 있는 것이다. 그것이 대수로운 것은 아니겠지만, 나는 **내가 모르는 줄을 분명히 알고 있기 때문에 그 사람보다 더 지혜로운 것**이 아닐까?' […]

나는 그들[작가들]이 시라는 작품을 쓴다는 이유로 말미암아 다른 일에도 가장 **지혜로운** 자로 믿고 있었지만, 사실 그들은 그렇지 못하다는 것을 알게 되었습니다. 그리하여 나는 정치가들의 경우와 마찬가지로 시인들보다 나 자신이 **지혜롭다**는 생각을 가지고 돌아왔습니다. […]

그들[기술자들]은 기술적인 일에는 뛰어난 솜씨를 가지고 있었으므로 그 밖의 일에도 가장 지혜로운 사람인 것처럼 생각하고 있었습니다. 그들의 이와 같은 허세로 말미암아 그들의 **지혜** 마저 가려지게 되었던 것입니다. […]

나의 이와 같은 편력으로 말미암아 많은 사람들이 나를 미워하고 적대시하게 되었으며 중상을 받게 되었던 것입니다. 그리고 나는 **지자**라는 이름으로 불리게 되었습니다. 이것은 내가 다른 사람을 반박할 때 그 자리에 있던 사람들은 내가 다른 사람이 지니고 있지 못한 색다른 **지혜**를 가지고 있다고 생각하였기 때문에 그렇게 된 것입니다. 《변론》

바로 이것이 '무지의 지'라는 지혜였다. 아마도 이것이 소크라테스의 '지혜론'에서 가장 중요한 핵심일 것이다.

그 제법 장황한 지혜론의 마지막 부분에서 소크라테스는 인상적인 한마디를 남긴다.

참된 지자는 신(神)뿐인 것 같습니다. 그리고 신탁에서 신께서 말하려는 것은, 인간의 지혜란 아무 쓸모도 없을 뿐 아니라 거의 무가치하다는 것이 아닌가 하는 생각이 듭니다. "그대들 중에서 가장 지혜 있는 사람이란 누구나 소크라테스처럼 자기의 지혜가 실제로는 아무 쓸모도 없다는 것을 잘 아는 사람이다." 신은 마치 나에게 이렇게 말씀하시는 것같이 생각되었습니다. 그리하여 나는 지혜 있는 사람이라고 생각되면 우리나라[아테네 Ἀθῆναι] 사람이거나 다른 나라 사람이거나 가리지 않고 신의 명령에 따라 이리저리 찾아다니면서 그들을 관찰하고 있는 것입니다. 그리하여 지혜가 있다고 생각되지 않을 경우에는 신의 뜻에 따라 그가 지자가 아니라는 것을 밝혀주곤 하였습니다. 나는 이와 같은 일에 몰두한 나머지 나랏일이나 집안일에 대해서는 전혀 보살필 겨를이 없어 매우 곤궁하게 살아왔지만, 그것은 오직 신의 말씀을 따르기 위한 것이었습니다. 《변론》

'참된 지자는 신뿐'이라는 것이다. 그의 이 말은 인상적으로 울린다. 소크라테스의 말처럼 인간의 지혜라는 것이 '아무 쓸모도 없는 것'은 아니라 할지라도 '참 보잘것없는 것'이라는 사실은 그 당시의 소위 '지자들'(소피스트들과 정치가, 시인, 기술자들)뿐만 아니라 지금도 아는 척, 잘난 척하는 사람들이 있는 어디서든 확인할 수 있기 때문이다.

물론 소크라테스의 지혜론이 이것으로 다는 아니다. 그는 다른 여러 대화편들에서도 지혜에 관한 중요한 발언들을 하고 있다. 도처에서 우리는 이 말을 듣게 된다. 특히 《테아이테토스》와 《국가》에는 지혜와 관련된 발언들이 많다. 논의가 너무 길고 장황하여 그 모든 것을 다 따라가 볼 수는 없지만, 특별히 주목할 부분은 있다. 우선, 다음 인용은 그 지혜의 방향을 알려준다.

신을 닮는 것… 신을 닮은 사람은 사려 깊은 사람이 되어 타인에게는 올바른 행실을 하게 되고 신 앞에서는 의인이 되는 것입니다. 어찌하여 자기의 품성을 우수하고 선한 것으로 만들도록 힘써야 하며, 또 어찌하여 이것을 열등하고 악한 것으로 만들어서는 안 되는가 하는 이유는, 많은 사람들이 전자를 원하고 후자를 피해야 한다고 말하는 그런 일 때문이 아닙니다. … 그들의 말에 의하면, 남에게 나쁜 놈이라고 생각되지 않기 위해서라거나 또는 훌륭한 사람이라고 인정받기 위해서라고 하는데, 이것은 내가 보기에는, 당치 않은 이야기로, 우리는 차라리 그 진상을 이렇게 말하고 싶습니다. 즉, 신들은 결코 부정이 없으며 가능한 한 가장 올바른 존재이므로 참으로 신을 닮는다는 것은, 우리 중에서 누구나 **올바로 사는 것을** 가리킵니다. … **이것을 아는 것이 곧 '지혜롭게' 되는 것으로, 인간이 참으로 우수하고 선한 사람이 되는 소이도 여기 있는 것입니다.** 그리고 이것을 모르는 것이 곧 지혜롭지 못함을 가리키는 것으로 인간이 분명히 열등하고 악하게 되는 소이가 또한 여기에 있다고 하겠습니다. 《테아이테토스》

그다지 널리 알려진 부분은 아니지만, 그의 이 말은 대단히 중요하다. 이 말은 그가 생각하는 지혜가 그저 '무지'를 아는 것뿐만이 아니라, '올바로 사는 것'이 무엇인지를 아는 것임을 알려주기 때문이다. 게다가 그는 이런 노력이 신을 닮는 것이며, 우수하고 선한 사람이 되기 위함이며, 한갓 타인의 인정이나 평판을 위한 게 아니라는 것까지 분명히 말해준다. 올바로 사는, 훌륭한 사람이 되는 관건이 바로 지혜인 것이다.

한편, 소크라테스는 저 유명한 《국가》(특히 제4권)에서도 이 지혜를 거론한다. 잘 알려진 대로 이 책에서 그는 국가의 '정의'를 주제로 삼고 있으며 그 정의는 국가를 구성하는 각 계층들 즉 통치자, 수호자, 생산자가 각각의 덕인 지혜, 용기, 절제를 발휘할 때 이루어지는 것이라고 말한다. 국가의 진정한 수호자 즉 통치자가 지녀야 할 덕목으로서 이 '지혜'가 거론되는 것이다. 더욱이 소수의 통치자가 발휘하는 이 덕목이 결국 나라를 유지한다고 그는 설명한다. 가장 중요한 덕목인 셈이다. 단, 그 유명함과 중요함에 비해 그 설명은 의외로 좀 빈약하다. 직접 들어보자.

우리의 나라가 올바로 수립된 것이라면, 완벽하다··· 그렇다면 그 나라는 **지혜롭고** 용감하며 절도 있고 정의의 편에 서 있는 것이 분명하네. ··· 우리가 말한 덕도 네 가지[지혜, 용기, 절제, 정의]가 있으니··· 그런데 이 국가에는 **지혜**가 충만한 것으로 생각되네. 우리가 좋은 생각을 할 수 있으니까. ··· 이러한 생각이야말로 일종의 **지혜**임이 분명하네. 좋은 생각은 무지에서가 아니고 **지혜**에서 움트는 것이니까. ··· 그런데 우리나라에는 여러 가지 **지식**으로 충만해 있지 않은가? (그렇습니다.) 그러면 이 나라는 목수의 지식이 있기 때문에 **지혜로운** 생각을 지닐 수 있다고 말할 수 있는가? (그렇지 않습니다.) ··· 목공 기술이 뛰어났다고 해서 **지혜로운** 나라라고 할 수는 없지 않겠나? (물론입니다.) ··· 국민 전체의 내정과 외교 등에 큰 도움이 되고 이득이 되는 그런 **지식**은? ··· (수호자들에게 어울리는 **지식**입니다. 즉 진정한 수호자라고 말한 통치자들···) 그런 **지식**을 소유한 나라를··· (**지혜로운** 국가라고 해야겠지요.) ··· 그렇다면 각자 자기의 소질을 발휘하기 위해 세운 그 나라도 제일 적은 수효를 차지하는 부류들에 의해 **지혜로운** 나라가 되는 셈이네. 그 나라를 지배하고 다스리는 최소의 사람들의 **지식**으로 유지되니 말이네. 그 부류의 사람들은 … 매우 소수이네. 그러므로 **지혜**의 소유자가 적은 것도 당연한 일이네.《국가》제4권

　이게 지혜와 관련된 발언의 거의 전부다. 지혜 자체에 대한 해명은 거의 없다. 아쉽다. 그러나 어쩔 수 없다. 이게 소크라테스에게서 독립한 플라톤 자신의 사상이라는 것은 이미 널리 인정되고 있지만, 그게 아니라 하더라도, 소크라테스 자신이 늘 그랬던 것을 우리는 상기할 필요가 있다. 그 자신은 '아는 게 없다'고 공언한다. 그러니 지혜라는 것, 그게 무엇인지, 어떤 것인지는 우리 자신이 우리 안에서 직접 찾아야 한다. 그것을 위해 그는 충실히 산파 노릇을 하는 것이다. 찾도록 도와주는 것이다. 분명히 아쉽다. 하지만 그 언급과 방향의 제시만 해도 그게 어딘가?《국가》에서 지혜가 가장 중요한 덕목이라는 것을 말해준 것만 해도 우리는 그에게 감사하지 않으면 안 된다. 그것 자체가 이미 하나의 대답인 것이다. 소크라테스의 이런 향도는 어쩔 수 없이 우리의 현실을 돌아보게 만든다. 지금 우리의 국가는 어떤가? 지혜로운 통치자에 의해 지배되고 다스려지고 있는가? 그래 왔는가? 어느 때든, 어떤 정부든, 우리는 소크라테스처럼 두 눈을 부릅뜨고 그들이 과연 지혜로운지 그쪽을 잘 살펴보지 않으면 안 된다.

이 밖에도 우리의 주목을 끄는 말들은 많다. 거의 전 대화편에 걸쳐 있어, 좀 너무 많다고 느낄 정도다. 일단 그의 말을 직접 들어보자.

지자가 **지자**일 수 있는 것은 무엇보다도 지혜가 있기 때문이 아니겠나? … **지혜**… 어떤 것에 대해 **지식**이 있는 사람이라면 동시에 그것에 대한 **지자**이기도 하지 않겠나? … 따라서 **지식**도 **지혜**와 마찬가지가 아니겠나? […] **지자**가 지시를 해주는데도 젊은 사람이 만일 이에 따르지 않는다면 그것은 도리가 아니라고 생각하네. […] 산파술… 나는 **지혜**를 낳게 할 수는 없는 사람이네. … 나는 타인에게 묻기만 하지만, **나 자신은 아무 지혜도 없으므로, 어떤 문제에 대해서나 자기 스스로의 판단을 내릴 수 없다**는 것은 아닌 게 아니라 그들이 나를 비난하는 바와 같네. … 나는 산파의 역할을 하지 않으면 안 되도록 신이 정해놓은 걸세. 그리고 낳는 일은 하지 못하도록 막아버렸네. 그러므로 실제로 **나 자신은 전혀 지혜가 있는 사람이 못 되며**, 또 나로서는 자기 자신의 정신에서 비롯된 그런 **지혜**의 발견은 전혀 볼 수 없네. 그러나 나와 가까이 있는 사람이나 나와 교제를 하는 사람은 처음에는 전혀 무지하게 보는 사람이 없지 않지만, 누구나 이 교제가 깊어짐에 따라 만일 신이 용납하기만 하면, 그 사람 자신이 보기에도 그리고 다른 사람이 생각하기에도, 놀라울 만큼 진보하게 된다는 것은 의심할 수 없는 일이네. … 나에게 그들이 배워서가 아니라 자기

<u>스스로</u> 여러 가지 훌륭한 것을 출산하는 것일세. 하긴 이 경우의 해산은 신이 하는 일이며, 나로서도 여기에 미력을 다하고 있네. […] **나는 과거와 현재를 막론하고 놀라운 위대한 인물들이 알고 있는 것은 조금도 알고 있지 못하네.** … 다만, 해산을 돕는다는 그 일을 나와 모친이 신으로부터 물려받았을 뿐이네. 모친은 여인들의 해산을 돕고 나는 젊고 고귀하며 됨됨이 훌륭한 남자들의 해산을 도와주는 셈이지. […] 실로 이 경이(thaumazein)의 심정이야말로 지혜를 추구하는 사람의 심정… 즉 **지혜**를 추구하는 (철학하는) 시초는 바로 여기에 있는 것이라네. […] **지식**이 무엇인지 모르고, 아는 것이 어떤 것인가를 언명하는 것은 염치없는 일이라고 생각하지 않는가? 《테아이테토스》

절제 또는 **지혜**가 어떤 지식을 내포하고 있는 것이라면 이것은 어떤 학문에 속하오. […] **지자** 혹은 절제 있는 자만이 능히 자기 자신을 알고, 또 자기가 아는 것과 모르는 것을 헤아리며, 타인이 아는 것을 아는 동시에 그들이 아는 것이 과연 참으로 아는 것인가를 생각해보고, 그들이 참으로 아는 것이 아닌데 스스로 안다고 생각하는 것은 잘못임을 가려낼 수 있소. … 그것은 실로 **지혜롭고** 절제 있는 것, 요컨대 자기를 아는 것이오. 자기를 안다는 것은 자기가 아는 것과 모르는 것을 가려내는 것을 말하오. […] 학술의 학술, … 설사 이런 것이 있다고 하더라도 이것이 우리에게 어떤 선을 가져오느냐의 여부를 확인할 수 없는 한,

결코 **지혜**나 절제라고 주장할 수는 없소. [...] 이러한 **지혜**의 인도를 받으면 한 가정이나 국가는 원만히 다스려지고, **지혜**는 참된 군주의 행세를 하게 될 테지요. 이와 같이 진리의 인도를 받으면, 오류를 범하는 일이 없으며, 사람들은 각각 행실이 올바르게 되어 행복을 얻을 수 있을 거요. 크리티아스, 이것이 바로 우리가 말해온 알고 모르는 것을 아는 **지혜**의 커다란 효용이 아니겠소? ··· **지혜**란 단지 알고 모르는 것을 아는 것이라고 하더라도, 이런 이득이 있소. 즉 만일 이 **지식**을 갖게 되면, 무엇이든지 손쉽게 배울 수 있소. 그는 여러 가지 **지식**에 그 학술까지 알고 있으므로 그에게 모든 것이 분명히 드러날뿐더러 타인의 **지식**을 판별할 수 있을 거요. ··· 한 가정 또는 한 국가를 다스려나가는 **지혜**란 우리에게 매우 유익한 것이라야 한다고 주장하는 것은 조금도 잘못이 아니라고 생각하기 때문이요. [...] 나는 ··· **지혜** 혹은 절제가 큰 선임을 느끼고, 만일 자네가 이것을 소유하고 있다면 자네는 행복한 사람이라고 생각하네. ··· 자네 자신을 **지혜롭고** 절제 있는 사람이라고 자부하게 된다면, 자네는 더욱 행복하게 될 걸세. 《카르미데스》

필레보스의 말에 의하면, 환락과 쾌락과 만족, 그리고 이와 유사한 모든 것은 생물에게 선이라는 걸세. 그러나 나는 주장하기를, 그런 것들이 선이 아니고, **지혜**와 사유와 기억, 그리고 이와 유사한 것, 즉 올바른 판단이나 참된 추리야말로 이것들에 관여할 수 있는 모든 사람들에게 쾌락보다도 선이며 또 바람직한 것이라고 말하였네. 이런 것들은 그것을 소유할 수 있는 사람들에게는 현재와 미래를 통하여 무엇보다도 유익한 것이라네. […] 이제 영혼의 어떤 상태 또는 기질이 모든 인간의 생활을 행복하게 하는 힘이라는 것을 분명히 밝혀야⋯ 자네들은 쾌락을 그러한 힘이라고 말하네, 나는 **지혜**야말로 그러한 힘이라고 말하지 않았나? ⋯ **지혜**는 쾌락보다도 더 훌륭하며 따라서 쾌락은 **지혜**보다 못하다는 이야기가 되네. ⋯ 이성과 **지혜**는 가장 존경해야 할 아름이네. 《필레보스》

영혼이 애써 한 것은 무엇이든지 **지혜**의 지배가 있으면 행복에 이르고 무지의 지배가 있으면 그 반대에 이르게 되지 않나? ⋯ 만일 덕이 선인 동시에 유익한 것이라면, 그건 **지혜로워**야 하네. 정신 자체는 모두가 유익하지도 않고 유해하지도 않으며 무지하기 때문에 그렇게 되는 것이니까. ⋯ 덕은 적어도 유익하므로 어떤 **지혜**라야 하네. ⋯ 재물처럼, 이롭게 되는 경우도 있고 해롭게 되는 경우도 있는 것은 마치 **지혜**가 지배하느냐 무지가 지배하느냐에 따라 결정되는 것과 같네. 대체로 **지혜**는 이득을 가져오고 무지는 해를 가져오는 것이 아니겠나? ⋯ 올바로 지배하는 것은 **지혜로운** 정신이고 잘못 지배하는 것은 무지한 정신이겠지? ⋯ 만일 선량한 자가 되려면 정신이 올바르지 않으면 안 되네. 정신은 **지혜**에 의존하기 마련이네. 이렇게 보면 유익한 것은 **지혜**이네. 그런데 우리는 덕이 유익하다고 주장했었지? 그래서 우리는 덕이 **지혜**라고 주장하나 보지? 그 전부가 **지혜**인지 일부가 **지혜**인지는 모르지만.《메논》

지혜는 무분별의 정반대가 아니겠습니까? … 무분별이란 **지혜**와 반대되는 데에 우리는 동의하였습니다. … 그렇다면 분별과 **지혜**는 하나가 아닙니까? [⋯] **지혜**와 절제, 용기 및 정의, 건강과 같은 이러한 덕…《프로타고라스》

참된 **지혜**가 좋은 운수라는 것은 어린아이들도 다 알고 있는 일이 아니겠나? … **지혜**는 어떤 경우든 사람들에게 행운을 가져오네. **지혜**는 결코 오류를 범하거나 부정을 저지르는 일이 없을 테니까. 그렇지 않다면 **지혜**는 벌써 **지혜**일 수가 없네. 우리는 결국 **지혜**가 있는 사람은 그 이상 더 행운을 바랄 필요가 없다는 결론에 도달하였네. [⋯] 그렇다면 클레이니아스, 우리가 처음에 선이라고 말한 것은 모두 그 자체가 선이라고 볼 수 없으며 만일 무지가 그 선을 다루고 악한 자가 그것을 취급하면 오히려 해악을 가져오며, 만일 **지식과 지혜**가 그것을 다루면 더욱 선한 결과를 가져올 뿐, 그 자체로서는 아무 가치도 없는 것일세. … 세상에는 선하고 악한 것 자체는 없고, **지혜**가 거기서 선을 가져오고 무지가 악을 가져올 뿐이네. … 인간은 모두 행복을 원하며, 행복은 … 주어진 모든 것을 올바로 사용하는 데서 차지하게 되네.

그리고 이것을 올바로 사용하여 행운을 갖게 하는 것은 **지혜**이므로 우리는 모름지기 **지혜**를 소유하도록 힘써야 한다는 결론에 도달하게 되네. … 이 재보[**지혜**]를 손에 넣으려는 욕구는 돈보다도 더 좋은 것이라,… 자녀를 위해 **지혜**를 얻게 하도록 부탁하더라도 결코 부끄러운 일이 아닐세. 그리고 **지혜**를 얻기 위해서는 … 존경을 아끼지 않는 것은 결코 비천한 일이 아니네. … **지혜**는 가르칠 수 있고, 또 **지혜**만이 인간을 행복하게 하며, 행운을 가져다준다면, 우리는 저마다 **지혜**를 사랑하지 않을 수 없으며, 더구나 자네는 이런 마음을 언제나 가져야 하고 **지혜**를 사랑하도록 힘써야겠군. [이하 지혜와 지식의 관계에 대한 논의, 생략]《에우튀데모스》

모든 신체에서 영혼이 분리되지 않으면, 영혼이 진리와 **지혜**를 얻는 것을 방해한다고 생각하여, 될 수 있는 대로 이런 것과 관계를 끊고 여기서 벗어나는 자만이 참된 존재를 인식할 수 있다고 생각하네. […] 나는 이렇게 생각하네. 우리가 죽으면, 그때야말로 우리가 추구하는 그 **지혜**에 도달할 수 있을 것이라고. […] 모든 면에서 육체와 싸우며, 순수한 영혼이 되기를 소망하면서, 그것[죽음]이 다가오는 것을 두려워하고 싫어하며 **지혜**를 얻게 될 희망을 갖고 평생을 사모하던 곳에 가는 걸 기뻐하지 않는다면, 이와 같은 모순이 어디 있겠나? … **지혜**를 사랑하는 사람으로서 하데스[저승]에서만 그 **지혜**를 얻게 된다는 것을 확신한다면, 그와 같은 소망을 갖고서 어찌 죽음을 꺼리고 즐거이 저 세상에 가려고 하지 않겠는가? 진실한 철학자라면 그는 저세상에서만 순수한 **지혜**를 발견할 수 있다는 확신을 갖고 있으며, 그러한 사람이 죽음을 두려워한다면, 그것은 얼마나 우스꽝스러운 일인가? [···] 모든 것과 바꿀 수 있는 것, 즉 **지혜**만이 그 진정한 화폐라고 하겠네. ··· 참된 덕은 어떠한 공포나 쾌락이나 또는 그와 비슷한 좋고 언짢은 것이 따르거나 말거나 오직 **지혜**의 편이 되어야 하네. 덕이 아무리 소중하더라도 **지혜**에서 분리된다면, 그것은 덕의 그림자에 지나지 않으며, 그 속에는 아무런 자유도 존엄도 진실도 깃들어 있지 않을 걸세. ··· **지혜**란 일종의 정화이네. [···] 우리의 영혼은 우리의 육체가 인간의 모습으로 태어나기 이전부터 육체를 떠나서 있었으며, 또한 **지혜**도 갖고 있었을 게 아닌가? 《파이돈》

지혜로운 사람의 견해는 이로운 것이지만, 어리석은 사람의 견해는 해로운 것이 아닌가? 《크리톤》

뒤져보면 더 있을 수도 있겠지만 이것만 해도 많다. 이 수많은 언급들은 바로 이 '지혜'에 대한 그의 지향과 열망과 추구가 얼마나 강력했는지를 여실히 알려준다. 그는 한사코 자신이 '아무것도 아는 것이 없다', '아무런 지혜도 없다'고 말하지만, 우리는 이 말들이야말로, 이 말들 자체가 이미,

그가 지닌 지혜라는 것을 인정하지 않을 수가 없다.

그의 발언들을 요약해보면, 지혜란 대략 이런 것이다. 즉, 지자가 지자일 수 있게 하는 것, 각자가 낳아야 하는 것, 경이(thaumazein)가 지혜를 추구하는 (즉 철학하는) 시초라는 것, 어떤 지식을 내포하고 있는 것, 능히 자기 자신을 알고 또 자기가 아는 것과 모르는 것을 헤아리며 타인이 아는 것을 아는 동시에 그들이 아는 것이 과연 참으로 아는 것인가를 생각해보고 그들이 참으로 아는 것이 아닌데 스스로 안다고 생각하는 것은 잘못임을 가려낼 수 있는 것, 우리에게 어떤 선을 가져오느냐의 여부를 확인할 수 있게 하는 것, 그 인도로 한 가정이나 국가가 원만히 다스려지고 참된 군주의 행세를 하게 되며 오류를 범하는 일이 없으며 사람들은 각각 행실이 올바르게 되어 행복을 얻을 수 있게 되는 것, 알고 모르는 것을 아는 커다란 효용과 이득을 갖는 것, 우리에게 매우 유익한 것, 큰 선이며 이것을 소유하고 있다면 행복한 사람이라는 것, 쾌락보다도 선이며 또 바람직한 것이라는 것, 무엇보다도 유익한 것, 모든 인간의 생활을 행복하게 하는 힘이라는 것, 쾌락보다도 더 훌륭하며 따라서 쾌락은 지혜보다 못하다는 것, 그 지혜의 지배가 있으면 행복에 이르고 무지의 지배가 있으면 그 반대에 이르게 된다는 것, 덕이 선인 동시에 유익한 것이기 위한 조건이라는 것, 지혜는 이득을 가져오고 무지는 해를 가져온다는 것, 정신이 그것에 의존한다는 것, 유익하다는 것, 그 래서 덕이 지혜라는 것, 무분별의 정반대며 분별과 지혜는 하나라는 것, 하나의 덕이라는 것, 행운이라는 것, 어떤 경우든 사람들에게 행운을 가져온다는 것, 결코 오류를 범하거나 부정을 저지르는 일이 없다는 것, 그것이 있는 사람은 그 이상 더 행운을 바랄 필요가 없다는 것, 선을 선이게 하는 조건이라는 것, 주어진 모든 것을 올바로 사용하여 행운을 갖게 하는 것, 그것만이 인간을 행복하게 하며, 행운을 가져다준다는 것, 육체를 벗어나야만 이것에 도달할 수 있다는 것, 모든 것과 바꿀 수 있는 것, 즉 지혜만이 진정한 화폐라는 것, 일종의 정화라는 것, … 이런 게 그가 추구하던 지혜의 모습이었다. 그의 발언들은 가히 지혜에 대한 찬미라고 해도 과언이 아니다. 이 한마디 한마디를 우리는 곱씹어볼 필요가 있다.

오늘날, 마치 개밥의 도토리처럼 지혜가 외면당하고 있는 현실을 생각할 때, 그의 이런 말들은 우리의 가슴을 묵직하게 짓누른다. 물론 지자(sophistes)를 자처하는 인사들은 소크라테스 때나 지금이나 별반 다를 바가 없다. 실상은 지식 장사꾼인 '소피스트'가 많다. 진정한 선의 지향, 덕의 지향, 정의의 지향이 없기 때문이다. 좋음과 훌륭함의 내용이 왜곡되어 있기 때문이다. 바로 그렇기에, '인간들이 말하는 지자는 진정한 지자가 아니다'라는 그의 말은 특별한 느낌으로 우리에게 울려온다. 그렇다면?

　… 글을 쓴 모든 사람들에게, 만일 그것을 썼을 때, 진리가 무엇인지 알고 있었으며 쓴 것에 대해 논쟁이 생기면 옹호할 수 있고, 또 그 쓴 것을 하찮게 보이게 할 능력을 갖고 있다고 말하면, 그런 사람들은 […] **지자**라고 부를 수는 없지. 그것은 내가 생각하기에는 신에게만 적합한 엄청난 이름이니까. 그러나 그를 **지혜**를 사랑하는 자, 즉 철학자라고 부르는 것이 가장 적합할 걸세. 《파이드로스》

　진정한 지자는 오직 신뿐인 것이다. 단, 소크라테스는 그 신을 닮은 인간이었다. 그는 제대로 지혜를 사랑하는 자, 즉 철학자였다.

09 용기

"용기는 고귀한 것이다"

소크라테스의 철학적 관심사 중에 '용기($\alpha\nu\delta\rho\epsilon\acute{\iota}\alpha$ andreia)'라는 것이 있다. 삶이란 것을 살다가 보면 그 '용기'라는 게 필요한 경우가 있다. 상대적으로 좀 남성적인 이미지의 가치인데 요즘은 별로, 아니 거의 화제가 되지 않는다. 그렇다고 관련된 상황이나 사정이 사라진 건 아니다. 여전히 필요한 그리고 유효한 가치인 것이다. 그런데 이게 있는 사람도 있고 없는 사람도 있다. 그 용기가 있어서 무언가를 얻기도 하고 그 용기가 없어서 무언가를 잃기도 한다. 무언가를 이루기도 하고 망치기도 한다. 그래서 용기는 무언가 '좋은' 가치인 것이다. 그런데 그 용기를 나 자신이 실제로 갖는다는 건 간단한 문제가 아니다. 무엇보다 그것은 항상 위험을 혹은 최소한 어떤 손해나 불이익을 전제로 한다. 경우에 따라서는 목숨이 걸리기도 한다. 그것을 '무릅쓰고' 혹은 '불구하고'라는 조건이 용기에는 있는 것이다.

용감한(용기 있는) 사람은 위험한 곳을 향해 돌진한다. 《프로타고라스》

이러한 소크라테스의 말도 그것을 확인해준다. 그리고 아리스토텔레스가 명백히 해준 대로 그게 지나치면 만용이 되고 그게 모자라면 비겁이 된다. 용기에는 적절한 선이 필요한 것이다. 이래저래 간단한 문제는 아니다. 그렇다면 진정한 용기란 무엇인가? 다행히도 소크라테스가 이것을 언급하고 있다. 그것도 아주 자주, 아주 중요하게. 그의 생각을 들여다보자. 그의 제자였던 장군 크세노폰에 의하면 소크라테스 본인이 펠로폰네소스 전쟁에 군인으로 참전했을 때 임전무퇴의 용기를 몸으로 보여준 용감한 용사이기도 했다. '용기'를 논할 자격이 그에게는 있는 것이다.

소크라테스는 분명히 이 '용기'에 대해 철학적 관심을 표명한다. 《라케스》, 《파이돈》, 《프로타고라스》 등 도처에서 그것을 묻고 거론하는 것이다. 단, 그에게는 실천적 관심과 이론적 관심이 함께 있으며, 이론적 관심도 그저 단순한 학문적 호기심이 아니라 그 자체가 실천적 계기에 의한 것임을 시사한다.

어떻게 젊은이들에게 이 **용기**를 갖게 할 수 있는가… **용기**란 무엇인가… 《라케스》

그는 실제로 젊은이들에게 이것을 갖도록 해주고 싶은 것이다. 아마도 그렇지 못한 현실[용기 없는 젊은이들]이 그의 염두에 있었을 것이라고 짐작된다. 이 발언이 그 증거다.

자네가 만일 그 밖의 사람들의 **용기**나 절제를 살펴본다면 얼마나 이를 소홀히 여기나 하는 것을 알 수 있을 걸세. 《파이돈》

이는 기원전 5세기의 아테네뿐만 아니라 지금 21세기의 한국 젊은이들에게도 해당할 것이다. 아니, 젊은이뿐만 아니라 모든 세대 모든 인간들에게 해당할 것이다. 용기가 있는가 없는가는 (예컨대 난제에 대한 도전이나 사랑의 고백 같은 것을 포함해) 우리 모든 인간들에게 실존의 문제이다. 우리는 삶의 과정에서 시도 때도 없이 이 용기가 필요한 상황에 맞닥뜨리게 되기 때문이다. 그렇다면 우리도 소크라테스처럼 한번 제대로 물어보자. '용기란 무엇인가?'

'용기'를 주제로 다룬다고 알려진 유명한 《라케스》를 들여다보자. 그런데 소크라테스의 대부분 경우가 그렇듯 지나친 기대는 실망으로 이어진다. 여기서도 '용기란 이런 것이다'라고 하는 속 시원한 대답은 주어지지 않는다. 답은 우리 자신이 찾아야 한다. 그러나 역시 대부분 경우가 그렇듯 소크라테스는 중요한 시사들로써 방향을 제시해 우리 스스로가 어떤 답을 찾도록 유도한다. 도와준다. 그런 시사를 담은 그의 말을 직접 들어보자. 참고가 될 것이다.

일단 그는 이 용기라는 것이 정의, 절제 등과 함께 '덕'의 하나 혹은 일부이며 더욱이 '고귀한 것'임을 인정한다.

용기는 고귀한 것… 용기란 덕의 일부… 나는 정의, 절제 등 이러한 것들은 용기와 마찬가지로 덕의 한 부분이라고 생각합니다. 《라케스》

용기란 누구나 갖는 것이 아닌, 특별한 사람들이 지닌 어떤 '훌륭함'의 하나인 것이다. 단, 용기가 덕의 '일부'라는 것은 그 의미 내지 가치의 축소나 제한을 의미하지는 않는다. 소크라테스는 용기라는 이 가치를 '일체의 덕'이라고까지 말한다.

용기는 단지 덕의 한 부분일 뿐만 아니라 일체의 덕… 《라케스》

'일체의 덕'이라는 이 말은 다소 애매한 부분이 없지 않지만 적어도 이것이 (정의, 절제 등) 다른 가치들에 비해 상대적으로 열등한 것이 아님을 분명히 말해준다. (어쩌면 펠로 폰네소스 전쟁이라는 당시 그리스의 현실이 이런 중시의 배경에 놓여 있는지도 모르겠다. 하나의 추정적 해석이다.)

그런데 이 용기에도 실은 다양한 모습이 있다.

나는 단지 갑옷으로 중무장을 한 병사의 **용기**에 대하여 물은 것이 아니라, 가벼운 무장을 한 병사나 기병 그 밖의 병기의 **용기**, 비단 전장에서뿐만 아니라, 해상의 위험한 곳에 있어서의 **용기**, 질병, 빈곤, 정치상의 **용기**, 단지 공포와 고통에 대해서뿐만 아니라 욕망과 쾌락에 대해서 족함을 아는 **용기**, 자기의 전열을 지키는 **용기**, 혹은 적을 공격하는 **용기** 등에 대해서 물었습니다. […] 이 모든 것들이 다 **용기**에 속합니다. 《라케스》

그는 일단 이렇게 용기라는 것에 다양한 종류가 있음을 일러준다. 그 경우와 대상이 다를 수 있는 것이다. 전장, 해상, 질병, 빈곤, 정치, 공포, 고통, 욕망, 쾌락, 자기, 적, 이 모든 게 다 용기[를 요하는 경우]에 '속한다'는 것을 그는 분명히 알려준다. 흔히 생각하듯이 군인, 경찰, 소방관 같은 특정인에게만 해당하는 게 아닌 것이다. 그렇다. 용기에 문제되는 실로 다양한 경우와 대상이 있다. (특히 욕망과 쾌락에 대해 그 족함을 아는 용기를 언급한 것은 흥미롭다.

일종의 극기를 위한 용기, 자기에 대한 용기인 것이다.) 그러나 공통점은 있을 것이다. 그건 뭘까?

　[소크라테스]: 그러나 어떤 사람은 쾌락에 대해 **용기**가 있고, 어떤 사람은 고통에 대하여 **용기**가 있으며, 어떤 사람은 공포에 대하여 **용기**가 있습니다. 또 어떤 사람은… 비겁합니다. […] 이 모든 경우에 **용기**라고 말할 수 있는 것은 무엇인가…. **용기**의 공통성은 무엇입니까? 즉 쾌락이나 고통에 있어서 그 밖에 내가 전에 말한 바와 같은, 모든 경우에 적용되는 **용기**라는 말의 공통성은 무엇입니까?
　[라케스]: 용기란 정신의 인내력(courage as 'a kind of endurance of soul'/karteria tis tes psyches)…
　[소크라테스]: 모든 인내는 반드시 **용기**라고 말할 수 없을 것 같습니다. 《라케스》

　여기서 그는 쾌락, 고통, 공포 등 모든 경우에 적용되는 용기의 공통성이 무엇이냐고 묻고, 그게 '[정신의] 인내'라고 하는 장군 라케스의 말에 대해 '모든 인내가 반드시 용기라고 말할 수는 없다'고 이의를 제기한다. 부정적인 그 무엇을 참고 견디는 것만이 용기는 아니라는 것이다. 그렇다면? 그는 인내에 '지각'이라는 것을 부가한다. '지각 있는 인내'와 '지각없는 인내'가 있다. 이건 구별된다. 알고서 참는 것과 무턱대고 참는 것은 다른 것이다. 전자는 선하고 고귀하며, 후자는 악하고 해롭다. 즉 전자는 좋은 것이고 후자는 나쁜 것이다. 용기는 고귀한 것이지만 단순한 인내는 용기라고 할 수 없다. 진정한 용기는 '지각'을 전제로 한다. 잘 알고서 덤벼야 하는 것이다.

지각 있는 인내는 선하고 고귀한 것⋯ 지각없는 인내는⋯ 악하고 해롭다⋯ [⋯] 이런 인내는 용기라고 말할 수 없습니다. ⋯ 용기는 고귀한 것⋯ [⋯] 함부로 위험을 무릅쓰고 참아나가며 싸우는 사람은 전쟁의 내막을 잘 알고 슬기롭게 참아나가며 싸우는 사람과 비교하면 매우 우매한 것입니다. ⋯ 우매한 용기와 인내는 열등하고 유해한 일⋯《라케스》

'함부로 위험을 무릅쓰고 참아나가며 싸우는 것', 이런 '우매한 용기와 인내'는 '열등하고 유해한 일'이라고 소크라테스는 단정한다. 그건 그렇다. 앞뒤 가리지 않고 무조건 참기만 하며 위험을 무릅쓰다가 적에게 당하면, 혹은 목표를 이루지 못하고 좌절하면 무슨 소용이겠는가. 바보짓이라는 말이다. 우리 식으로 말하자면 미련한 짓이다. 실제로 이런 사람도 많다. 어리석은 것이다. 그렇다면? 그는 '전쟁의 내막을 잘 알고 슬기롭게 참아나가며 싸우는 것'이 진정한 용기임을 시사한다. 즉 '지각 있는 용기'가 진정한 용기라는 것이다. 요즘 식으로 고쳐 말하자면 문제의 본질을 잘 알고 서 그 문제를 해결하고자 과감하게 덤비는 것, 도전하는 것 이 진정한 용기일 것이다. '함부로 무턱대고 무조건' 위험을 무릅쓰는 것은 용기가 아니다. 그런 용기로는 죽거나 지거 나 잃거나 망치거나 할 따름이다.

덧붙여 소크라테스는 용기의 전제인 이 지각, 앎, 지식 이 두려움과 소망, 즉 '장래'의 선과 악에 관한 것일 뿐만 아 니라 현재와 과거에도 관계되는 것임을 말하고 있다. 용기 를 내면 그것으로 인해 장차 어떤 나쁜 일이 있을지, 어떤 좋은 일이 있을지, 그것을 잘 알아야 할 뿐만 아니라, 현재 와 과거에 대해서도 그 선과 악을 잘 알아야 함을 말하는 것 이다. 그가 늘 그렇듯 충분하고 단정적인 설명은 없지만, 흥미로운 발언이 아닐 수 없다. 이 말은 어쩌면 현재와 과 거의 선과 악에 대한, 좋고 나쁜, 잘잘못에 대한 정확한 인 식 내지 인정 같은 것으로 해석될 수도 있다. 자기든 타인 이든, 과거와 현재의 잘잘못에 대한 과감한 인정 같은 것도 용기에 해당하는 것이다. 반대의 경우는 비겁한 것이다. 지 금 우리 시대에도 그런 류의 비겁한 사람들이 너무나 많다.

두려움과 소망이란 장래의 악과 선… […]
용기는 두려움과 소망에 관한 지식을 갖는 것이 아닙니다. 이것들은 단지 장래에 관한 것이기 때문입니다. 그리고 **용기**는 다른 여러 학술의 경우와 같이 다만 장래의 선악에만 관계되는 것이 아니라 현재와 과거 그 밖의 어떠한 때에도 관련되어 있지 않습니까? 《라케스》

이 말에서 우리는 이를테면 홀로코스트를 인정하고 반성하며 아우슈비츠에서 무릎을 꿇은 독일 수상과 저지른 악의 진상을 끝내 반성 없이 외면한 채 오히려 야스쿠니를 참배하려는 일본 수상을 함께 떠올리게 된다. 또한 현재 자기가 하는 일이 얼마나 나쁜 일인지 혹은 상대가 하는 일이 얼마나 좋은 일인지를 전혀 모르고, 알려줘도 그것을 절대 인정하지 않으려는 무수한 정치 지도자들을 떠올리게도 된다. 아니 보통 사람들에게도 무수히 많다. 지각이 없는 고집불통은 용기의 결여 상태라는 부덕인 것이다.

누구나 **빠져** 있는 혹은 **빠지기** 쉬운 이러한 부덕의 한계를 넘은 자, 지각 있는 자, 제대로 아는 자, 그런 자를 소크라테스는 '철학자'라고 부른다. 그런 점에서 용기는 '철학자에게만 주어진 특권'이라고까지 말한다.

그렇다면 심미아스, **용기는 철학자에게만 주어진 특권**이라고 할 수 있을 걸세. [⋯]
그러므로 철학자 이외의 사람들은 모두 두려움 때문에 **용감한**

것이 아닌가? **두려움에서 비롯된 용기란 비겁한 것이며 정당한 것이 못 되네.** […]

모든 것과 바꿀 수 있는 것, 즉 지혜만이 그 진정한 화폐라고 하겠네. 따라서 이것과 바꿔야만 **용기**나 절제나 정의가 올바로 거래될 줄 아네. […] 참으로 진실한 것은 이와 같은 정화라 할 수 있을 걸세. 절제도, 정의 또는 **용기**도 마찬가지네. 즉 지혜란 일종의 정화이네. 《파이돈》

현실을 보면 물론 선악을 잘 알고서 용기를 내는 '철학자'가 극히 드물고 '이 외의 사람들'은 얼마나 용기를 소홀히 여기는지가 지금도 여전히 확인된다. 세상은 대체로 그런 것이다. 어떤 사람들은 용기가 있고 어떤 사람들은 용기가 없다. 대체로는 비겁하다. 특히 두려움에서 비롯되어 그 두려움을 벗어나고자 무턱대고 달려드는 것도 정당한 용기가 아니라 비겁에 속한다고 소크라테스는 단정한다.

선천적으로 용기가 있는 사람도 있고 선천적으로 비겁한 사람도 있다. 후천적으로 용감한 사람이 되기도 하고 비겁한 사람이 되기도 한다. 소크라테스는 이런 변화가 '학습과 훈련'에 의해서 이루어짐을 우리에게 알려준다.

나는 선천적으로 용기를 지니고 있는 자라고 할지라도 **학습과 훈련에 의해서 더욱 용기를 더해줄 수 있다고** 생각하네. 《회상》

우리가 이처럼 용기를 논하는 것도 용기를 지니고 용기를
더하기 위한 그런 학습과 훈련의 일환이 될지도 모르겠다.
무엇이 진정한 좋음이고 나쁨인지를 알기 위해, 우리는 과
거 어떠했는지 지금 어떠한지 장래 어떠할지를 제대로 알기
위해, 그리고 이를테면 잘못을 인정하는 용기나 물러설 줄
아는/물러나는 용기를 포함해 무엇이 진정으로 용기를 내
야 할 일인지 알기 위해, 자, 이제 우리도 지혜를 향한 용기
를 내자.

10 절제

"만일 자네가 절제를 갖고 있다면 자네는 행복한 사람이네"

소크라테스가 거론하는 가치들 중에 '절제(σωφροσύνη sophrosyne)'라는 것이 있다. 이것은 철학을 좀 아는 일반인들에게도 제법 널리 알려져 있다. 제자인 플라톤이《국가》제4권에서 제시하는 이른바 4주덕(지혜, 용기, 절제, 정의)의 하나로 끼어 있기 때문이다. 특히 이것은 그 국가의 대부분을 차지하는 생산자 계층에게 필요한 덕목으로 제시된다. 이것에 스승 소크라테스의 영향이 있다는 것은 의심할 여지가 없다. 거기서 이 사상이 소크라테스의 이름으로 발언된다는 설정도 그렇지만, 실제로 소크라테스 본인의 사상으로 평가되는 초기 단편들에서도 그는 수시로 이 절제라는 것을 언급하고 있고, 특히《카르미데스》에서 소크라테스 본인이 이것을 중점적으로 논하고 있기 때문이다.

절제라고 하는 이 가치는 우선 무엇보다, 기본적으로 '타인에 대한 것이 아닌, 자기 자신의 감정, 욕망, 쾌락, 행동에 대한 자기 통제'라는 특성을 갖는 가치라는 점에서 지금도 여전히, 아니 지금 이 시대가 과도한 욕망에 지배되고 감정과 쾌락과 행동의 고삐가 너무나 풀려 있다는 점에서 더욱, 필요한 것으로서 우리의 시선을 강하게 끈다.

소크라테스는 카르미데스, 크리티아스 두 젊은이와의 대화에서 절제라는 이 가치를 긍정적으로 평가하며 (특히 이 절제가 심신의 건강에 필요함을 말하며) 주제로서 논의한다.

절제하는 마음이 가슴속에 생기고, 이러한 **절제**가 생기면 건강이 급속히 회복되어 머리뿐만 아니라 전신이 좋아지게 되는 걸세. […]
나는 우선 자네에게 **절제가 무엇인가**를 물어야겠네. 만일 자네가 **절제**의 덕을 지니고 있다면, 자네는 반드시 **절제**에 대하여 어떤 견해를 갖고 있을 것이네. 즉 **절제** 자체가 자네에게 어떤 지식을 주어, 자네로 하여금 **절제**에 대한 개념을 갖게 할 것이네. 《카르미데스》

'절제가 심신의 건강을 좋아지게 한다'는 이 전제에 대해서는 아쉽게도 따로 깊은 논의가 없다. 하지만 일반적으로 무절제한 생각과 행동이 심신[머리와 전신]의 건강을 해친다는 점을 생각해보면 그 원인의 제거인 절제가 그 결과인 심신의 건강과 연결된다는 소크라테스의 이 전제는 정당한 것으로 인정할 수 있다. 그러나 이런 것으로 만족하지 않고

'절제란 무엇인가?' 하고 그 절제의 진정한 의미를 묻는 것은 역시 소크라테스답다.

단, 절제라는 덕을 지님과 절제에 대한 견해를 지님(절제 자체가 어떤 지식을 주어, 절제에 대한 개념을 갖게 할 것)을 곧바로 연결시키는 것은 좀 의아한 느낌을 갖게 한다. 아는 사람은 다 알지만, 소크라테스의 논의에서는 실은 이런 일종의 논리적 비약이 다반사다. 그 자신에게는 아마도 그게 '당연'으로 여겨지기 때문일 것이다. 그러나 이런 비약도 전혀 터무니없는 것은 아니다. 무절제한 사람에게는 그 절제라는 것에 대한 관심도 인식도 개념도 없기 때문에 무절제한 것이고, 역으로 절제 있는 사람은 그런 관심과 인식과 개념이 있기 때문에 절제할 수 있는 것이라는 추론이 가능한 것이다. 생각이 있는 (즉 그게 어떤 것인지 [그게 좋다는 걸] 아는) 사람만이 그렇게 될 수 있다는 말이다. 최소한 그렇게 되고자 하는 것이다.

아닌 게 아니라 소크라테스의 절제론에서는 바로 이 부분이 (즉 절제와 앎의 문제가) 중요한 논점으로 논의된다.

지자 혹은 절제 있는 자만이 능히 자기 자신을 알고 또 자기가 아는 것과 모르는 것을 헤아리며, 타인이 아는 것을 아는 동시에, 그들이 아는 것이 과연 참으로 아는 것인가를 생각해보고, 그들이 참으로 아는 것이 아닌데 스스로 안다고 생각하는 것은 잘못임을 가려낼 수 있소. 그 밖의 사람들은 이런 일을 하지 못하오. 그것은 실로 지혜롭고 절제 있는 것, 요컨대 **자기를 아는 것**이라오. **자기를 안다는 것은, 자기가 아는 것과 모르는 것을 가려내는 것**을 말하오. [⋯] (학술의 학술) 이런 것이 있다고 하더라도 이것이 우리에게 어떤 선을 가져오느냐의 여부를 확인할 수 없는 한, 결코 지혜나 **절제**라고 주장할 수는 없소. 나는 **절제란 유익하고 선하다**고 생각하기 때문이오. 《카르미데스》

절제라는 것이 왜 느닷없이 앎이라는 것과, 특히 자기를 아는 것과 연결되는지, 이게 논리적 비약은 아닌지, 좀 생뚱맞은 인상을 주기도 하고 전문가들 사이에서도 논란이 없지 않지만, 소크라테스 철학의 기본적−전체적 맥락에서 보면 이게 이해되지 않는 것도 아니다. 무절제가 (즉 절제 없이 자기를 마구 드러내고 내세우는 것이) 결국 자기를 모르는 데서 말미암는 것인 만큼, 진정한 절제는 자기를 아는 것, 제대로 아는 것을 전제로 할 수밖에 없기 때문이다. 자기가 그것을 할 수 없다는 것을 제대로 알면 함부로 그것을 하지 않게 되는 것이다. 특히 제대로 아는지 모르는지도 모른 채 아는 체하는 것을 그가 내내 지적하며 문제 삼았던 만큼, 그 '앎을 앎'이라는 것이 절제와 무관할 수가 없는 것이다. 적어도 소크라테스의 문맥에서는 그럴 수밖에 없다. 이렇듯 소크라테스의 절제론은 그의 전체 맥락에서 조망할 때 비로소 그 의미가 눈에 들어온다.

물론 이런 논점, 절제와 지의 관계가 그의 절제론의 전부
는 아니다. 그는 카르미데스와 크리티아스 두 젊은이와의
대화에서 '절제란 무엇인가'에 대한 그들의 견해를 듣고 그
것을 하나하나 반박해나간다. 그들의 견해를 요약하자면 그
핵심은 대략 다음과 같다. (1) 절제란 차분함이다. (2) 절제
란 염치와 같다. (3) 절제란 제 할 일을 하는 것이다. (4) 절
제란 자기 자신을 아는 것이다.

이에 대한 소크라테스의 논박의 일부를 직접 들어보자.

[카르미데스]: 절제란 질서 있게 조용히 사물을 처리하는 것…
모든 언행을 이롭게 하는 것… 절제란 차분함이라고 생각합니다.

[소크라테스]: 자네 의견은 과연 정당할까? … **절제**란 존중할
만한 선한 일에 속한다. … **절제**는 선한 것일까? … 만일 **절제**가
선한 것이 되려면 신체에 관해서는 차분함이 아니라 민첩한 것
이 절제에서 바람직한 일이 아닐까? … **절제**는 차분함이 아니네.
즉 **절제 있는** 생활이란 차분함에 있는 것이 아니라는 거네. 왜냐
하면 절제 있는 생활이란 선한 것으로 규정되어 있으니까. … 그
거동이나 담화나 또는 그 밖의 일에 있어서 **절제**는 민첩하고 활
발하게 행위하는 것보다 더 차분하게 행위하는 데 있는 것이 아
니네. 그리고 만일 **절제**를 선하고 명예로운 것으로 간주하고 민
첩한 것도 차분한 것과 마찬가지로 선한 것이라고 입증되는 한,
차분한 생활이 민첩하고 활발한 생활보다 더욱 **절제 있다**고 할

수는 없네. … **절제**에서 비롯된 결과는 무엇이며, 또 그 결과는
어떻게 해서 생겼는가를 생각해보게. … **절제**란 과연 무엇인가?
절제란 명예로운 것… **절제**란 선한 것일까? … **절제**란 단지 명예
가 될 뿐만 아니라 선한 것… **절제**는 다만 사람을 선하게 할 뿐,
결코 악하게 하지 않겠지? […]

　절제는 겸양과 동일하다고 할 수 없겠지? … **절제 있는** 나라는
가장 잘 다스려지고 있는 나라가 아닐까? … **절제**란 이러한 상태
에서 자기의 업무를 수행하는 것이 아니고, 또한 이러한 일을 하
는 것도 아니겠지? … 《카르미데스》

　이런 식이다. 논의가 장황하고 번잡하여 두 젊은이와 소
크라테스의 담론을 일일이 다 추적하지는 않지만, 대개 이
런 식으로 두 젊은이의 견해는 (우리도 갖고 있음직한 그
견해들은) 소크라테스에 의해 배제된다. 소크라테스의 논
의는 항상 좀 착종되어 있지만, 그리고 곧잘 결론 없는 미
궁(aporia)으로 빠지지만, 이상의 인용에서 한 가지 사실
은 분명하게 드러난다. 그것은 절제라는 것을 그가 '좋은 것
(善)'으로 단정하고 있다는 것이다. 가치라는 말이다. 이는
현실에 비추어 보았을 때 아무런 이의 없이 승인될 수 있
다. 무엇보다도 무절제한 생활(예컨대 음주, 흡연, 호색, 도
박 등)이 야기하는 온갖 '문제'들을 보면, 특히 그의 말대로
무절제가 심신에 끼치는 해악들을 보면, 그 무절제의 반대

인 절제가 얼마나 소중한 가치인지 저절로 드러난다. 무절제의 제거가 (즉 절제가) 문제의 제거로 이어지기 때문이다.

절제라는 이 가치는 아마도 통제하기 힘든 우리 인간의, 특히 '자기'의 감정과 욕망을 그 배경에 두고 있을 것이다. 즉 절제는 자기에의 도전, 자기와의 대결이다. 이 점은 다음 말에서도 확인된다.

절제란 일종의 질서요 다시 말하면 어떤 쾌락이나 욕망을 극복하는 것이 절제가 아니겠나? 사람들은 흔히 '인간은 자기를 이긴다'는 말로 표현하지만, 그 밖에도 이러한 유의 것들로써 마치 발자취처럼 절제의 정체를 더 듣게 하지 않는가?《국가》제4권

우리는 보통 그 감정과 욕망에 휘둘린다. 흡연, 과음, 과식을 비롯해 보복운전, 폭언, 폭력, 불륜, 강간, 도벽, 도박 … 심지어 살인, 침략, 전쟁까지도 결국 그 본질을 보면 다 감정과 욕망에 휘둘리기 때문에 생겨난다. 쾌락이라는 감정과 욕망은 특히 강력하다. 거기서 무절제와 문제들이 기인한다. 절제는 바로 이 모든 무절제와 그 결과인 문제들을 원천적으로 다스린다. 우리에게 익숙한 '참을 인(忍)'도 넓게 보면 이 절제와 무관하지 않다. 부처가 말한 '오온성고'(색수상행식이 왕성한 괴로움)도 통제하기 힘든 감정과 욕망과 무관하지 않다. 그런 게 결국은 다 '나'(자기)라는 것이다. 그 '나'의 왕성함이 결

국은 온갖 문제들의 원천이다. 이것만큼 다스리기 어려운 것이 없다. 인간들은 원천적으로 이기적이기 때문이다. 소크라테스는 그것을 잘 알고 있었다. 그래서 절제라는 가치를 '좋은 것(善)'으로 내세운 것이다. "너 자신을 알라"는 말도 무절제한, 그래서 온갖 문제를 일으키는 그런 너 자신을 알고 자신의 그 욕망과 감정을 절제하라는 것, 그것이 시키는 대로 무조건 따르지 말라는 것과 무관하지 않은 말이었다. 소크라테스를 대신해 다시 한 번 강조한다. 절제하라. 그러면 그대는 행복할 것이다. 무절제로 인한 불행이 차단되기 때문이다. 소크라테스의 다음 말이 바로 그것을 확인해준다.

나는 실제로 지혜 혹은 **절제가 큰 선임**을 느끼고, 만일 자네가 **이것을 소유하고 있다면 자네는 행복한 사람**이라고 생각하네. [⋯] 자네 자신을 지혜롭고 절제 있는 사람이라고 자부하게 된다면, 자네는 더욱 행복하게 될 걸세. 《카르미데스》

혹시 우리는 지금 행복한가? 혹시 그렇지 못한가? 어느 쪽이든 우리가 지금 절제 있는 사람인지 혹은 무절제한 사람인지, 감정과 욕망에 휘둘리고 있는지 아닌지, 그것을 스스로 감당하지 못하고 있는 것은 아닌지, 그것으로 말미암아 불행을 겪고 있는 것은 아닌지, 확인해보기로 하자. 꼭 생산자 계층이 아니더라도.

11 정의

"부정한 짓을 저지르려 하지 않는다는 말이
정의에 관한 **충분한** 해명이다"

소크라테스가 관심을 갖고 입에 담고 체현한 가치들 중에
'정의(δικαιοσύνη dikaiosyne)'가 있다. 반갑고 고마운 일
이다. 최초로 본격적인 정의론을 펼쳤으니 그가 저 존 롤스
와 마이클 샌델의 선구자인 셈이다. 우리는 《변론》, 《메논》,
《국가》 등 그의 발언들 도처에서 이 단어를 만날 수가 있다.
우선 그 증언을 들어보자. 그의 제자 중 하나로 손꼽히는
장군 크세노폰은 《회상》에서 이렇게 말한다.

그[소크라테스] 자신은 언제나 인간의 일을 문제로 하고, 경신
이란 무엇인가 불경이란 무엇인가, 미란 무엇인가 추란 무엇인
가, **정의란 무엇인가 부정이란 무엇인가**, 사려란 무엇인가 광기란
무엇인가, 용기란 무엇인가 비겁이란 무엇인가, 국가란 무엇인
가 위정자란 무엇인가, 정부란 무엇인가 통치자란 무엇인가, 그

밖의 이러한 제목을 논하고, 이것들에 관하여 아는 자를 현자요, 모르는 자를 실로 노예라고 불러도 할 수 없는 일이라고 생각했다. […]

그는 **정의를 비롯하여 그 밖의 모든 덕도 지(智)**라고 말했다. 왜냐하면 올바른 행동이나 그 밖의 모든 덕성에 의해서 행하여지는 행위는 모두 아름답고 선하다고 생각했기 때문이다. […] **정의와 그 밖의 일체의 아름답고 선한 것은 덕에 의해서 행하여지는 것이므로 정의와 그 밖의 일체의 덕이 지(智)라는 것은 명백하다**는 것이었다. […]

그는 **정의에 관하여 어떠한 의견을 가지고 있었는지 감추는 일 없이 실행으로써 이것을 보여주었다.** 즉 사생활에 있어서 그는 모든 사람에 대하여 세상의 규범에 맞고, 또한 사람들에게 이익이 되도록 행동하였다. 공적 생활에 몸담고 있으면서도 국법이 정하는 모든 일, 즉 시민생활에 있어서도 또 군대에 있어서도 윗사람에게 복종할 줄 알고 겸손한 태도를 갖춘 사람으로서 실로 만인에 뛰어났다. 그리고 평의회의 의장이 됐을 때도… 그리고… 《회상》

우리는 크세노폰의 이 말에서 소크라테스가 경신, 미, 사려, 용기, 국가, 정부 등과 함께 정의라는 것을 평소의 관심사로서 적극 '문제로 삼고 논의했다'는 것을 분명히 확인할 수 있다. 또한 이 정의라는 가치가 곧 '덕'으로 '지혜'로 그리고 '아름답고 선한 것'으로 간주되었다는 것도 확인할 수 있다. 그의 가치들은 이렇게 횡적으로 서로 얽혀 있다.

그리고 특히 주의할 것은, 그가 (요즘 많은 지식인들이 그러하듯) 이것을 그저 한갓 지적 논의로 입 안에서 갖고 논 것이 아니라, 즉 입에 발린 말이 아니라, '실행으로써 이것을 보여주었다' 즉 '사생활에 있어서 [정의롭게] 행동하였다'는 사실이다.

주변의 증언뿐만이 아니다. 소크라테스 본인도 이 점을 분명히 하고 있다.

히피아스, 나는 정의를 어떠한 것으로 생각하고 있는가에 대해 끊임없이 세상에 개진해 보이고 있다는 것을 자네는 모르고 있는가? … 나는 해명이 아니라고 하더라도 행위로써 보이고 있네. … 말보다 행위 쪽이 증명으로서 가치가 있다고 생각되지 않는가?《회상》

나는 말로써만이 아니라 행동으로써, 죽음을 두려워하지 않는다는 것을 그들에게 보여주면서까지, 불의에 동조하지 않았습니다. […] 결코 나는 정의에 어긋나는 일에 대해서는 양보하지 않았습니다.《변론》

나는 정당하여 정의에 어긋나지 않기 때문이 아닐까요?《변론》

정의는 이렇게 그 자신의 확고한 신념이었다. 그렇다면

우리는 이 정의라는 것이 어떤 것인지 당연히 궁금해진다. 그런데 이 또한 예외가 아니다. 그는 열심히 이것을 논하고 있음에도 불구하고, 특히 대중의 견해가 아니라 지자의 견해를 강조하고 있음에도 불구하고, 속 시원한 대답을 내놓지는 않는다.

> 일반 대중의 견해에 신경을 쓸 것이 아니라 **우리가 존중해야 하는 것은 정의와 불의에 관한 지자의 견해가** 아니겠나?《변론》

그 지자의 견해는 어디서도 쉽게 들을 수가 없다. 단, 이 정의론의 경우에도 한 가지 시사점은 있다. 흥미로운 것은 (이미 위의 인용에서도 보이듯이) 그가 이 정의라는 것을 그 대치점에 있는 '불의'와 함께 거론한다는 것이다.

> 우리는 **정의와 불의에 의한 문제**보다 육신이 더 소중하다고 생각할 수 있을까? […]
> 우리가 존중해야 하는 것은 **정의와 불의에 관한 지자의 견해가** 아니겠나?《변론》

이러한 '함께 거론함'은 은연중에 정의라는 것이 구체적인 불의를 배경으로 하고 있을 때 비로소 그 진정한 문제성이 부각된다는 사실을 알려준다. 정의란 현실적인 것이며,

그저 막연한 '좋으신 말씀'이 아니라는 것이다. 《회상》에서 그는 이렇게 말한다.

내가 언제 위증을 하거나 참소를 하거나 또는 친구나 국가에 내분을 일으키게 하거나 또는 그 밖의 **부정한 일**을 하거나 하는 것을 본 적이 있는가? 《회상》

아마 극히 일부이겠지만, '위증', '참소', '친구나 국가에 내분을 일으키는 일' 등을 그는 '부정한 일'로서 지목하고 있다. 요즘 우리에게 익숙한 사기, 횡령, 수뢰, 표절, 갑질 등도 당연히 그 부정에 포함될 것이다. 그는 이런 '부정'에 대해 명백히 반대하고 있다.

부정을 행하는 것은 좋은 일이 못 되며, 아름다운 일도 아니다. 《변론》

내가 두려워하는 것은 옳지 못한 일을 하는 것과 신성하지 못한 짓을 하는 것이었습니다. 《변론》

더욱이 이것은 '어떤 경우에나' '해서는 안 되는 일'로 규정된다. 불의를 당했을 때조차 불의로 보복을 해서는 안 된다고 그는 강조한다.

우리는 어떤 경우에나 부정을 행해서는 안 되지 않겠나? […] 우리는 남에게 어떤 일을 당하거나 부정으로 보복을 하거나 피해를 입혀서는 안 되네. […] 어떤 경우에나 부정을 행하는 것은 옳지 않으며 또 불의를 불의로 갚는 것은 옳지 않다는 것을 잊어서는 안 되네. 《변론》

정의와 부정에 관해서는 "눈에는 눈, 이에는 이"가 무조건 적용되어서는 안 되는 것이다. 이러한 맥락에서 우리는 한 가지 중요한 시사를 얻을 수가 있다. 소크라테스가 말하는 정의라고 하는 것은 우선 무엇보다 그 '부정의 회피 내지 제거'와 다르지 않다는 것이다. 그는 이 '부정의 회피 내지 제거'가 '정의에 관한 충분한 해명'이라고까지 단언한다.

자네는 부정한 일을 피하는 것이 정의라고 생각하지 않는가? … 나는 언제나 부정한 짓을 저지르기를 원하지 않는다는 말이 정의에 관한 충분한 해명이 될 것이라고 믿고 있네. 《회상》

이는 대단히 의미 있는 발언이다. 아주 구체적이고 실질적이기 때문이다. 더럽지 않은 것이 깨끗함이고, 더러움을 제거하면 깨끗해지는 것과 같은 이치다. 시끄러운 게 없어지면 조용해지는 것도 역시 같은 이치다. 소크라테스 정의론의 핵심 명제로 간주해도 좋다.

크세노폰의 문맥에서 보면 소크라테스는 이 발언의 연장
선상에서 좀 더 구체적으로 '준법'을 거론한다. 위법을 하지
않는 것, 즉 적법이 정의라는 것이다.

나는 말하겠네, 적법이 곧 정의라고. […]

그것[법]에 따르는 자는 올바른 행위를 하는 것이고, 그것에 따르
지 않는 자는 부정한 행위를 한다는 것이 아닌가? … 마찬가지로 정
의를 행하는 자는 올바른 인간이고, 부정을 행하는 자는 부정한 인
간이 아닌가? … 그렇다면 법에 순응하는 것이 정의이고 법을 어
기는 것이 부정이란 말이군. […] 그렇기 때문에 나는 법에 따르
는 것과 정의는 같은 것이라고 하는 것이네. […] 히피아스, 그러면
마찬가지로 신도 정의와 법이 같은 것이라는 점에 기뻐하실 걸세.
《회상》

신까지 동원하는 것을 보면 적법이 곧 정의라는 이런 생
각이 그의 확신이라는 것은 의심의 여지가 없어 보인다.

또한 그는 정의와 불의에 관한 이런 문제가 현실적인 그
어떤 문제보다 우선한다는 것을 강조한다. 그 어떤 악조건
에서도 견지해야 하는 가치라는 말이다.

우리는 정의와 불의에 의한 문제보다 육신이 더 소중하다고 생
각할 수 있을까? […]

[법률의 말] 소크라테스, 그래도 여전히 **인간에게 가장 소중한 것은 덕이며, 정의나 질서나 국법을 따르는 것…** […] **자식이나 목숨이나 그 밖의 어떠한 것이라도 정의보다 존중해서는 안 되네.** […]

나라 안에서 **부정과 불의가 일어나는 것을 막기 위하여** 애쓰는 자라면 생명에 미련을 가져서는 안 될 것입니다. **정의를 위하여 진실하게 싸우려고** 하는 사람이 잠시나마 생명을 보존하려고 한다면, 개인적인 행동을 취할 경우라면 모르되, 결코 공인으로서 행동할 것이 못 됩니다. […] 이것으로써 내가 죽음을 두려워한 나머지 누구에게도 **정의에 어긋나는 양보는 하지 않으리라**는 것을 여러분께서는 충분히 아실 수 있을 것입니다. […]

나는 투옥이나 사형을 두려워하여 부당한 의결을 하는 여러분을 따르기보다는 오히려 **위험을 무릅쓰고 법률과 정의 편에 서야 한다**고 굳게 다짐했었습니다. […]《변론》

메논, 자네는 그 돈벌이에 **정의**와 경건이라는 말을 첨가할 수 있는가, 혹은 그런 것은 문제도 되지 않고, 인간이 **부정**한 방법으로 돈을 벌어도 그것이 덕이라고 자네는 생각하는가? […] 그것은 오히려 악덕이 아니겠나? 나는 이렇게 생각하네. 그 돈벌이라는 것에 **정의**, 절제, 경건 또는 그 밖의 덕의 일부가 따르지 않으면, 설사 이롭게 되어도 덕일 수는 없네.《메논》

육신, 자식, 목숨, 생명, 투옥, 사형, 그리고 돈벌이 … 인

간에게 중요한 관심일 수밖에 없는 이런 것들보다도 소크라 테스는 정의를 지키는 것이 더 중요하다고 말하는 것이다. 그의 이런 말은 저 위대한 공자를 연상시키기도 한다.

부귀는 모든 사람이 바라는 바이지만 유도(有道)한 가운데에서 얻은 것이 아니면 처하지 않는다. 가난하고 천한 것은 모든 사람이 싫어하는 바이지만 유도한 가운데에서 얻은 것이 아니면 떠나지 않는다. 군자가 어짊을 떠나서야 어떻게 이름을 이루겠느냐? 군자는 잠시 동안도 어짊에 어긋남이 없어야 하니 위급함을 당해서도 반드시 이에 의하고 파탄에 이르러서도 반드시 이에 의해야 한다(富與貴, 是人之所欲也, 不以其道得之, 不處也. 貧與賤, 是人之所惡也, 不以其道得之, 不去也. 君子去仁, 惡乎成名. 君子無終食之間違仁, 造次必於是, 顚沛必於是).《논어》 4/5

공자의 도(道), 인(仁)과 소크라테스의 정의가 서로 크게 다르지 않음을 알 수 있다. '부' 즉 '돈벌이'와 관련해서는 양자의 유사성이 더욱 두드러진다.

그리고 소크라테스는 이 '정의'라는 가치가 국가에서도 가정에서도, 여자에게도 남자에게도 필요한 가치임을 분명히 한다. 그것은 '선'이나 '덕' 같은 기본가치들과 근본적으로 얽혀 있는 것이기 때문이다.

나라건 집안이건 그 밖의 무엇이건 [⋯] 올바로 절도 있게 다스린다면, 곧 **정의와 절제로 다스리는 것이** 되지 않겠나? [⋯] 양자가 모두, 즉 여자에게나 남자에게나 같은 것이, 즉 **정의와 절제가 필요한 걸세**. 적어도 선한 자가 되려면 말이네. [⋯]

나는 이렇게 생각하네. 즉 **정의의 편에서 행하는 일은 덕이 되고 그렇지 않은 것은 악덕이라고** 말이네. ⋯ **정의와 절제 같은 것은 여러 가지 덕의 일부분**이라고⋯ [⋯]

영혼의 선에 대한 걸 생각해보게. 이것은 절제, **정의**, 용기, 총명, 기억력, 너그러움 등등이 아니겠나. 《메논》

이상으로 소크라테스가 생각하는 정의가 어떤 것인지, 어느 정도는 정리가 되었으리라 생각된다. 정의는 용기, 절제 등과 더불어 육신, 자식, 목숨, 생명, 투옥, 사형, 그리고 돈벌이 등보다 더 우선하는 소중한 '덕'의 하나로서, 무엇보다 '부정을 행하지 않는 것'이다.

그런데 한 가지 특기할 것이 있다. 이른바 '플라톤의 정의론'으로 알려진 유명한 저 철학에서 소크라테스의 이름이 등장한다는 사실이다. 잘 알려져 있듯이 플라톤은 소크라테스의 대표 제자로서 《법률》을 제외한 그의 거의 모든 대화편에서 스승 소크라테스를 등장시킨다. 대표작인 《국가》도 예외가 아니다. 물론 이것은 이미 소크라테스 본인보다 플라톤 자신의 사상으로 평가되는 것이 일반적이지만 소크라테스의 이름으로 이 논의를 이끌고 있는 이상, 그와 완전히 무관하다고 볼 수도 없다. 따라서 참고를 위해서라도 그것을 들여다볼 필요는 있다. 이상적인 국가를 위해 필요한 덕목으로서 '정의'를 제시하고, "정의는 강자의 이익"이라는 저 트라시마코스의 명제를 검토하면서 전개되는 그의 정의론은 너무 방대해 그 전제를 여기서 요약하는 것은 무리이지만, 적어도 다음 발언은 주목할 필요가 있다.

정의가 어떤 이득이라는 점에는 견해가 같네. […]

트라시마코스, 그러므로 불의가 정의보다 이롭다는 것은 있을 수 없네. […]

처음에는 정의란 대체 어떤 것인가에 대한 고찰에서 답변도 얻기 전에 정의란 악하고 무지한 것인가, 또는 지혜롭고 유덕한 것인가에 대하여 고찰하게 되었으니 말이네. 그리고 다음에는 불의는 정의보다 이득이 되느냐 하는 문제로 옮겨가게 되었네. 따라서 자네와의 대화에서 얻은 결론은 아무것도 알 수 없다는 것뿐이네. 그럴 수밖에 없는 것이 정의가 무엇인지 알지 못하는 한, 그것이 덕인지 악덕인지 알 수 없으며, 또 그것을 지닌 자가 행복한지 불행한지도 알 수 없을 것이 아닌가? 《국가》 제1권

본질적인 정의가 영혼에 있어서 최선의 것임을 밝혔네. […] 글

라우콘, … 정의와 그 밖의 덕이 영혼을 위해 생전과 사후에 신과 인간으로부터 얻은 보수는 막대하다고 말할 수 있지 않겠나? 《국가》

정의가 '어떤 이득'이며 '영혼에 있어서 최선의 것'이며 '영혼을 위해 얻은 막대한 보수'라는 것이다. 이것이 비록 소크라테스가 아닌 플라톤의 견해라 하더라도, 위에서 살펴본 논의를 보면 소크라테스 또한 이런 견해에 완전히 동의하리라는 것은 의심할 여지가 없다. 소크라테스와 플라톤의 구별은 사실상 무의미한 것이다. 따라서 저 유명한 결론, '[정의란] [지혜, 용기, 절제 등] 모든 덕이 알맞게 그 기능을 발휘할 때의 상태'라는 것도 역시 소크라테스의 정의론에 포함시켜도 무방할 것이다. 아니, 포함시켜야 마땅할 것이다. 모든 덕, 즉 지배자, 수호자, 생산자라는 사회 각 계층의 덕인 지혜, 용기, 절제가 각각 알맞게 그 기능을 발휘할 때 종합적인 국가의 덕으로서 정의라는 상태가 구현되는 것이다.

나라를 세우면서 일반적으로 지켜야 할 원칙의 하나가 정의… 즉 각 개인은 국가에서 자기 소질에 맞는 한 가지 일에만 종사해야 한다는 것, … 각자는 자기가 맡은 일에만 충실하고 그 밖의 일에는 관여하지 않는 것이 정의… 각자가 자기 일을 올바로 실현하는 것이 정의가 아니겠나? … 지금까지 우리는 절제와 용기와 지혜에 대하여 고찰해왔네. 그런데 그 밖의 한 가지[정의]는 이 세 가지 덕을 나라 안에 생기게 하고 보유하게 하는 원동력이 되는 것이네. 우리는 이 세 가지를 발견하고 나면 그 뒤에 남는 것이 정의라는 말을 이미 한 적이 있네.《국가》제4권

각자 자기가 맡은 일에만 충실하고 그 밖의 일에는 관여하지 않는 것이 정의다. 각자가 자기 일을 올바로 실현하는 것이 정의다. 소크라테스의 이런 정의론은 충분히 우리의 주목을 끈다. 이것은 한갓된 지적 유희로 끝날 것이 아니다. '그때 거기서'만의 논의도 아니다. '지금 여기서'도 정의에 대한 이런 관심은 절실하다. 철학이란 본래 그런 것이다. '문제 그 자체'에서 비롯되는 것이 철학의 본질이기 때문이다.

지금 여기서 펼쳐지는 우리의 현실은 어떠한가. 온갖 부정들이 넘쳐나고 "정의는 강자의 이익"이라는 트라시마코스의 견해가 보편적으로 득세하고 있다. 진정한 정의는 사람들의 관심에서 멀어진 지 오래다. 그러나 롤스와 샌델에 대한 한때의 뜨거운 관심은 정의에 대한 사람들의 열망과 지향이 완전히 죽지 않았다는 한 증거다. 현대의 우리에게도 소크라테스의 유전자가 남아 있는 것이다. 제대로 된 국가와 세상과 제대로 된 인간, 제대로 된 삶을 위해서 정의에 대한 관심의 불씨를 되살려야겠다. 이런 글을 통해서라도.

12 경신

"신에 대해 봉사하는 것보다 더 좋은 선은 없다"

'신'은 우리가 그것을 믿고 안 믿고 간에 마음 쓰지 않을 수 없는 영원의 주제다. 왜냐하면 우리 인간은 본질적으로 사멸하는 존재이며 신은 불멸의 존재로, 더욱이 전지전능한 존재로 '여겨지기' 때문이다. 그리고 그 신은 늘 장막 뒤에 있으면서 우리 인간들에게 자신의 정체를 드러내지 않기 때문이다. 소크라테스가 입에 올린 가치들 중에 '경신(敬神 θεοσέβεια theosebeia)'이라는 것이 있다. 신을 공경하는 것(εὐσέβεια θεῶν eusebeia theon)이다.

우리는 […] **경신**이란 무엇인가를 생각해보아야 하겠네. 그것을 알아내지 않고서는 못 배기겠네. 《에우튀프론》

이것이 그의 관심사 내지 주제라는 것을 이 말에서 분명히 확인할 수 있다. '알아내지 않고는 못 배기겠다'고 할 만큼 아주 간절한 관심사다.

흔히 쓰는 일상용어는 아니지만 경신이라는 것이 우리에게 아주 낯선 것은 아니다. 특히 크리스천에게는 가장 친숙한 개념이기도 할 것이다. 그런데 소위 종교인이 아닌 철학자 소크라테스가 그의 가치론에서 경신을 언급한다는 것은 좀 특이하다. 뜻밖일 수도 있다. 왜냐하면 그는 예수가 태어나기 400년 전의 사람(B.C. 470?-399)이고, 당연히 기독교라는 것을 몰랐고, 더군다나 '신을 믿지 않는다'는 죄목으로 고발당해 재판을 받고 유죄 평결이 내려졌으며 사형을 당한 인물로 우리에게 잘 알려져 있기 때문이다.

그런데도 '신'은 분명한 그의 관심사였다.

나는 평소부터 신의 세계를 아는 데 치중해왔다. … 《에우튀프론》

이 말도 그것을 확인해준다. 물론 그나 그 시대 사람들에게 문제되는 즉 공경의 대상이 되는 신은 지금 우리가 아는 기독교적 유일신, 야훼 신이 아니다. 우리에게도 잘 알려진 제우스, 헤라, 포세이돈, 데메테르, 아테나, 아폴론, 아르테미스, 아레스, 아프로디테, 헤르메스, 헤파이스토스, 디오니소스 등 그리스 신화의 신들이다. 불사와 초능력 등 신의 본질적 속성은 물론 이 그리스 신들에게도 똑같이 해당하지만, 그렇다 쳐도 이들의 신격은 인간들의 인격과 별반 다를 바도 없다. 화도 내고 질투도 하고 복수도 하고…, 기독교적 신과 그리스적 신은 다른 것이다. 그렇기는 하지만 참묘한 것이, 소크라테스의 발언을 잘 들어보면 그의 경신이 이 중 어느 특정 신에 대한 것이 아니라는 사실을 느낄 수가 있다. 제우스, 아폴론, 그리고 신령/정령이라고 할 수 있는 '다이모니온($\delta\alpha\iota\mu\acute{o}\nu\iota\sigma\nu$)'을 포함해 '모든 신' 혹은 '신 일반'이 그의 염두에 있다. 인간과는 확연히 다른, 신/신들이라고 일컬어지는 '존재 X'를 그는 신경 쓰는 것이다. 그것을 언급하고 신경 쓰는 이상, 그가 단순한 무신론자가 아닌 것은 명백하다. 무엇보다도 그 자신이 이 점을 분명히 하고 있다.

내가 신을 믿지 않는 무신론자가 아니고 어떤 신을 믿고 있다는 것이 밝혀졌네. […]
왜냐하면 나는 신을 믿고 있기 때문입니다. … 나는 나를 고소한 사람보다도 훨씬 더 독실하게 신을 믿고 있습니다.《변론》

그가 신을 믿는가 믿지 않는가 하는 이 공방(법정공방)은 제법 유명한 이야기다. 고발-재판-죽음과 얽혀 있기 때문이다. 다소 길지만 우선《변론》에 있는 그 전후 맥락을 직접 들여다보기로 하자. 단, 전체는 너무 길므로 신과 관련 있는 부분만 발췌한다.

나는 **신**의 섭리가 어디에 있는지 곰곰이 생각해보았습니다. […]
괴롭기도 하고 걱정스럽기도 하였지만, 어쨌든 **신에 대한 의무**는 소홀히 할 수 없다고 생각하였습니다. […]
참된 지지자는 신뿐인 것 같습니다. […]
나는 이와 같은 일에 몰두한 나머지, 나랏일이나 집안일에 대해서는 전혀 보살필 겨를이 없어 매우 곤궁하게 살아왔지만, 그것은 **오직 신의 말씀을 따르기 위한 것**이었습니다. […]
그들은 아무것도 알지 못하므로 아무 대답도 하지 못합니다. 그렇지만 그들은 무지를 가리기 위해 지혜를 사랑하는 사람을 비난할 때 쓰는 말을 인용하여, … '**신들을 인정하지 않는다**'…라고 말하는 것입니다. […]
고소장… 그것은 대충 다음과 같습니다.
"소크라테스는 청년들에게 좋지 못한 영향을 끼쳐주고, **나라가 인정하는 신을 믿지 않으면서, 스스로 색다른 신을 섬기는 악덕한 자이다.**" […]
멜레토스… 자네가 낸 고소장을 보면 **나라가 인정하는 신을 믿지 않고 다이모니온이라는 새로운 신을 믿으라고 가르치고 있다**고 하였네. […] 지금 말하고 있는 그 **신**의 이름을 나에게나 여기 있는 분들에게 분명히 말해주게. […] 내가 어떤 다른 **신**을 믿으라고 가르쳤다니, **내가 신을 믿지 않는 무신론자가 아니고 어떤 신을 믿고**

있다는 것이 밝혀졌네. 그런데 자네는 나라가 인정하지 않는 다른 **신**을 믿고 있다는 것이 나의 죄목이라고 고소하였네. 그렇지 않다면 내가 **신**을 전혀 믿지 않으며 사람들에게도 믿지 말도록 가르치고 있다고 주장할 것인가?

[멜레토스]: 그렇습니다. 나는 당신이 **신**을 전혀 믿지 않고 있다는 것을 말하고 있습니다. …

[소크라테스]: 나는 정말 뜻밖의 소리를 들었네. 자네는 무엇 때문에 거짓말을 하는가? 모두들 해와 달이 **신**이라고 믿는데,[66] 나는 믿지 않는단 말인가? […] 자네는 내가 **신**의 존재를 조금도 인정하지 않는다고 생각하는가? […] 멜레토스, 나는 자네 말을 종잡을 수가 없네. 아테네 시민 여러분, […] 이 사나이는 모순된 말을 하고 있습니다. "소크라테스는 **신들**을 믿지 않으므로 죄를 범하고 있는데, 또한 그는 **신들**을 믿고 있으므로 죄를 범하고 있다." 그것은 바로 이상과 같은 소리입니다. […] 이와 같은 말은 농담이 아니고서야 어떻게 진지하게 할 수 있겠습니까.

다이모니온이 하는 일은 믿으면서 **다이모니온**이 있다는 것은 믿지 않는 사람이 있겠는가. […] 자네는 내가 **다이모니온**을 믿고 또한 가르친다고 하였네. … **내가 다이모니온을 믿고 있다면 필연적으로 신을 믿고 있는 것**이 되지 않겠나? 분명히 그렇네. … 우리는 **다이모니온을 신 또는 신의 아들**이라고 믿고 있지 않은가? […]

---

66) 그리스 신화에서 이렇게 사물을 신격화하는 것은, 그 사물이 '유일 절대적인 신의 의사가 스민 것'으로 해석할 수 있다. 이런 해석으로 기독교와 그리스 신화의 간극을 해소할 수도 있다.

나는 다이모니온을 믿고 있으며, 또한 어떤 신이라고 하였으니까. 즉 신들을 믿지 않는 내가 다이모니온을 믿고 있다면, 자네 주장대로 나는 다이모니온을 믿고 있으므로 신을 믿고 있다는 결론이 되네. […] 신의 자녀들을 믿고 있다고 하면서 어떻게 신이 없다고 주장할 수 있겠나? […] 자네가 조금이라도 이성이 있는 사람이라면, 다이모니온이나 신이 하는 일을 믿는 사람이 다이모니온이나 신이나 반신이 있다는 것을 믿지 않을 수도 있다고 어느 누구도 설득시킬 수 없을 걸세.

나는 […] 신의 명령에 따라 지혜를 사랑하고 나 자신과 남들을 살피면서 살았습니다. […]

아테네 시민 여러분… 나는 여러분의 명령에 복종하기보다는 오히려 신의 명령에 복종하겠습니다. … 이 세상에서 가장 위대한 아테네 시민 여러분, 나는 여러분들이 지혜나 힘에 있어서 가장 뛰어나고 가장 이름을 날린 아테네 국민으로서 어떻게 하면 더 많은 재물을 모을 수 있을까, 또는 명예나 지위를 얻을까 하는 데만 머리를 쓸 것이 아니라, 훌륭한 정신을 기르는 데 힘을 쓰지 않는 것을 부끄럽게 생각해야 할 줄 압니다. […] 여러분, 내가 이와 같은 일을 하는 것은, 오직 신의 명령에 따르기 위해서입니다. 나는 … 신에 대해 봉사하는 것보다 더 좋은 선은 없다고 생각합니다. […]

여러분이 만일 나를 사형에 처한다면 신께서 여러분께 드린 은총을 거부하는 격… 즉 여러분이 나를 사형에 처하면 나와 같은 사람을 다시는 찾아볼 수 없을 것… **나는… 신으로부터 이 나라에 살도록 보냄을 받은 사람입니다.** […] **신께서는 나를 말의 등에처럼 이 나라에 살면서 여러분을 일깨워주고 이곳저곳 돌아다니면서 여러분을 설득하고 비판하게 하려는 것이 아닌가 합니다.** […] **신께서 나를 이 나라에 보낸 것**이라는 사실은… […]

나에게는 어떤 음성, 즉 **신**의 음성이라고 할까, 또는 **다이모니온**의 음성이라고 할까, 그러한 소리가 들렸습니다. … 나에게는 어린 시절부터 이런 일이 가끔 일종의 음성으로서 나타났습니다. 그런데 그것은 언제나 내가 하려고 하는 일을 하지 못하게 할 경우에 나타나는 것이었습니다. 그러나 어떤 일을 하라고 권하는 일은 전혀 없었습니다. 그것이 나로 하여금 나랏일에 관심을 갖지 못하게 한 것입니다. 그리고 그것이 내게는 잘한 일이라는 것을 충분히 이해하게 되었습니다.

나는 지혜로운 사람으로 생각하고 있으면서도 사실은 그렇지 못한 사람들과 묻고 따지며 나화를 나누는 것을 다시없는 낙으로 생각하고 있었습니다. 분명히 그것은 재미있는 일이었으니까요. 그리하여 이것을 **신께서 나에게 명령한 나의 의무**로 알았습니다. 나는 신탁을 통하여 그와 같은 전달을 받기도 하였으며, 꿈으로 전달을 받기도 하였습니다. 그리고 그 밖에도 **신**께서 사람에게 어떤 일을 명할 때 쓰시는 여러 가지 방법으로 나에게 명하셨습니다. […]

여러분께서는 서약을 어기는 관습을 만들어주어서는 안 됩니다. 뿐만 아니라 여러분도 그런 습관을 붙여서는 못씁니다. 왜냐하면 우리는 그렇게 되면 이미 **신**을 섬기지 않는 것이 되기 때문입니다. […] 내가 만일 여러분을 설득하여 무례한 부탁을 한다면, 그것은 **신**을 믿지 말라고 가르치는 것과 다를 바 없으며, 변명을 하면서도 자기 자신은 실제로 믿지 않는다고 고백하는 것과 마찬가지가 되기 때문입니다. 그러나 그런 일은 결코 있을 수 없습니다. 왜냐하면 **나는 신을 믿고 있기 때문입니다. … 나는 나를 고소한 사람보다도 훨씬 더 독실하게 신을 믿고 있습니다.** 그리고 나를 위해서나 여러분을 위해서도 가장 올바른 판결을 내리도록 나는 여러분과 **신에게 모든 것을 맡기고 있습니다.** […]

만일 내가 … **침묵을 지키고 살아간다면**, 그것은 **신의 명령에 복종하지 않은 것이 되어**, 나로서는 그렇게 할 수 없다… […]

나에게는 **다이모니온**의 예언이 지금까지 종종 있었습니다. 내가 하려는 일이 옳지 않을 때에는 그것이 아무리 사소한 일이라도 반드시 반대하였습니다. … 그러나 이번에는 이 사건에 관하여 행동이나 말에 있어서 나에게 반대하지 않았습니다. […] 내가 하려고 한 일이 **옳지 않았다면 신께서 나에게 그것을 보여주었을 것입니다.** […]

선량한 사람들에게는 살아 있을 동안이나 죽은 후에도 나쁜 일이란 절대로 없습니다. 또한 무슨 일을 하든지 **신께서 보살펴준다는 것**을 진실로 믿고 명심해두어야 합니다.《변론》

관련된 언급은 《에우튀프론》에서도 발견된다.[67]

[에우튀프론]: 그런데 그는 어떻게 당신이 젊은이를 타락시킨다고 주장하는 겁니까?

[소크라테스]: 들어보면 어처구니없는 일이지. 나더러 **신들**을 만들어낸다는 것일세. 그리하여 내가 새로운 **신들**을 만들어 옛날부터 있어온 **신들**을 믿지 않기 때문에 고발한다는 것이라네. 《에우튀프론》

전체 공방은 물론 이보다 더 길고 복잡하지만, 신에 관한 언급이 있는 부분은 대략 이와 같다. 너무나 유명한 이 공방에서 원고인 멜레토스나 피고인 소크라테스나 그 주장하는 바는 각각 명백하다. 멜레토스는 소크라테스가 '신을 믿지 않는다'는 것이고, (그래서 유죄라는 것이고) 소크라테스는 아니라는 것이다. 자기는 '신을 믿는다'는 것이다. (그래서 무죄라는 것이다.) 그의 단언이, 더욱이 그 논거가 흥미롭다. 특히 그가 직접 언급하는 '다이모니온'이라는 형태의 신이 주목을 끈다. 다시 한 번 그 부분을 들여다보자.

나는 **다이모니온**을 믿고 있으므로 신을 믿고 있다는 결론이 되

---

67) 크세노폰, 《소크라테스의 회상》(최혁순 옮김, 범우사), 16-22, 42-43, 47-52쪽 등에도 관련된 언급이 보인다.

네. [⋯] 신의 자녀들을 믿고 있다고 하면서 어떻게 신이 없다고 주장할 수 있겠나? [⋯] 자네가 조금이라도 이성이 있는 사람이라면, 다이모니온이나 신이 하는 일을 믿는 사람이 다이모니온이나 신이나 반신이 있다는 것을 믿지 않을 수도 있다고 어느 누구도 설득시킬 수 없을 걸세. 나는 신탁을 통하여 그와 같은 전달을 받기도 하였으며, 꿈으로 전달을 받기도 하였네. 그리고 그 밖에도 신께서 사람에게 어떤 일을 명할 때 쓰시는 여러 가지 방법으로 나에게 명했네. 《변론》

즉 [다이모니온 같은] 신의 자녀들을 믿으니까 신의 존재를 인정하는 것이고 그 하는 일을 믿으니까 그 존재를 믿는다는 것이다. 이는 기독교 신학적으로도 의미 있는 논리가 된다. 물론 이 말을 한 소크라테스 본인이든 이 말을 전해준 플라톤이든, 그 논리가 완벽하지는 않다. 치밀하지도 않다. 좀 엉성한 구석은 분명히 있다. 특히 소크라테스가 확신하는 '다이모니온'[흔히 정령이라 하며, 양심으로 해석되기도 함]이라는 존재는 우리에게 그다지 자명하지 않다. 신인지 신의 자녀인지, 그 위상도 좀 애매하다. 그럼에도 불구하고 소크라테스가 그런 어떤 '존재 X'에 대해 취하는 태도는 충분히 우리의 주목을 끈다. 그 소리를 특별히 신경 쓰고 철저하게 따르는 그런 태도를 뭉뚱그려 우리는 '경신'이라 부를 수 있다. (《변론》에서는 아폴론에 대한 경신도 확인된다.) 그게 도대체 어떤 것인가? 그 자신도 이것을 묻는다. 제대로 된 경신을 궁금해하는 것이다.

경신은 무엇이며 불경신은 무엇인가?《에우튀프론》

그런데 늘 그렇듯 소크라테스는《변론》에서도 (경신을 주로 논하는)《에우튀프론》에서도 기타 관련된 다른 단편에서도 뚜렷한 설명이나 결론을 말해주지는 않는다. 심지어 그는 그 자신이 신을 잘 모른다고까지 분명히 말한다.

나는 신에 대하여 잘 모르니까…《에우튀프론》

이러니 답은 역시 우리 자신이 직접 찾을 수밖에 없다. 그런데 역시 늘 그렇듯 그는 적지 않은 참고 발언들을 들려준다. 그것을 잘 들어보자. 우선, 그가 생각하는 '신'이란 어떤 존재인가? 그는 이렇게 말한다. 이를테면, 위의 인용에서 보이는, '참된 지자는 신뿐', '나는 신의 명령에 따라 지혜를 사랑하고 나 자신과 남들을 살피면서 살았습니다', '어떻게 하면 더 많은 재물을 모을 수 있을까, 또는 명예나 지위를 얻을까 하는 데만 머리를 쓸 것이 아니라, 훌륭한 정신을 기르는 데 힘을 쓰지 않는 것을 부끄럽게 생각해야 할 줄 압니다', '내가 이와 같은 일을 하는 것은, 오직 신의 명령에 따르기 위해서이다', '신께서는 나를 말의 등에처럼 이 나라에 살면서 여러분을 일깨워주고 이곳저곳 돌아다니면서 여러분을 설득하고 비판하게 하려는 것', '선량한 사람들에게는 살아 있을 동안이나 죽은 후에도 나쁜 일이란 절대로 없다. 또한 무슨 일을 하든지 신께서 보살펴준다', '선량한 사람들은 신께서 보살펴준다' … 이런 것이 그의 대답인 셈이다. 적어도 소크라테스가 생각하는 신은 이런 것을 원하고 이런 일을 하는 어떤 존재인 것이다. 참된 지자, 지혜를 사랑하는 자, 재물-명예-지위가 아니라 훌륭한 정신을 기르기 바라는 자, 사람들을 일깨워주고 설득하고 비판하기를 바라는 자, 선량한 사람들을 보살펴주는 자, 그리고 옳지 않은 행동이나 말을 반대하는 자, 그런 게 신인 것이다. 그 신은 신탁을 통하여, 꿈으로, 그리고 그 밖에도 신께서 사람에게 어떤 일을 명할 때 쓰시는 여러 가지 방법으로, 그의 뜻을 사람에게 전달한다. 적어도 소크라테스는 이런 방식으로 신을 접하고 있다.

신에 대한, 관련된 언급은 몇 가지 더 있다.

신들은 각각 선하고 아름답고 옳다고 생각하는 것은 사랑하고, 그 반대가 되는 것은 배격하겠지?《에우튀프론》

나는 신들이 우리의 보호자이며 우리 인간은 모두 신의 소유

물 중의 하나라는 것만은 확신하네. 《파이돈》

나의 선량한 주인이신 신⋯ 《파이돈》

이 언급에서 확인되듯, 소크라테스가 생각하는 신은, '선하고 아름답고 옳은 것을 사랑하고 그 반대를 배격하는 존재', '우리의 보호자', '우리를 소유하는 존재', '우리의 선량한 주인'이다. 그런 존재가 신인 것이다. 오늘날 우리가 일반적으로 막연히 생각하는 신의 개념과 별반 다르지 않음을 알 수 있다.

바로 이런 신에 대해 소크라테스는 '경건(εὐσέβεια eusebeia)'이라는 가치 내지 태도를 견지하는 것이다. 신에 대한 경건이란 그렇다면 어떤 태도인가? 그의 진술에 따르자면 대략 이렇다. 즉, 그 섭리를 곰곰이 생각하고, 신에 대한 의무는 소홀히 할 수 없다고 생각하고, 오직 신의 말씀을 따르고자 하고, 신의 명령에 따라 지혜를 사랑하고 나 자신과 남들을 살피면서 살고, 신의 명령에 복종하고, ⋯ 바로 이런 것이 신에 대해 그가 취하는 태도 즉 경신의 구체적인 모습인 것이다.

신에 대한 태도에는 '두려움'도 얽혀 있다. 따라서 경신은 두려움과 무관할 수 없고 당연히 얽혀 있다.

신들의 이름에 대한 나의 두려움은 초인간적인 것으로서 이 세상의 가장 큰 두려움 이상이라네.《필레보스》

이런 두려움이 아마도 '따름' 내지 '복종'의 근거에 있을 거라고 짐작된다. 심지어 그 신의 뜻이 자신의 죽음이라 할지라도 복종은 예외가 아니다.

크리톤, 만일 그것이 **신의 뜻이라면 나는 기꺼이 죽으려고 하네.** […] 신이 나를 이렇게 인도하고 있는 것일세.《크리톤》

역으로, 신의 뜻이 아니라면 (즉, 신이 부르기 전까지는) 인간이 제멋대로 죽어서도 안 된다는 것 또한 소크라테스는 분명히 하고 있다. 그는 자살 반대론자인 셈이기도 하다.

신이 날 부르듯이 우리를 부를 때까지 **우리의 마음대로 목숨을 끊어서는 안 된다**는 것이 어찌 부당하다고 하겠나? […]
나는 보다 훌륭한 분들의 곁으로 간다는 기대를 갖고 있을 뿐 아니라 **나의 선량한 주인이신 신**의 곁으로 간다는 것을 추호도 의심치 않네. 그러므로 나는 죽음을 슬퍼할 까닭이 없지 않은가? … 선한 사람은 죽은 후 반드시 커다란 보상을 받게 된다는 기대를 갖고 있네.《파이돈》

그는 이렇게, 죽음을 '주인이신 신의 곁으로 가는 것'으로 인식하고 있다.

신의 인도 내지 뜻에 대한 절대적인 따름, 이것이 소크라테스의 한 특징적인 면모인 것이다. 이러니 그가 '신을 믿지 않는다'고 고발한 것은 참으로 터무니없는 일이 아닐 수 없다.

신은 경신이라는 이런 인간의 태도를 좋아한다. 즉 기뻐하고 사랑한다. 적어도 소크라테스는 그렇게 확신한다.

[에우튀프론]: 신들의 뜻에 합당한 것이 경신이고 합당치 않은 것이 불경신입니다.

[소크라테스]: 옳지, 에우튀프론, 그건 내가 바라던 대답이네. [⋯]

물론 **신들**이건 인간이건 부정을 저지른 자가 처벌을 받지 않아도 좋다고 말할 수야 없지. [⋯]

신들이 미워하는 것이 불경신이고 기뻐하는 것은 **경신**이며, 어떤 **신**은 이것을 기뻐하고 어떤 **신**은 이것을 미워하는 것은 **경신**과 불경신의 양자이거나, 혹은 **경신**도 아니고 불경신도 아니라고 하였네. [⋯]

모든 **신들**에게 사랑을 받는 것이 곧 **경신**이 아니겠나?《에우튀프론》

소크라테스는 이 경신을 '옳은 일' 즉 정의라고 생각한다. 그런 점에서 경신을 정의의 일부라고 말하기도 한다.

신을 공경하는 것은 옳은 일이 아니겠나? […]
정의는 경신보다 넓은 개념으로, 경신은 정의의 일부… 《에우튀프론》

유명한 이야기이기도 하지만, 가장 구체적이고 가장 인상적인 것은 그가 직접 말하고 있는 '다이모니온'이라는 신이다. 그 자신의 행동과 말에 대해 주로 '반대의 음성'으로 들려왔다는 바로 그것이 그가 생각하는 신인 것이다. 오늘날 이것은 흔히 '양심의 목소리'로 치환된다. '신'에 관한 논의는 원천적으로 명확성을 담보할 수 없다. 인간의 이성이 신의 존재를 인식하는 것에 원천적으로 한계가 있을 수밖에 없기 때문이다. 단, 양심과 신의 이런 연관성은 우리에게 많은 것을 생각하게 한다. 적어도 우리에게 그 방향을 알려준다.

소크라테스의 이 주제는 지금의 우리에게도 여전히 유효하다. 그 신이 야훼로 불리든 아폴론으로 불리든 다이모니온으로 불리든 혹은 환인으로 불리든 천(天)으로 불리든, 카미(神)로 불리든 알라로 불리든, 그 이름은 어차피 인간의 언어이므로 중요하지 않다. 그것이 유일신이든 다신이든, 그것조차도 실은 중요하지 않다. 그런 '인간의 이해'는 어차피 신 자신을 훼손할 수 없기 때문이다. 중요한 것은 우리 인간이 '신'이라고 짐작하는 어떤 절대적 역량의 '존재 X'가 있으며 그가 우리 인간에게 어떤 태도를 기대 혹은 요구하느냐 하는 것이다. (혹은 한다고 우리 인간이 생각하느냐 하는 것이다.) 그 점에 대해 소크라테스는 대단히 유의미한 여러 언급을 남겨주었다. 신은 우리에게 정의롭고 선하기를 기대하고 요구한다는 것이다. 그런 기대와 요구에 부응하는 것이 바로 경신에 다름 아닌 것이다.

소크라테스 당시의 아테네나 현재의 한국이나 인간들의 삶의 현실을 보면 결코 정의롭고 선하다 할 수가 없다. 현실은 대체로 그 반대다. 멜레토스 같은 인물들이 넘쳐나고 그런 자들이 세상에서는 힘을 갖고 거들먹거리며 행세한다. 소크라테스는 그런 자들에게 용감하게 맞선 것이다. 그것을 위해 심지어 목숨까지도 실제로 걸었던 것이다. 그것이 그의 '경신'하는 방식이었던 것이다. 그때나 지금이나 신을 공경한다는 것은 절대 간단한 일이 아니다. 주여 주여 하는 자마다 다 천국에 들어가는 것은 절대 아니다.

13 우정

"우정이란, 요컨대 그 밖의 어떤 목적을 갖지 않는 것이다"

소크라테스의 대화에서 우리는 '친구(ἑταῖρος hetairos)'
와 '우정(φιλία philia)'이라는 가치를 만날 수 있다. 반가운
일이다. 없었다면 서운할 것이다. '철학(philosophia)'의 경
우처럼 '좋아함'을 뜻하는 이 말 '필리아'의 해당 범위는 꽤
넓지만, 오늘날 우리가 친구들 간의 '우정'이라 부르는 것이
그 핵심에 포함되어 있다는 것은 부인할 수 없다. 소크라테
스의 지적 관심 내지 생적 관심에 '친구'라는 게 있음은 그 자
신도 분명히 말하고 있다. 단순한 이론적 관심이 아니라 그
자신이 실제로 간구한 것이다. 이 주제를 중점적으로 다루는
유명한 단편 《뤼시스》에서 우리는 그것을 확인할 수 있다.

어릴 때부터 나는 어떤 소유물을 얻기를 바라고 있네. 각자가
제각각의 소유물을 바라듯이 말일세. 즉 어떤 사람은 말들을 얻

어 가지기를 바라고, 다른 어떤 사람은 개들을, 또 어떤 사람은 황금을, 그리고 또 어떤 사람은 명예를 얻어 가지기를 바라니 하는 말이네만, 나로서는 이런 것들에는 담담하지만, **친구들을 소유하는 데는 아주 간절하네.** […]

세계에서 제일 좋다는 닭이나 메추라기보다도 **선량한 친구를 좋아하고,** 말이나 개보다도 **친구를 원하네.** 나는 실로 이렇게까지 **친구를 좋아하네.** 《뤼시스》

다른 보통 사람들과는 달리 그는 말이나 개나 황금이나 명예 같은 것을 소유하는 데는 담담하고 대신 '친구들'을 소유하는 데에 간절하다고 말한다. 이 말에 그의 가치관의 일단이 드러나 있다. 또, "사람은 누구든지 양 몇 마리를 소유하고 있느냐는 질문을 받았을 경우에는 쉽사리 대답할 수 있으면서, 친구에 관해서는 몇 명 있는지를 이름을 들어 대답하지 못하는 것은 얼마나 놀라운 일이냐."라는 말도 마찬가지다. 그렇다면? '친구란 무엇인가?' '우정이란 무엇인가?' 이런 논의와 해답을 우리는 기대하게 된다. 아닌 게 아니라 그는 이런 논의를 펼친다. 그런데 제법 널리 알려져 있는 대로 크테시포스, 히포탈레스, 메넥세노스, 뤼시스 등과 펼치는 그 논의 과정은 간단명료하지 않다. 소크라테스는 '친구란/우정이란 이런 것이 아닐까' 하는 가설들을 제시하고 그것들을 검토해나간다. 우선 네 가지가 있다.

1. 사랑하는 자가 사랑받는 자에게 친구이다.

2. 사랑받는 자가 사랑하는 자에게 친구이다.

3. 양쪽 상호간이 동등하게 사랑해야 그것이 우정이다.

4. 셋 다 우정이니 어느 쪽이든 상관없다.

주로 '사랑의 방향과 관계'에 초점을 맞춘 이 가설들에 대한 논의의 핵심은 일반에게 제법 알려진 대로 대략 이렇게 요약된다.

[논점 1] 사랑하는 자와 사랑받는 자

소크라테스는 여러 사례들로 우정을 찬미하고 우정이란 무엇인지 논의에 들어간다. 그는 네 개의 가설을 제시하며 메넥세노스와 뤼시스에게 그중 무엇이 우정인지 묻는다. 두 젊은이는 '4. 어느 쪽이든 상관없다'를 선택한다. 그러나 소크라테스는 사랑받는 자가 사랑하는 자를 좋아하지 않고 심지어 혐오하기도 한다는 사례를 들며 이를 논박한다. 그러자 둘은 '3. 양쪽 상호간의 동등한 사랑이 우정이다'를 다시 고른다. 그러나 소크라테스는 이것도, 그렇다면 '나는 꽃의 친구다', '나는 나무의 친구다'라고 말하는 것은 틀린 것이냐고 또 논박한다. 그래서 남은 두 가설('1. 사랑하는 자가 사랑받는 자에게 친구이다'와 '2. 사랑받는 자가 사랑하는 자에게 친구이다')을 검토해본다. 그런데 이것도, 사랑받는 자가 사랑하는 자를 혐오하고 적으로 여기는 사례도 있기에

'1. 적이 곧 사랑받는 자에게 친구이다', '2. 사랑받는 자는 적에게 친구이다'라는 결론이 되어 모순에 빠지게 된다. 이렇게 해서 네 가설은 다 기각된다. (이 논리는 사실 다소 억지스럽다. 친구와 우정이라는 개념 자체의 정의가 미비한 상태에서 그리고 특수한 경우들을 중심으로 이루어지기 때문이다. 물론 다양한 사례들을 꼼꼼하게 짚어본다는 점에서 서양철학적 특징과 장점이 없는 것은 아니다.)

[논점 2] 서로 비슷한 자끼리 친구

소크라테스는 논의가 결론에 이르지 못하자 호메로스의 《오디세이아》를 인용하며 또 다른 가설을 하나 내세운다. '비슷한 자끼리 서로 끌린다', '서로 비슷한 자끼리 친구이다'라는 것이다. (말하자면, 우리에게 익숙한 '유유상종', 'Birds of a feather flock together'이다.) 셋은 '훌륭한 자끼리'와 '나쁜 자끼리'에 해당하는 사례를 검토하고 나쁜 자는 상대방에게 해를 끼치기도 하므로 '훌륭한 자끼리만 친구가 될 수 있다'는 결론을 내리며 일단 이 결론에 만족한다. 하지만 소크라테스는 잠시 생각해보더니, 훌륭한 자라면 스스로가 완벽하고 자족할 수 있기 때문에 서로 도움을 줄 필요가 없지 않느냐고 반론한다. 서로 도움을 주고받지 않으면 서로 존중하지 않을 테고, 그렇다면 서로 좋아하고 친구가 될 수 있을 리 없지 않겠느냐는 것이다. 이렇게 해서 '비슷한 자끼리 친구'라는 이 가설도 기각된다. (이 논리도 사실 마찬가지로 다소 억지스럽다. 진정한 우정에는 꼭 '도움'이 전제가 되지는 않으며 '도움 없음'이 반드시 '존중하지 않음'과 '좋아하지 않음'의 원인이 되지도 않기 때문이다.)

[논점 3] 비슷하지 않은 자들끼리 친구

소크라테스는 이번엔 헤시오도스를 인용하며 비슷한 자끼리는 서로 시기하고 경쟁하지만 비슷하지 않은 자들끼리는 서로에게 유익하고 도움을 줄 수 있어 친구가 될 수 있지 않느냐는 또 다른 가설을 제시한다. 하지만 이 또한 바로 기각된다. 친구인 것의 반대는 적대하는 것이니 비슷하지 않은 자끼리 친구라면 '적대적인 자가 친구인 자의 친구이다' 혹은 '친구인 자가 적대적인 자의 친구이다'라는 모순에 빠지기 때문이다. (이 논리도 역시 다소 무리가 있다. 비슷하지 않은 것이 곧 적대적이라는 논리적 비약이 있기 때문이다.)

[논점 4] 훌륭하지도 나쁘지도 않은 자와 훌륭한 자가 친구

소크라테스는 이번엔 훌륭한 자와 나쁜 자 외에 '훌륭하지도 나쁘지도 않은 자'[중간적인 자 혹은 평범한 자] 또한 있다는 점에 착안하여 이 셋의 조합으로 우정의 정의를 시도해본다. 우선 나쁜 자는 누군가와 친구가 될 수 없음이 증명되었고, 그렇다면 남은 후보는 훌륭하지도 나쁘지도 않은 자들끼리 친구인 것과 훌륭하지도 나쁘지도 않은 자와 훌륭한 자가 친구인 것이다. 이 중 훌륭하지도 나쁘지도 않은 자들끼리는 서로 비슷한 자들이므로 친구가 될 수 없고, 훌륭하지도 나쁘지도 않은 자와 훌륭한 자가 친구라는 결론이 남는다. 셋은 이 결론에 만족하며 의술의 경우를 비유로 든다. 몸(훌륭하지도 나쁘지도 않은 것)과 의술(훌륭한 것)은 병(나쁜 것) 때문에 친구라는 것이다. 여기서 둘이 친구인 원인이 나쁜 것이라는 결론 또한 도출해낸다. 소크라테스와 뤼시스, 메넥세노스는 이것으로 우정이 무엇인지 밝혀냈다고 여기게 된다. (이 역시 좀 요상한 억지 논리이다. 친구와 우정이 근본적으로 인간관계에서 성립된다는 것이 고려되지 않기 때문이다. 훌륭함과 훌륭하지 않음 내지 나쁨이라는 것도 너무 단순하게 단정되는 무리가 있다. 그런 것은 애당초 그렇게 단선적이지 않기 때문이다.)

[논점 5] 첫째 친구

하지만 소크라테스는 두 젊은이와 달리 이 결론에 만족하지 않고 이내 스스로 반론을 제기한다. 몸과 의술은 병 때문에 친구이지만 이는 실은 건강이라는 또 다른 훌륭한 것 때문이기도 하다. 이를 토대로 일반화시키자면, 훌륭하지 않은 것과 훌륭한 것은 나쁜 것 때문에, 그리고 훌륭한 것을 위해 서로 친구인 것이다. 그리고 건강 역시 다른 훌륭한 무언가를 위해서 몸과 친구이다. 이렇게 거슬러 올라가면 무언가를 친구가 되게 하는 궁극원인인 '첫째 친구'가 있게 된다. 이 첫째 친구는 세상 만물을 친구가 되게 하는 궁극적인 원인이기 때문에 무언가 나쁜 것 때문에 친구이지만 무언가 훌륭한 것을 위해 친구일 수는 없게 된다. 그렇다면 첫째 친구는 오직 나쁜 것 때문에 친구가 되는 것으로 나쁜 것이 제거되면 결국 친구가 될 수 없게 된다. 그럴 경우 나쁜 것이 사라진다면 이 첫째 친구는 친구가 아니게 되니 첫째 친구로 말미암아 생긴 세상의 모든 우정은 사라져야 한다. 그런데 실제로는 그렇지 않다. 따라서 이 논리도 배제된다. ('… 때문에' 혹은 '…를 위해서'라는 이 논리는 플라톤, 아리스토텔레스의 경우를 보더라도 철학적으로 대단히 중요하고 의미 있지만, 이것을 훌륭한 것과 훌륭하지 않은 것의 관계에 적용하는 것은 다소 무리가 있어 보인다. 특히 그 가치 연쇄의 최상위에 있는 궁극원인으로서의 '첫째 친구'를 상정하는 것은 역시 다소 억지스럽다. 특히 무언가 나쁜 것 때문에 친구가 된다는 것은 이성적으로 납득하기 어려운 전제다.)

[논점 6] 우정의 원인은 욕구

여기서 소크라테스는 욕구라는 것을 소환한다. 세상에 나

뻔 것이 제거된다면 목마름이나 배고픔 같은 욕구도 없어지는가 물은 뒤, 그건 아니고 욕구는 남지만 그것이 나쁜 것이 아니게 될 뿐이라고 정리한다. 그렇다면 우정의 원인은 나쁜 것이 아닌 '좋지도 나쁘지도 않은 욕구'가 아닐까 하는 가설을 세운 뒤, 욕구하는 것이 욕구되는 것에게 친구라고 정리한다. 히포탈레스는 이 정리를 반기지만 뤼시스는 떨떠름해한다. 소크라테스는 이들의 반응과 무관하게, 욕구는 본인이 가지지 못한 것을 원함에서 오며 가지지 못한 것은 본성상 욕구하는 자와 가까운 것이라 말하고 결국 우리는 가까운 것을 사랑한다고 주장한다. 하지만 이것도 바로 논박된다. 훌륭한 것은 훌륭한 것과 가깝고 나쁜 것은 나쁜 것과 가깝다. 즉 가까운 것과 비슷한 것을 다른 개념이라고 볼 수 없다. 하지만 비슷한 것끼리 친구라는 가설은 이미 논박되었으니 이 또한 틀린 가설이 된다. 결국, 모든 가설들은 다 우정에 대한 진정한 해답이 아니게 된다. (이 논리도 우정의 본질 해명과는 좀 거리가 있어 보인다. 가까운 것과 비슷한 것을 동일시하는 것도 무리가 있다.)

이상의 논변들은 나름 세심하게 여러 경우를 짚어보지만 그 어느 것도 친구와 우정에 관한 만족할 만한 해답이 되지는 못한다. 결국 소크라테스는 원하는 속 시원한 답을 주지 않은 채 이것을 각자의 난제(aporia)로 남겨둔다.

자네들과 뜻을 같이하려고 하는 이 늙은 소년인 나는 서로 친구로 알고 있지만, 우리는 아직 친구가 무엇인지 알아내지 못하고 있네. 《뤼시스》

모른다는 것이다. 그는 늘 이런 식이다. 그의 수법을 익히 알고 있는 우리는 '산파술' 운운하며 그러려니 이것을 받아들이지만, 실은 별로 칭찬할 일은 못 된다. '아규먼트'만 있고 '가르침'이 없기 때문이다. 해답을 기대하는 우리로서는 아쉬움이 진하게 남을 수밖에 없다. (사실 이 '아규먼트' 자체도 뭔가 소크라테스의 말이라기보다 플라톤의 냄새를 강하게 풍긴다.)

단, 그렇다고 해서 소크라테스의 이 친구론/우정론이 완전히 문제 있거나 무가치한 것은 아니다. 쓸데없는 소리만 지껄인 것은 아니라는 말이다. 이 거론 자체가, 즉 이것을 주목하고 입에 담았다는 사실 자체가 갖는 역사적 의의가 작지 않기 때문이다. 친구와 우정이라는 이 현상 자체가 우리 인간들의 삶에서 일종의 보편적 가치를 갖기 때문이다. 피타고라스와 엠페도클레스, 그리고 후대의 에피쿠로스학파가 이 '우정'을, 견지해야 할 혹은 도달해야 할 철학적 지표의 하나로 삼은 것도 바로 그 때문이다.

뿐만이 아니다. 전체적으로 보면 친구/우정의 본질을 알고자 하는 소크라테스의 논변은 해답을 찾지 못하고 좌절로 끝난 것처럼 보이지만, 그 논의의 과정에서 우리의 주목을 끄는 발언도 전혀 없지는 않다. 이를테면 이런 것.

다른 것을 위해 소중한 것을 우리는 착각을 일으켜 그것 자체를 위해 귀중한 것처럼 여기지만, **참으로 귀중한 것은 우리가 여기서 말하는 우정의 최종원리**라네. […] 참으로 귀중한 것, 즉 우정의 최종원리는 **그 밖의 것을 위해, 또는 그 밖의 귀중한 것을 위해 있는 것이 아니네.** […]

그럼 **우정이란**, 요컨대 **그 밖의 어떤 목적을 갖지 않는 것**이 되겠네. 그렇다면 **선은 곧 우정**이라고 추론할 수 있지 않겠나? […] 본래 우리가 선을 아끼고 이를 원하는 것은 악이 존재하기 때문이며, 악이라는 질병을 제거하기 위한 것이 아니겠나? … 만일 질병이 없다면 이것을 고칠 필요가 없어질 것은 명백한 사실이네. … 선 자체를 위해서는 선이 필요 없을 걸세. […]

우정의 최종원리는 우리가 생각하는 바와 같이 **여러 우정이 모두 그 안에 귀착되며 이 모든 [상대적인] 우정과는 전혀 다른 성질의 것**이라네. 이들 상대적인 여러 우정들은 친구를 위해 귀중하지만, 참된 친구는 이와 전혀 반대되는 것이며, […] 《뤼시스》

여기서 소크라테스가 '우정의 최종원리'를 추구하고 있다는 사실이 명백히 드러난다. 그리고 그것을 '참으로 귀중한 것'으로 인식하고 있다는 사실도 드러난다. 그리고 그것이

'다른 어떤 귀중한 것을 위해 있는 것이 아닌', 즉 '그 자체로 귀중한 것', '다른 어떤 목적을 갖지 않는 것'이라는 사실도 알려준다. 말하자면 다른 어떤 것을 위한 수단으로서의 가치가 아니라, 그 자체가 목적이 되는 최종적 가치라는 것이다. 이를테면 아리스토텔레스의 《니코마코스 윤리학》에서 '행복'이 갖는 지위를 여기서는 '우정'이 갖는 것이다. 다른 무언가, 특히 어떤 이익을 위한 수단으로서 친구와 우정을 생각한다면 그건 진정한 친구/우정이 아닌 셈이다. 진정한 친구/우정은 그 자체로 그냥 좋은, 그런 최종원리인 것이다. 소크라테스의 친구론/우정론은 일단 그것을 알려준다.

물론 결과적으로는 그가 제시한 여러 가설들이 다 스스로 기각되고 우정은 결국 '난제'로 남게 되지만, 그 과정에서 한 발언들이 모조리 다 폐기되는 것은 아니다. 여전히 유효한 것들이 없지 않다. 이를테면,

양자가 서로 사랑하지 않는 한 피차에 **우정**이 없다고 보아야 하지 않겠나? […] 나를 사랑하는 자가 반드시 친구요 또한 사랑스러운 것이 아니라, **내가 사랑하는 자가 친구요 또한 사랑스러운 자**이네. 《뤼시스》

이런 것도 그중 하나다. '나를'이 아니라 '내가'가 기준이 되는 것이다. 물론, 어떤 사이든 '일방적인 좋아함'만으로는

친구가 될 수 없고 우정도 있을 수 없다. '서로 좋아함'이 없이는 우정은 원천적으로 성립될 수 없다. 그리고 '언제나 어떤 경우나 백 퍼센트 좋아함'이라는 것도 있을 수 없다. '그렇지 않은 경우, 그렇지 않은 때'라는 것은 당연히 있다. 그렇지 않았다가 다시 회복되기도 한다. 절교라는 것도 화해라는 것도 있는 것이다. 애당초 그런 게 인간관계다. 그런 건 혈육관계에서도 예외 없다. '그럼에도 불구하고' 근본적인 좋아함이 유지되는 게 우정인 것이다. 그게 변하거나 상실되면 그 관계는 파탄 나고 더 이상 친구로서의 우정은 유지될 수 없는 것이다. 위의 발언을 보면 소크라테스는 그것을 알고 있었음에 틀림없다. '존중하고 함부로 하지 않음', '좋아서 서로 찾아가는 발걸음', '함께 있어 좋음' 같은 것이 우정의 조건 내지 증거로서 훨씬 더 의미 있는 것일지도 모르겠다. 소크라테스에게는 크리톤이 그리고 플라톤을 비롯한 젊은 제자들이 그런 '친구'였을까? 그들의 실제 언행에서 우리는 우정의 진정한 모습을 찾을 수 있을지도 모르겠다.

생각해볼 거리는 그 밖에도 많다. 그중 하나.

자네는 철학자들이 동류는 동류를 좋아한다고 말한 것을 알고 있을 걸세. […] 악인은 악인과 어울리기를 좋아한다고 하더라도 점점 가까이할수록 그들은 서로 미워하게 될 걸세. 그들은 피차에 서로 미워하게 될 걸세. 그들은 피차에 상대방을 해치게 될 테니까. 그리고 가해자와 피해자는 서로 친구가 될 수 없을 걸세. 이것은 진리가 아니겠나? […] 악인끼리의 융합이라면, 동류는 동류를 좋아한다는 말의 일면은 진리라고 볼 수 없지 않겠나? […] 선인은 서로 융합되어 친구가 될 수 있지만, 악인은 서로 융합되지 않고 피차에 정욕으로 대하므로 절대로 마음의 평정을 얻을 수 없으며, 그 밖의 무슨 일에 대해서나 서로 충돌하여 원한을 품고 결단코 일치하여 융화를 도모하는 일이 없다… […] 선인은 선인의 친구이며, 오직 선인만의 친구라고 하더라도, 악인은 결코 선인이나 악인과도 친구가 될 수 없다… […] 선인은 서로 친구가 될 수 있다… […] 동류가 반드시 동류의 친구가 되지 못하더라도 선은 선의 친구가 될 수 있는 걸세. […]

만일 우정 혹은 애정이라는 게 있다면, 선한 자의 친구거나 또는 선하지도 않은 자의 친구 또는 선한 자의 친구의 경우이네. 아무도 악한 자의 친구일 수는 없으니까. […] 동류는 동류의 친구일 수 없네. … 그렇다면 선하지도 않고 악하지도 않은 자는 마찬가지로 선하지도 않고 악하지도 않은 자를 친구로 삼을 수 없겠지? … 따라서 선한 자만이 선하지도 않고 악하지도 않은 자의 친구일 수 있는 걸세. […] 악한 자는 선한 자의 친구가 될 수 없으니까.

뤼시스와 메넥세노스여, 여기서 우리는 **우정의 성질**을 발견하게 되었네. … **우정이란 선하지도 악하지도 않은 자가 그 정신 혹은**

신체에 악한 요소가 존재할 경우에 선한 자를 사랑하는 것을 가리킨다고 하겠네. 《뤼시스》

여기서도 우리는 좀 고개를 갸우뚱하게 된다. 현실을 보면 '악한 자'에게도 친구가 있기 때문이다. '선한 자'에게도 적이 있기 때문이다. '선한 자'가 당연히 친구로서 바람직하기는 하지만 묘하게도 '악한 자'를 친구 삼고 좋아하는 사람도 없지 않다. 악한 자들끼리도 서로 좋아하는 경우가 있다. 유유상종이다. 선악의 기준이 사람마다 다르기 때문이다. 말하자면 인간의 선악이 친구/우정의 필연적 조건은 아닌 것이다. 그러니 이런 것을 따지는 소크라테스식 논의보다는 오히려 "악한 자를 멀리하고 선한 자를 가까이해 친구로 삼으라", "근묵자흑, 근주자적", "향 싼 종이에서 향내 나고 생선 싼 종이에서 비린내 난다" 같은 일반적인 교우지침 내지 교훈이 훨씬 더 의미 있는 친구론/우정론이 될지도 모르겠다. 물론 그 선악의 규정 자체도 그렇게 단순하지는 않다. 현실에서는 대부분의 경우 악한 자가 너무나 그럴싸하게 선한 자로 가장하고 있기 때문이다. 그리고 그런 게 세상에서 통하고 있기 때문이다. '나는 악한 자요'라고 이마에 써 붙이고 거리를 나다니는 사람은 그 어디에도 없다.

소크라테스가 《뤼시스》에서 뚜렷한 결론 없이 이 친구/

우정에 대한 논의를 끝낸 것은 나름 시사하는 바가 없지 않다. 진정한 친구/우정의 본질이라는 게 그렇게 단순하거나 간단명료하지 않다는 것이다. 그러나 친구/우정이라는 그런 어떤 것이 우리의 이 삶의 세계에 존재하고 그것이 우리의 삶에서 대단히 중요하고 의미 있는 것이며 추구해야 할 가치 중의 하나라는 것은 틀림없다. 소크라테스는 이것을 주제화함으로써 우리에게 그 방향을 제시한 것이다. 그것만으로도 소크라테스는 충분히 그 역사적인 역할을 수행했다. 우리는 그것을 높이 평가한다.

14 사랑

"사랑은 영원히 좋은 것을 소유하려는 것이다"

우리 인간들에게 '사랑'만큼 솔깃해지는 주제가 또 있을까? 솔직히 말해 보통 사람들에게는 진리니 덕이니 정의니 하는 그 어떤 숭고한 주제도 사랑만큼 우리의 관심을 끌지는 못한다. 그것은 역사를 보아도 현실을 보아도 확인이 가능하다. 무엇보다 세상에 넘치는 저 수많은 소설들, 드라마들, 영화들이 그것을 입증하고도 남는다. 아닌 게 아니라 사랑은 이 요상한 세상에 뭣도 모르고 태어나 허망한 인생을 사는 우리 인간들에게 그나마 삶을 살 만한 것으로 만들어주는 축복 혹은 구원의 하나가 아닐 수 없다.

바로 그 '사랑(ἔρως erōs)'이 소크라테스의 가치들 중 하나로 얼굴을 내밀고 있다. 이게 없었다면 아마 아쉽고 서운했을 것이다. 있어서 다행이다. 역시 소크라테스다. 그 점에서 그는 근엄하신 공자님, 부처님, 예수님과 차별화된다.

인간적이다.

심지어 그는 자기가 사랑 말고는 아는 게 없다고 허풍을 떤다. 사랑에 대해서는 잘 아는 사람이라고 자부하는 것이다.

나도 아는 것이 없지만, 그나마 아는 것이 있다면 **사랑**에 관한 것뿐인 줄 아네. …《향연》

물론 그가 누구인가. 소크라테스가 아닌가. 이른바 플라토닉 러브를 유명하게 만든 저 플라톤의 스승이 아닌가. 그러니 그에게서 저 '에로틱'한 핑크빛 사랑론을 기대한다면 아마 실망스러울 것이다. 물론 그가 논하는 사랑이 기본적으로 남녀 간의 사랑(에로스)이기는 하다. 게다가 당시 그리스의 일반적 현상이었던 미소년-미청년과의 일종의 동성애도 그 사랑에 포함된다. (소크라테스 자신도 동성애까지는 아니지만 미청년 알키비아데스와의 좀 '야릇한' 관계가 널리 알려져 있다. 《향연》에 그 정황이 제법 자세히 묘사되어 있다.[68]) 그 점은 좀 특이하다. 누군가에게는 불편할 수도 있고 누군가에게는 반가울 수도 있다. 그러나 소크라테스의 사랑론은 또 다른 의미에서 특이하다. 그의 관심사는

---

68) 소크라테스가 알키비아데스에게 호의를 표시하고 알키비아데스도 소크라테스를 좋아하고 심지어 밤새 동침하며 유혹까지 한다. 단 소크라테스는 아버지나 형처럼 그를 대하고 그 유혹에 흔들리지 않는다. 단, 서로 묘하게 질투도 하는 것으로 묘사된다.

그런 통속의 사랑이 아닌 영혼의 사랑과 지혜의 사랑을 포괄한다. 역시 누군가에게는 실망스러울 수도 있겠지만 아무튼 결론은 그런 방향이다. 소크라테스가 아닌가. 플라톤의 스승이 아닌가. 어쩔 수 없다. 에로틱한 에로스론은 그가 아니더라도 제공하는 자가 세상에 넘친다.

제법 널리 알려진 대로 소크라테스의 사랑론은 《향연》에서 (그리고 그 연관작인 《파이드로스》에서) 꽤나 장황하게 전개된다. 거기서 그는 디오니소스 축제의 비극 경연에서 우승하여 상을 받은 청년 아가톤을 축하하기 위해 그의 집에 모여 아가톤, 아리스토파네스, 알키비아데스, 파이드로스, 에릭쉬마코스, 그리고 아가톤의 지인 몇 명과 함께 주연을 벌이며 돌아가면서 에로스를 찬미한다. (알다시피 에로스 즉 사랑은 그리스 신화에서 신으로 묘사된다. 가난의 여신 페니아(Πενία)가 계략으로 풍요의 신 포로스(Πόρος)와 동침하여 에로스를 잉태한다. 미의 여신 아프로디테(Άφροδίτη)의 생일날에 태어났고 미를 좋아하기에 그 여신의 종이 된다. 로마 신화의 이름 비너스와 큐피드로 더 잘 알려져 있다. 이 신화가 그의 사랑론에서도 중요한 소재로 거론된다.)

너무 길고 장황해서 파이드로스, 파우사니아스, 에릭쉬마코스, 아리스토파네스, 아가톤의 찬미 연설은 생략한다. 맨 마지막 차례인 소크라테스는 이들의 연설이 끝난 후 "나는 할 말이 전혀 없게 되었다. […] 그처럼 아름다운 연설을 한 다음에 내가 무슨 말을 할 수 있겠나?"라고 공치사를 한 후, "우리는 에로스에게 위대하고 아름다운 찬사를 모조리 갖다 붙인 것밖에 되지 않았네. 그것은 우리가 처음 내놓은 명제인 에로스를 찬미하는 것이 아니라 찬미하는 것처럼 보였을 뿐일세. 앞에서 자네들이 모든 형용사를 동원하여 에로스와 결부시켜 어떤 성품을 지니고 있느니 어떤 바탕을 이루느니 하고 그를 아름답고 우수한 신으로 인정하려고 하였네. 이것은 무식한 사람들에게나 통할까, 지각 있는 사람들에게는 인정을 받지 못하네. 그러나 어쨌든 그 연설은 아름답고 장황하였네."라고 좀 찬물을 끼얹는다. 그리고 "나는 그런 수법으로 찬미할 생각은 없네."라고 선을 그은 후, "에로스에 관한 진실만을 이야기하려고 하네."라고 방향을 제시하고 자신의 말을 시작한다.

소크라테스가 말하는 요점은 대략 이렇게 정리된다.

에로스는 어떤 것에 대한 사랑이다, 에로스는 자기의 대상에 대한 욕구이다, 에로스가 욕구하고 사랑하는 대상은 아직 갖지 못한 것이다, 욕구하는 자는 자기에게 모자라는 것을 욕구한다, 에로스의 대상은 모자라는 것(결여되어 있는 것)이고 미처 소유하지 못하고 있는 것이다, 그렇다면 아직 소유하지 못하고 있는 그 모자라는 대상은 무엇인가? 그것은 '아름다움'이다, 에로스가 모자라하고 아직 소유하지 못하고 있는 것은 아름다움이며, 아름다움이 부족하고 아름다움을 소유하지 못하고 있는 것은 그 자체가 아름다움일 수 없다. 그런데 아름다운 것은 훌륭한 것 즉 좋은 것을 의미한다. 에로스는 아름다운 것과 훌륭한 것을 부족해하고 욕구한다. 따라서 그러한 것을 욕구하는 에로스인 이상, 에로스는 그 자체로서 아름다운 것도 선한 것도 아니다. 그것은 본래적으로 중립적인 것이요, 아직 어떤 것으로도 한정되지 않는 것이다. 하지만 욕구하기에 따라 얼마든지 아름다워지고 훌륭해질 수 있는 것이다. 단 아름답지도 훌륭하지도 않은 것이라 해서 곧 추하고 나쁜 것은 아니다. 아름다운 것과 추한 것, 훌륭한 것과 좋지 못한 것 사이에는 중간적인 어떤 것이 있는데, 에로스는 말하자면 바로 그 중간적인 것이다. 확인해보자.

[에로스는] 어떤 **사람에 대한 사랑**… 에로스는 그 사랑의 대상을 **욕구**… 에로스가 욕구하는 대상을 소유하였을 때에도 역시 그 욕구나 애모의 생각을 갖고 있는가… (아마도 욕구하지 못했을 때뿐입니다.) 그렇다면, … **사랑을 욕구하는 것은 자기에게 그것이 결핍되었기 때문**이 아니겠나? 자기에게 있는 것을 욕구하지 않는다는 것은 필연적인 현상이라고 나는 생각하네. […]
   그렇다면, 모든 욕구자들은 저마다 자기가 현재 누리고 있지 못한 것이나 지니고 있지 못한 것을 욕구하는 것이라고 해야 할

걸세. 자기에게 전혀 없거나 이루어지지 않은 것, 그리고 자기에게 결핍된 것이 사랑의 대상이 될 게 아닌가? [⋯]

에로스는 어떤 대상에 대한 사랑이며 또한 결핍되어 있는 것에 대한 사랑이란 것이 아닌가? ⋯

에로스의 대상이 무엇이라고 말했는가? ⋯ 신들의 세계에도 아름다운 것에 대한 사랑으로 질서가 유지된다고⋯ 그리고 추한 것에 대한 사랑은 있을 수 없다고 하지 않았는가. [⋯]

에로스는 아름다움에 대한 사랑이고 추에 대한 사랑은 아닌 게 아닌가? ⋯ 우리는 사랑은 자기에게 결여된 것을 즉 소유하고 있지 않은 것을 원한다는 데에 견해가 일치하였네, [⋯] 에로스는 아름다움이 결여되어 그것을 지니고 있지 않다는 것⋯. 그렇다면 자네는 아름다움을 지니고 있지 않은 것을 아름답다고 할 수 있겠는가? ⋯ 그런데도 에로스가 아름답다고 생각하나? [⋯]

에로스가 아름다움을 지니지 못했다는 사실은 동시에 좋은 것도 결여되었다는 것이 아니겠나? ⋯ 아가톤, 소크라테스에게 반대하는 것은 어렵지 않지만 모름지기 진리에 반대할 수는 없다고 말해야 하지 않겠나?《향연》

이 일종의 서두에서 대상, 욕구, 소유, 결핍, 아름다움의 결핍이라는 단어들이 인상에 확 다가온다. 특히, '에로스는 어떤 대상에 대한 사랑이며 또한 결핍되어 있는 것에 대한 사랑', '에로스가 아름다움을 지니지 못했다'는 말은, 그가 사랑이라는 것을 어떤 것으로 생각하는지 그 기본방향을 알려준다. 말하자면, 사랑은 자신의 본질적 결핍에서 비롯되는 것이며, 상대방을 통해 그 결핍을 채움으로써 완전을 지향하는 일종의 본능적 행위인 것이다. 그는 이것을 '에로스에 관한 진실'이라고 생각한다. 진실…, 그렇다. 이게 진실이 맞다. 실제로 그 사랑을 해본 우리도 잘 알다시피, 사랑이라는 것은 결코 아름답지만은 않다. 우리는 그 사랑을 갖기 위해 얼마나 전전긍긍하는가. 그/그녀의 연락처를 알기 위해, 만남의 약속을 받기 위해, 손을 잡기 위해, 포옹을 하기 위해 … 우리는 얼마나 간절해하는가. 그 밑바탕에 '결핍'이라는 게 도사리고 있음을 부인할 수가 없다. 그래서 '소유'하고자 하는 (즉, 채우고자 하는) '욕망'이 어떤 '대상'을 향해 작용하는 것이다. 심지어 그 사랑을 위해 로미오와 줄리엣, 젊은 베르테르는 고뇌하고 목숨을 버리기도 했다. 춘향이는 목에 칼을 쓰고 옥살이까지 했다. 준상이는 유진이를 만나러 가다가 교통사고를 당해 기억과 시력을 잃었다. 그런 게 어떻게 아름다움일 수 있겠는가. 그런데 그런 게 사랑의 본질인 것이다. 이런 '진실'을 날카롭게 통찰하고 있었으니 소크라테스는 과연 철학자였다. 그냥 단순한 사랑꾼은 아니었던 것이다.

그런데 소크라테스의 사랑론은 형식적으로도 한 가지 특이한 점이 있다. 그의 일장연설에서 그는 자신의 속생각을 제3의 입을 통해 풀어놓는 것이다. 그는 느닷없이 디오티마 (Διοτίμα)라고 하는 한 현녀를 동원한다. 그는 그녀를 '스승' 이라고까지 치켜세운다.

사실 나도 [디오티마와] 비슷한 내용을 주고받았네. 즉 **에로스 는 위대한 신이며 아름다운 것에 대한 사랑**이라고. 그리하여 나는 지금 내가 아가톤을 설득한 것처럼 **에로스는 아름답지도 않고 선하 지도 않다**고 그녀[디오티마]에게 설득을 당했네. 《향연》

이 여성의 말이 보통 수준이 아니다. 그녀가 실존 인물인 지는 확인 불가능하나 만일 그렇다면 비공식적으로는 서양 철학사에 등장하는 최초의 여성 철학자라고 해도 지나침이 없다. 그녀는 소크라테스를 상대로 이런 사랑론을 펼친다. 그 요점은 대략 이렇다.

에로스는 필멸과 불멸의 중간에 있는 위대한 정령(다이 모니온)이다. 그러나 한 몸에 집착하는 것은 경멸스럽고 보 잘것없는 일이니 집착을 버리고 세상의 모든 아름다운 몸을 사랑하는 사람이 되어야 한다. 사랑의 신비를 향해 올바르 게 나아가거나 또는 다른 사람에 의해 인도된다는 것은 다 름 아니라 이 세상의 아름다운 것들에서 출발하여 그것들을 계단으로 이용하면서 아름다움을 위해 꾸준히 올라가되 한 아름다운 몸에서 두 아름다운 몸으로, 두 아름다운 몸에서 모든 아름다운 몸으로, 아름다운 몸들에서 아름다운 활동들로, 아름다운 활동들에서 아름다운 지식들로, 끝으로 아름다운 지식들에서 아름다움 자체만을 대상으로 하는 저 특별한 지식으로 나아감으로써 드디어 아름다움 자체가 무엇인지 알게 된다, 인간에게 살 만한 곳이 있다면 아름다운 것 자체를 관조하는 이러한 경지야말로 살 만한 곳이다.

다소 길지만 소크라테스가 전하는 디오티마의 그 발언을 직접 들여다보자.

[디오티마]: 그러므로 아름답지 않은 것은 추하다거나 선하지 못한 것은 악하다고 할 수는 없습니다. 에로스의 경우도 이와 마찬가지입니다. **에로스는 선하지도 않고 아름답지도 않다는 것을 그 자신이 시인하였지만 그렇다고 추하고 악하다고 할 수는 없습니다. 오히려 그는 이 양자의 중간적인 존재**라고 해야 할 겁니다. [⋯]

그런데 당신은 선량하고 아름다움을 지닌 사람을 행복하다고 생각하지 않습니까?

[소크라테스]: 행복하다고 생각하지요.

[디]: 그런데 당신은 **에로스에게 선하고 아름다운 것이 결핍되어 있기 때문에 그것을 욕구한다는** 사실을 인정하지 않았습니까?

[소]: 인정했습니다.

[디]: 당신도 에로스가 신이라고 인정하지 않으시는군요. [⋯] [에로스는] **멸망하는 것과 영생하는 것의 중간적인 존재**입니다. ⋯

그건 위대한 정령입니다. 왜냐하면 그것은 신과 사멸하는 것과의 중간에 놓여 있으니까요. […]

그것은 인간에 관한 것을 신에게 전달하는 매개 역할을 합니다. 즉 한편으로는 기도와 제사를, 다른 한편으로는 신의 명령과 보답을 전달하는 것입니다. … 그것은 신과 인간의 중간에 있으면서 그 간격을 메우고 만물을 완전한 통일체로 만드는 것입니다. […]

그 부모는? […] [풍요의 신] 포로스… [가난의 여신] 페니아… 페니아는 자기가 가난하기 때문에 포로스의 아들을 낳으려고 간계를 꾸며 그와 동침하여 에로스를 잉태… 아프로디테의 종이 된 것… 아프로디테의 생일날 잉태… 그가 본래 아름다움을 사랑하는 데다가 아프로디테는 매우 아름다웠기 때문… 에로스는 포로스와 페니아 사이에서 태어난 까닭으로 언제나 가난… 그러므로 모든 사람들이 생각하는 것과는 달리 상냥하거나 아름답지 못하고 언제나 구질구질하고 신도 신지 못하고 집도 없어 나그네 신세를 면치 못했습니다. … 어머니를 닮아 언제나 가난했기 때문… 아버지 피도 섞여 있어… 아름답고 선한 자가 되려고 애를 썼고 용감하고 진취성이 많았으며 비범하고 강인한 사냥꾼으로서 늘 책략을 꾸미고 학문에도 열중… 평생을 통하여 애지자로서 또는 뛰어난 마술사로서 또는 궤변가로서 알려졌… 하루에도 몇 번씩 생기가 넘쳐 풍요하게 꽃피려는가 하면 곧 죽어가는가 싶기도… 다시 생기를 얻기도 하였지만 곧 놓쳐버리는 … 그

러므로 **에로스는 가난하지도 않았지만 부유하지도 못했습니다.** 그는
또한 지혜와 무지의 중간에 놓여 있었습니다. […]

지혜를 사랑하는 존재… 양자의 중간에 처한 존재… 에로스도 그
들 중의 하나… **지혜는 가장 아름다운 것이기 때문에 에로스는 아름**
다움을 추구… 에로스는 애지자이며 지자와 무지자의 중간… 현
명하고 슬기로운 아버지와 무식하고 가난한 어머니 사이에서 태
어났기 때문… 이것이 정령의 본성입니다. … 사랑을 모두 아름
다운 것으로 생각하였을 것… 사실 사랑을 받는 자는 아름답고
우아하며 행복한 존재이지만 사랑을 주는 쪽은 그와는 달리 …
전혀 다른 모습을 하고 있습니다. […]

[소]: 부인, 당신 말씀이 옳습니다.

[디]: **에로스는… 아름다운 것을 사랑하는 자… (자기 소유로 만들**
려는 것) (선한 것을 소유하려고 할 것) (행복을 얻게 될 것) […] **행복**
한 것은 선한 것을 소유하는 데서 비롯… 어찌하여 행복을 원하는
가 하고 물을 필요는 없습니다. 물음의 해답은 이것으로 끝났다
고 생각되지 않습니까? […] 욕구와 사랑은 모든 사람에게 공통
된 것… 누구나 좋은 것을 소유하기를 원하… […]

이런 말을 하는 사람도 있습니다. 즉 사랑하는 사람들은 자기
의 다른 반쪽을 찾는 것이라고… 그렇지만 에로스는 자기의 반
쪽을 찾는 것도 아니고 전체를 찾는 것도 아닙니다. 그 반쪽이니
전체니 하는 것이 수족이라고 하더라도 그것이 해롭다고 생각하
면 스스로 잘라버립니다. … 사람이 사랑하는 것은 좋은 것 외에

는 없습니다. … **인간은 좋은 것을 사랑한다**… **인간은 좋은 것을 소유하기 위해 사랑한다**… **영원히 소유하기를 원한다**…

지금까지 말한 것을 요약한다면, **사랑이란 언제나 자기 자신을 위해 좋은 것을 영원히 소유하는 것**… **사랑을 추구하는 방법**은 어떤 것… 어떤 행동이 사랑이라고 불릴 수 있는 정열의 표현이라고 할 수 있을까? … 그것은 **육체적으로나 정신적으로나 생식을 하는 것**을 가리킵니다. … 좀 더 분명히… **남녀 간의 결합은 결국 생식에 목적이 있는 겁니다.** 생식과 임신은 신성한 것으로 멸망하는 것 속에 깃드는 불멸의 것이지요. … 생식욕이 왕성한 자는 아름다운 이를 보면 큰 충동을 느끼기 마련입니다. 그리고 아름다운 이에게 접근하면 해산의 고통도 개의치 않고 황홀경에 빠지는 것입니다. … **사랑이란 당신이 생각하듯이 아름다운 것에 대한 희구가 아닙니다.** … **아름다운 이에게 생식과 수태를 시키는 것입니다.** … (어찌하여 생식을 희구합니까?) 그것은 죽어가는 인간으로서 **자식을 낳는다는 것이 영원불멸의 것이기 때문**… **에로스는 영원히 좋은 것을 소유하려는 것**이며, 누구나 반드시 불멸하는 것과 좋은 것을 희구하기 마련입니다. […]

이 **사랑과 욕구의 원인**… 동물의 경우나 인간의 경우를 가릴 것 없이, 멸망해가는 자의 본성은 **영원히 불멸하는 것을 소망**할 게 아니겠어요? 그리고 **그것은 오직 생식으로써만 가능한 것입니다.** 생식이란 낡고 늙은 것 대신에 새롭고 젊은 것을 남기고 가는 것이지요. […] 불멸을 위하여 정욕이나 사랑이 부여되어 있으니까요. […] 모든 사람들은 그와 같은 불후의 공훈과 빛나는 명성을 위해선 어떤 일이라도 사양치 않으며 이런 일들은 우수한 사람들에게서 더욱 성행하고 있습니다. 왜냐하면 그들은 불멸의 것을 추구하기 때문입니다. 육체적으로 정력이 강한 사람은 이러한 욕구가 오히려 여인에게로 향하여 자식을 낳아 그것으로 불멸의 업적과 행복을 확보하여 자신을 지탱해나가려고 합니다. … 생식욕이 왕성한 자는 추한 육체보다 아름다운 육체를 원하게 되며 아름답고 고상한 영혼의 소유자를 만나게 되면 그는 열광적인 애욕을 느끼게 됩니다. 그리고 이와 같은 사람에게는 덕이나 선을 가르치려고 합니다. 아름다운 사람을 가까이하게 되면 그는 오래전부터 몸에 지니고 있던 것을 생식하여 출산하게 됩니다. 그들은 곁에 있거나 떨어져 있거나 간에 늘 그를 생각하게 되고 그 사람과 함께 자손을 양육하며 그리하여 그들은 육신의 자식들보다 훨씬 더 친밀하게 공감과 우애에 의해 밀접하게 결합되기 마련입니다. 그들도… **육신의 자식보다 영혼의 자식을 낳고 싶어 할 겁니다.** 이러한 시인들은 그 자신도 불멸의 명성을 지녀 후세에 길이 남게 되지만, 이들 못지않게 불후의 명성을 떨칠 소생을 남겨놓는 것입니다. […] **영혼의 아름다움이 육체의 아름다움보다 훨씬 소중**하다는 것을 알아야 합니다. […]

아름다움은 얼굴이나 손이나 그 밖의 신체에 속한 것이 아니며, 눈으로 볼 수 있는 것도 아닐뿐더러 말이나 학식으로 나타내는 것도 아닙니다. 그리고 그 밖의 생물 속에다 또는 지상이나 천상의 그 밖의 어떤 물체 속에 깃들어 있는 것도 아닙니다. 그 것은 독립된 존재로서 영원히 존속하는 유일무이한 형태를 취하는 '미' 자체로서 눈앞에 나타날 것입니다. … 아름다움 그 자체는 조금도 가감되지 않고 아무런 변화도 없이 미에 참여하는 것입니다.

만일 인간이 올바른 애정의 길을 거쳐서 위로 올라가 이 아름다움을 보기 시작하면 그 사람은 이미 거의 마지막에 이르렀다고 할 수 있습니다. 사랑의 참뜻에 이르는 올바른 길… 즉 그것은 이 세상에 있는 여러 가지 아름다운 것에서 시작하여 아름다운 것을 향해 위로 올라가되 마치 사다리를 올라가듯이 하나의 아름다운 육체에서 두 개의 아름다운 육체로, 두 개의 아름다운 육체에서 모든 아름다운 육체로, 그리고 거기서 모든 아름다운 활동을 거쳐 아름다운 학문으로 나아갑니다. 그리하여 종국에는 여러 가지 학문에서 미 자체의 인식에 도달하게 되어 미의 본체를 알 수 있게 됩니다. 소크라테스 씨, 인생은 이 경지에 이르러야 비로소 미 자체를 볼 수 있으며 또한 이러한 사람만이 살 만한 가치가 있는 겁니다. 만일 당신이 아름다움을 한 번 보게 된다면, 이미 황금이나 비단옷이나 또는 아름다운 소년 등에게 눈을 돌릴 수 없게 될 것입니다. 당신은 그 아름다움을 보게 되면 곧 황홀하여 정신을 차릴 수 없게 될 것이며 또한 누구나 그와 같이 그 본체와 같이 있을 수만 있다면, 침식을 잊어버리고 그것만을 바라보며 기쁨에 충만해 있을 것입니다. 그러므로 만일 우리가 미 자체를 조금도 가리지 않고 순수하게 즉 인간의 육욕이나 그 밖의 죽어가는 폐물로 더럽혀지지 않은 채 태양과 같이 선명하게 볼 수 있다면 다시 말해 이 둘도 없는 모습을 지닌 신비한 아름다움을 찾아볼 수 있다면, … **신의 친구**가 될 수 있습니다. … **죽지 않는 사람**이라고 하겠습니다. 《향연》

다소 너무 길었나? 하지만 이것도 그 요점만을 간추린 인용이다. 들으면 곧바로 이해되지만, 그리고 재차 확인하지만, 디오티마는 사랑에 대해 이렇게 말한다. 즉, 에로스는 선하지도 않고 아름답지도 않다는 것을 그 자신이 시인하였지만 그렇다고 추하고 악하다고 할 수는 없다. 오히려 그는 이 양자의 중간적인 존재로, 에로스에게 선하고 아름다운 것이 결핍되어 있기 때문에 그것을 욕구한다. 에로스는 멸망하는 것과 영생하는 것의 중간적인 존재이며, 에로스는 가난하지도 않았지만 부유하지도 못했다. 그는 또한 지혜와 무지의 중간에 놓여 있었다. 지혜를 사랑하는 존재, 양자의 중간에 처한 존재, 에로스도 그들 중의 하나다. 지혜는 가장 아름다운 것이기 때문에 에로스는 아름다움을 추구한다. 에로스는 아름다운 것을 사랑하는 자다. 행복한 것은 좋은 것을 소유하는 데서 비롯된다. 인간은 좋은 것을 사랑한다. 인간은 좋은 것을 소유하기 위해 사랑하며 영원히 소유하기를 원한다. 사랑이란 언제나 자기 자신을 위해 좋은 것을 영원히 소유하는 것이다. 사랑을 추구하는 방법은 육체적으로나 정신적으로나 생식을 하는 것이다. 사랑이란 아름다운 것에 대한 희구가 아니다. 사랑은 아름다운 이에게 생식과 수태를 시키는 것이다. 에로스는 영원히 좋은 것을 소유하려는 것, 사랑과 욕구의 원인은 영원히 불멸하는 것을 소망하는 것이다. 영혼의 아름다움이 육체의 아름다움보다 훨씬 소중하다. 인간이 올바른 애정의 길을 거쳐서 위로 올라가 이 아름다움을 보기 시작하면 그 사람은 이미 거의 마지막에 이르렀다고 할 수 있다. 사랑의 참뜻에 이르는 올바른 길은 이 세상에 있는 여러 가지 아름다운 것에서 시작하여 아름다운 것을 향해 위로 올라가되 마치 사다리를 올라가듯이 하나의 아름다운 육체에서 두 개의 아름다운 육체로, 두 개의 아름다운 육체에서 모든 아름다운 육체로, 그리고 거기서 모든 아름다운 활동을 거쳐 아름다운 학문으로 나아간다. 그리하여 종국에는 여러 가지 학문에서 미 자체의 인식에 도달하게 되어 미의 본체를 알 수 있게 된다. 인생은 이 경지에 이르러야 비로소 미 자체를 볼 수 있으며 또한 이러한 사람만이 살 만한 가치가 있는 것이다. 이게 요점이다.

그녀는 결국 '아름다움 자체의 인식'으로 우리의 관심을 이끈다. 그게 진정한 사랑이라는 것이다. 그녀의 견식과 언변도 대단하지만 소크라테스는 사실 어차피 이런 그녀와 한통속이라서 그녀의 이 견해에 적극 찬동을 표한다. 그녀의 말이 '옳다'는 것이다. 그러니 이건 소크라테스 자신의 생각이라고 해도 좋다. 그리고 그는 미 자체의 인식이라는 이 에로스의 최종 목표를 '보물'이라고 표현하고 그런 점에서 에로스를 높이 평가할뿐더러 자기도 남도 그것을 소중히 여겨야 한다고 말한다. 이게 그의 에로스 찬미였다.

나는 [디오티마의] 이 말이 옳다고 생각하네. … **이와 같은 보물을 손에 넣으려면 인간은 본질적으로 에로스보다 더 좋은 협조자가 없다**는 사실을 모든 사람들에게 납득시키고 싶네. 그러므로 나는 모든 사람들에게 **에로스를 소중히 여겨야 한다**고 주장하는 동시에 **나 자신도 사랑을 소중히 여기고 이것을 남에게도 권장**하고 있네. 나는 언제나 내 힘이 닿는 데까지 **에로스의 위력과 용기를 찬미**하고 있네. 《향연》

멋진 말임에 틀림없다. 사랑이 아름다움을 지향한다는 것도, 그것이 결핍에 기인한다는 것도 틀림없다. 단, 우리 모두가 소크라테스와 디오티마의 이런 사랑론에 무조건 박수를 치고 고개를 끄덕일 필요는 없다. 멋지고 숭고한 말임에는 틀림없지만, 그리고 정곡을 찌르는 부분이 있는 것도 분명하지만, 사랑의 본질이 정말 그런 것인가, 그것으로 다인가에 대해서는 뭔가 납득이 안 되는 부분도 없지 않다. 현실을 보면, 우리는 생식이나 미의 인식을 위해서 사랑을 하는 것은 아니기 때문이다. 좋은 것을 영원히 소유하기 위한

'의도로' 사랑하는 것도 아니기 때문이다. 우리는 무조건적으로 사랑을 '하게 되는' 것이다. 누군가를 만나 사랑에 '빠지는' 것이다. 그게 사랑의 묘미이기도 하다. 그것 자체로서 삶의 의미가 되기도 하는 것이다. 사랑도 행복처럼 '그다음'이 없다. 세상에 태어나서 사랑이라는 것을 한 번 해봤으면 그걸로 된 것이다. 유명한 예수의 사랑(agape)이나 공자의 사랑(愛人/仁) 같은 것은 별개로 치더라도, 우리가 아는 남녀 간의 사랑은 거대한 자연의 질서에 속하는 원초적인 혹은 근원적인 이치의 하나인 것이다. 사랑은 일종의 아프리오리한 원리다. 혹은 섭리다. 개별적인 남녀는 다만 그 엄청난 질서의 '적용'을 받는 수동적 행위자로서 거기에 참여할 따름인 것이다. 만남도 동침도 임신도 출산도 양육도 거기에 부수된다. 하이데거식으로 말하자면 사랑은 '피투적 존재'의 하나인 것이다.

그런 것으로서 사랑은 여러 가지로 특별한 면모들 혹은 특성들을 지닌다. 시중에는 그런 것을 알려주는 지혜 내지 명언들이 넘쳐날 정도로 많다. 예컨대 "사랑은 절대 '미안하다'고 말하지 않는 것이다." "사랑은 '… 때문에'가 아니라 '…에도 불구하고' 하게 되는 것이다." "사랑이란 그/그녀의 아픔을 나의 아픔보다 더 아파하는 그 마음이다. 그/그녀의 기쁨을 똑같은 크기로 함께 기뻐하는 그 마음이다." "사랑이란 그/그녀의 표정이 곧 나의 날씨가 되어버리는 그 하늘이다." "가장 오래 지속되는 사랑은 다시 돌아오지 않는 사랑이다." "바다에는 진주가 있고, 하늘에는 별이 있다. 그러나 내 마음, 내 마음, 내 마음에는 사랑이 있다." "지식은 배움으로, 기술은 실습으로, 사랑은 사랑으로 얻는다." 이런 것들은 이런 것대로 하나의 사랑론으로서 의미가 있다. 이런 사랑론이 소크라테스와 디오티마의 그것보다 오히려 더 실질에 가깝고 더 가슴에 와닿는 것은 아닐까.

중요한 것은 '내가' 그 사랑이란 것을 '누군가와 함께' 실제로 '해보는' 것이다. 그것이 우주적인 원리라는 것을 잊지 말자. 마지막으로 유명한 생떽쥐뻬리의 말을 덧붙여 소개해 둔다.

사랑에 대한 백 번의 연설도 단 한 번의 사랑의 행동에 미치지 못한다는 걸… 《어린 왕자》

소크라테스는 그 '단 한 번의 사랑'을 했을까? 그는 크산티페를 사랑했을까? 뮈르토를 사랑했을까? 사형 당일 소크라테스의 감옥을 찾아와 울고불고한 것을 보면 크산티페가 소크라테스를 사랑한 것은 틀림없어 보인다. 상대의 떠남을 울고불고하며 슬퍼하는 것, 그런 마음과 행동으로 사랑의 조건은 이미 충분한 것이 아닐까 한다.

15 행복

"인간은 누구나 행복을 원한다"

　우리 인간은 이 세상에 태어나 인생이라는 것을 살면서 그 과정에서 그때그때 끝도 없이 무언가를 '바라고/원하고' 있다. 그런 것을 철학은 '욕망'이나 '욕구'라는 말로 설명하기도 한다. 그것은 실현되거나 좌절되거나 기대되거나 한다. 그것이 실은 삶이라는 것의 실체요 대원리이기도 하다. 그런데 그 욕망에는 각각 내용이랄까 대상이라는 게 있다. '무언가'를 바라는 것이다. 개괄하자면 '갖고 싶은(wanna have)' 무언가, '되고 싶은(wanna be)' 무언가, '하고 싶은(wanna do)' 무언가에 그 대부분이 포진한다. 좀 폭넓게 해석하자면 그 대부분이 '소유'라는 개념에 수렴된다. 그 대표 격이 이른바 부귀공명, 특히 부귀, 특히 부 즉 돈이다. 이것을 갖기 위한 이전투구가 우리네 삶의 실상이라고 해도 과언이 아니다. 그런데 이 욕망과 소유라는 게 과연 삶의 궁극적 단계일까? 원하는 것을 갖게 되면, 즉 부자가 되고 권력자가 되고 유명인사가 되면, 그걸로 삶은 완전에 도달하는 걸까? 아니다. 그렇지 않다는 것은 세계적 대부호들과 최고 권력자들과 유명 인기인들의 삶이, 그들의 불행이 우리에게 잘 알려준다. 소유 그 자체가 곧 끝은 아닌 것이다. 우리 인간에게는 욕망의 충족 '그다음'이라는 것이 있기 때문이다. (아니, 영원히 충족되지 않음이 그 욕망의 본질이기도 하다.) 그다음의 최종 단계에 이른바 '행복'이라는 게 있다. 소유가 충분해도 불행한 사람이 있고 소유가 부족해도 행복한 사람이 있다. 아무리 부자라도 아무리 권력자라도 아무리 유공자라도 아무리 유명인이라도 그걸로 만족하지 못하고 행복하지 못하다면 그 부귀공명이 무슨 의미가 있겠는가. 좋은 삶이라고 할 수가 없다. 욕망의 대상에 대한 모든 소유는 그다음의 무언가를 '위해서' 존재하는 수단의 성격을 본질적으로 갖는다. 돈도 권력도 업적도 명성도 다 수단이다. 그렇다면? 그 최종 목적은? 결국 본인의 '만족'이다. 그런 만족의 상태를 철학은 '행복'이라고 규정한다. 이 행복이라는 것이 인간들의 행위의 의미 연쇄에서 최종 단계를 이루는 것임을, 즉 그 어떤 것을 위한 수단도 아닌, 그 자체로서 최종 목적이 되는 것임을 아리스토텔레스는 《니코마코스 윤리학》에서 분명히 밝혀주었다. 욕망의 내용이 무엇이든, 크든 작든, 많든 적든, 우리 자신이 그것에 의미를 부여하고 그걸로 만족하고 그걸로 행복하다면 그걸로 된 것이다. 충분한 것이다. 그런 점에서 행복은 가치 중의 가치, 최고의 가치, 궁극의 가치라고 말할 수 있다. 이런 가치를 행복론의 거성 아리스토텔레스의 스승의 스승인 소크라테스가 거의 최초로 공식적인 철학의 무대에 올려주었다. 그 의의가 결코 작다 할 수 없다. 《에우튀데모스》, 《필레보스》, 《향연》, 《국가》 등에서 소크라테스는 이 행복(εὐδαιμονία eudaimonia)이라는 것을 주제로서 논한다.

그는 우리 인간들이 누구나 예외 없이 '행복'을 원한다는 이 대원리를 명백하게 제시한다.

인간은 누구나 **행복**을 원하는가? 원치 않는가? […] 이러한 물음은 아마도 우스꽝스럽게 생각될 터이므로… 어느 정도 지각이 있는 사람이라면, 구태여 물을 것도 없는 간단한 문제가 아니겠나? 왜냐하면 **행복을 원치 않는 사람은 없을** 테니 말이네. 《에우튀데모스》

표현은 평이하지만 그의 이 말은 실은 철학의 한 근본명제, 대명제에 해당한다. 부인할 수 없는 변할 수 없는 보편적 진리이기 때문이다. 행복을 원하지 않거나 불행을 원하는 사람은 그 어디에도 없다. 이런 것이야말로 원리인 것이다.

자, 그렇다면? 이제 여기서 철학이 시작된다. 행복이란 무엇인가? 그 본질을 묻는 이런 물음이 당연히 뒤따른다. 그런데 우리는 이미 알고 있다. 소크라테스는 이런 물음에 곧바로 속 시원한 답을 주지 않는다. 우리 자신이 찾아야 한다. 하지만 여기서도 그는 우리에게 중요한 시사를 던져준다. 그 행복을 '어떻게' 얻을 수 있는가를 묻고 답을 모색하는 것이다. 그는 이렇게 말한다. 일단 그의 말을 들어보자.

우리가 저마다 **행복**을 원한다면, **어떻게 해야 행복을 얻을 수 있느냐** 하는 것이 다음에 오는 문제이네. 우리가 **좋은 것[善]을 많이 갖고 있으면 행복**하게 되지 않을까? 이 물음은 앞의 것보다 더 어리석게 들리는군. 그것은 불문가지이니까. 《에우튀데모스》

여기서 그는 '좋은 것을 많이 갖는 것'이 행복의 조건임을 언급한다. 이것은 불문가지라 묻는 것이 어리석을 정도라고 인정한다. 아마도 누구나 할 법한 말을 그가 미리 알고 대변한 것이리라. 그러나 불문가지는 여기까지다. 그의 모색은 이어진다. 그 '좋은 것'의 구체적인 내용이 문제인 것이다.

그렇다면 우리는 **무엇을 좋은 것이라고** 말하는가? 이에 대해서는 쉽사리 말할 수 있을 걸세. … 왜냐하면 누구나 부유한 것을 좋다고 여길 테니까. […] 그리고 건강과 아름다움과 신체상의 장점 같은 것도 좋다고 생각하는 것이 아니겠나? […] 그리고 문벌이나 권력 그 밖의 명예 같은 것도 좋은 것이 아니겠나? […] 그 밖에 좋은 것은 무엇인가? 정의, 절제, 용기 등을 자네는 무엇이라고 말하는가? … [좋은 것이죠.]《에우튀데모스》

이렇게 그는 잘 알고 있다. 일단 대표적인 것은 '부유한 것'이다. 하여간 그때 거기서나 지금 여기서나 인간들은 부유한 것을 '좋은 것'의 대표 격으로 꼽는다. 그러나 인간들이 좋다고 여기는 게 어디 그뿐이겠는가. '건강과 아름다움', '신체상의 장점'[아마 '미모/잘생김'을 말할 것이다] 그리고 '문벌이나 권력', '명예'도 그는 놓치지 않고 언급한다. 역시 대표 격이다. 그리고 또 있다. 이런 일반적인 견해로 그치지 않는다. 그는 그 자신이 생각하는 '좋은 것'도 당연히 끼워 넣는다. '정의, 절제, 용기 등'이다. 이런 게 다 사람들이 생각하는 '좋은 것'들이다. 이런 좋은 것들을 얻으면, 즉 갖게 되면 행복하게 된다는 것이다. 그런데 여기서 박수치고 끝낸다면 소크라테스가 아니다.

그는 알고 있는 것이다. 소유가 곧 행복으로 연결되지는 않는다는 것을. 그래서 그는 소유하게 된 것의 '사용'을 거론한다. 올바른 사용이다. 부귀공명 등 좋은 것을 갖고 난 후 그것들을 올바로 사용하는 데서 비로소 우리는 행복해질 수 있다는 지적이다.

그렇다면 우리가 **행복하기 위해서는 좋은 것을 많이 소유하고 있**
을 뿐만 아니라 이것을 사용해야 하네. […] 자네는 좋은 것을 소유
하여 이것을 사용한다면, 충분한 **행복**을 누릴 수 있다고 생각하
나? […] 인간은 누구나 **행복**을 원하며, 행복은… 주어진 모든 것을
올바로 사용하는 데서 차지하게 되네. 《에우튀데모스》

아닌 게 아니라 그렇다. 돈도 권력도 명성도 제대로 올바
로 '사용'할 때 비로소 우리는 진정한 행복을 느낄 수 있다.
기부, 구제, 부패척결, 경제개발, 방향제시 등의 경우가 그
에 해당할 것이다. 이 각각의 경우에 해당하는 수많은 개인
들의 이름을 우리는 떠올릴 수 있다. 빌 게이츠, 오드리 헵
번, 이병철, 정주영, 박정희, 김대중, 김영삼, 김장훈, 장나
라 등등.

그런데 이 '올바른 사용'을 위해 이제 소크라테스다운 대
답이 하나 추가된다. 그게 '지혜'다. 느닷없다. 좀 뜬금없는
논리적 비약으로 느껴질 수도 있다. 아마도 이게 늘 그의
염두에 있었다는 증거일 수도 있다. 그는 이 '지혜'를 '최대
의 좋음'인 '행운'[좋은 운수]으로 간주한다.

그럼 **지혜**는 어느 부류에 속할까? … [좋은 쪽이죠.] 그렇다
면 문제가 될 만한 좋은 것을 간과하지 않도록 잘 생각해보게.
… 아마도 최대의 좋음에 대하여 간과하고 있는 줄 아네. … '좋

은 운수' 말이네. 모든 사람들이… 그것을 최대의 좋음이라고 생각하고 있는 것일세. […] 참된 **지혜**가 **좋은 운수**라는 것은 어린아이들도 다 알고 있는 일이 아니겠나? […] **지혜**는 어떤 경우든 사람들에게 **행운**을 가져오네. **지혜**는 결코 오류를 범하거나 부정을 저지르는 일이 없을 테니까. 그렇지 않다면 **지혜**는 벌써 지혜일 수가 없네. 우리는 결국 **지혜가 있는 사람은 그 이상 더 행운을 바랄 필요가 없다**는 결론에 도달하였네. […] 만일 **좋은 것을 마음에 소유하고 있을 때에는 우리가 행복**하고 따라서 **행운**을 누리고 있다는 데 대하여 동의한 것을 기억하고 있겠지?《에우튀데모스》

이것은 누가 보더라도 이미 소크라테스의 철학이다. '지혜'라는 것이 '결코 오류를 범하거나 부정을 저지르는 않는 것'으로서 '좋은 운수'[행운]라는 것이다. 이 지혜가 있는 사람은 더 이상 행운을 바랄 필요가 없다고 그는 생각한다. 지혜라는 이 좋은 것을 마음에 지니고 있는 사람은 행복하고 행운을 누리고 있다고 생각하는 것이다. 지혜가 행운 내지 행복의 조건이라는 것은 다분히 소크라테스적이다.

바로 이 지혜[지식]가 소유한 것을 올바로 사용하게 해 행복에 이르도록 해주는 것이다. 그래서 이 지혜를 갖도록, 지혜를 사랑하도록 [즉 철학하도록] 힘써야 한다고 그는 이 논의를 정리한다.

재산, 건강, 또는 아름다움과 같은 여러 가지 좋음을 사용할 경우에 그 정당한 사용법을 가르쳐주고 그 실천에 있어서 우리를 인도해주는 것은 **지식**이 아니겠나? […] 그렇다면 모든 소유와 그 사용에 있어서 비단 우리에게 행운을 가져올 뿐만 아니라, 이를 성공으로 이끄는 것은 **지식**이 아니겠나? […] 세상에는 좋고 나쁜 것 자체는 없고, **지혜**가 거기서 좋음을 가져오고 무지가 나쁨을 가져올 뿐이네. […] 그리고 **이것들을 올바로 사용하여 행운을 갖게 하는 것은 지혜이므로 우리는 모름지기 지혜를 소유하도록 힘써야 한다**는 결론에 도달하게 되네. […] **지혜만이 인간을 행복**하게 하며, **행운**을 가져다준다면, 우리는 저마다 **지혜**를 사랑하지 않을 수 없으며… **지혜**를 사랑하도록 힘써야겠군. […]

그러면 지금까지 우리가 말했던 것들로부터 어떤 결론이 나오는가? **지혜**와 무지 말고 다른 것들은 어느 것이든 좋지도 나쁘지도 않지만, 이 둘 중 **지혜는 좋고 무지는 나쁘다는 것** 아니겠나? […] **우리 모두는 행복하기를 염원했고, 사물들을 사용할 뿐 아니라 옳게 사용함으로써 우리는 그와 같은 사람이 되며**, 옳음과 행운을 제공하는 것은 **지혜**라는 사실이 분명해 보였기 때문에, 모든 방법을 동원해서 최대한 **지혜**롭도록 모든 사람이 스스로 준비해야 할 듯하네. 그렇지 않은가? 《에우튀데모스》

지혜를 행복의 조건으로 보는 그의 이런 생각은 《필레보스》에서도 확인된다. 단 거기서는 지혜가 '이성'으로 표현되

기도 하며 '쾌락'과 대비되기도 한다는 점을 주의할 필요가
있다.

영혼의 어떤 상태 또는 기질이 모든 인간의 생활을 행복하게 하는
힘이다… […] 나는 **지혜야말로 그러한 힘**이라고 말하지 않았나?
[…] **지혜**는 쾌락보다도 더 훌륭하며, 따라서 쾌락은 **지혜**보다 못
하다… […] 무지하기 때문에 불행하다는 것을 우리는 인정해야
겠지? […]

나는 **이성**은 쾌락보다 인간생활에 매우 좋고 또 뛰어난 것이
라고 말하고자 하네. […] 그것들(이성과 쾌락)은 다 만물 중에서
가장 완전한 것이 못 된다… […] **이성**이나 쾌락은 다 함께 자족
과 완전함에 있어서 충분한 성능을 갖고 있지 못하기 때문에 좋
음 자체가 아니라고 해서 제외하였네. […] 그런데 그것들보다
더 뛰어난 어떤 것이 나타난다고 하더라도 **이성**은 승리자의 형상
(이데아)인 쾌락보다 몇 천 배나 더 가깝고 유사하다는 것이 분
명히 밝혀졌네. 《필레보스》

한편, 《향연》에서도 행복이 일부 언급된다. 소크라테스는
현녀 디오티마의 입을 빌려 이 행복이 최종 목표임을 밝힌다.

어찌하여 **행복**을 원하는가 하고 물을 필요는 없습니다. 물음
의 해답은 이것으로 끝입니다. 《향연》

그렇다. 물음의 해답은 이것으로 끝이다. 해답도 끝이거니와 행복에 대한 물음도 이걸로 일단 끝이다. 단, '어찌하여 행복을 원하는가?'는 물을 필요가 없겠지만, '어떻게 그 행복에 이를 것인가?'는 끊임없이 물어야 할 과제로서 우리 모두에게 남게 될 것이다. 우리가 각자 '행복하다'고 느끼게 될 그때까지. 지금까지의 모든 물음들도 부디 우리가 그 행복에 어떤 형태로든 이르는 데 기여하게 되기를 기대하며 마지막 마침표를 찍는다.

Epilogue
여적 _ 돌아보기와 내다보기

이상에서 소크라테스가 거론한 혹은 추구한 여러 가치들을 총람해보았다. '소크라테스의 가치론', 그 전경을 일목요연하게 정리해 보여주고 싶었다. 이 정리가 소크라테스의 세계로 가기 위한 이정표가 되기를, 그리고 이것을 통해 우리 시대 우리 사회가 '가치'라는 것을 되돌아봐주기를, 구현까지는 아니더라도 최소한 가슴 한구석에 담아주기를 나는 기대했다. 그 씨뿌리기 혹은 묘목 심기 혹은 초석 놓기라도 될 수 있었는지 모르겠다.

이것은 어쨌거나 '소크라테스의 가치들'을 표제로 내세운 만큼, 최대한 소크라테스 자신의 말을 왜곡 없이 정확히 전달하기 위해 나름 애를 썼다. 수많은 인용들이 문장 사이사이에 (번거로울 만큼) 배치된 것도 그 때문이다. 물론 학문적-자료적 가치를 높이기 위한 의도도 있었다. (이건 학자의 글쓰기에서 기본 덕목으로 꼽힌다.) 그런데 알려져 있다시피 소크라테스는 '말'만 했을 뿐 '글'을 쓰지 않았다. 그에 관한 대부분은 제자 플라톤의 글을 통해 전해진다.[69] 플라톤은 대화편인 그의 거의 모든 글에서 스승 소크라테스를 화자로, 주인공으로 내세운다. 소크라테스의 이름과 입을 빌려 말하는 것이다. 따라서 소크라테스와 플라톤은 거의 한 묶음이다. 둘 사이의 구별이 모호하다. 특히 플라톤 중기 이후의 작품에 등장하는 소크라테스의 발언은 사실상 플라톤 자신의 사상으로 평가된다. 그럼에도 대화편에서 소크라테스의 발언으로 나오는 것은 일단 소크라테스의 사상으로 간주했다. 플라톤의 대표작으로 손꼽히는 《국가》도 포함해서다. 굳이 소크라테스를 화자로 내세운 플라톤 자신의 설정을 존중해주는 측면도 있고, 그리고 소크라테스 본인의 글이 없는 한, 어차피 소크라테스와 플라톤 사이의 명확한 선 긋기는 불가능하기 때문이다. 좋은 말들과 내용들을 놓치고 싶지 않았기 때문이기도 하다. 독자들이 이 점을 감안하고 읽어주셨으면 좋겠다. 단, 소크라테스가 등장하지 않는 《법률》과 《서간집》은 오롯이 플라톤의 것이므로 고려 대상에서 제외했다.

아무튼 소크라테스를 알기 위해서는 플라톤의 그 대화

---

69) 크세노폰과 아리스토텔레스도 일조하고 있다. 특히 크세노폰의 《회상》
은 플라톤 대화편의 확인이자 보완이기도 하여 중요하다.

편들을 읽어야 한다. 그런데 알다시피 플라톤 전집은 엄청나게 방대하다. 게다가 그 내용은 서술이나 설명이 아닌 대화로 되어 있다. 상황 묘사도 많다. 철학을 담은 문학인 것이다. 그래서 정작 그 철학적 핵심을 파악하기가 간단치 않다. 뿐만 아니라 거기에 등장하는 소크라테스의 발언과 논의도 기대만큼 명료하지 않고 걸핏하면 착종하기 일쑤다. 에두르기도 떠넘기기도 판단 유보도 다반사다. 뚜렷한 결론 같은 것도 없다. 진정한 본질의 해명은 언제나 난제(aporia)로 남는다. 그 독특한 설정과 스타일에 대해 비록 일반적 평가가 드높긴 하지만, 그런 '확실하게 말해주지 않는 것'까지 무조건 칭찬할 일은 아니다. 하여 이 책에서는 그 문학적 '군더더기'들을 다 걷어내고 (의도적으로 무시하고 건너뛰며) 굳이 그 핵심의 핵심들만 들여다봤다. 그의 철학적 '가치론'을 심플하게 간추려서 구조화하기 위함이었다. 부디 그것이 어느 정도 성공적이었기를 기대한다.

어떻게 보면 소크라테스가 우리에게 남겨준 명제들은, 대화법이니 산파술이니 하는 그 특유의 방법론과 함께, 소문만큼 만족스럽지 못할 수도 있다. 실제로 그런 면이 없지 않다. 그럼에도 그는 철학자 대표로, 심지어 '성인'으로 평가된다. (단, 그는 공자나 부처나 예수에 비해 상대적으로 '접근하기 쉬운' '친근한' 성인이다.) 이런 평가는 그만한 뭐가 없이는 애당초 불가능하다. 그게 뭘까? 나는 단언한다.

그의 최대 공적은 여기서 살펴본 저 가치들을 (처음으로, 본격적으로) 입에 담음으로써 철학의 무대에 올려주었다는 사실이다. 사람들에게 그쪽으로의 방향을 제시했다는 것이다. 더욱이 그 자신이 그것들을 '입'뿐만 아니라 '가슴'에 담고, 그쪽으로 가는 그 길을 자신의 두 발로 '직접' 걸었다는 것이다. 그리고 남들도 그쪽으로 이끌었다는 것이다. 공자처럼 이른바 '수기-안인'이 다 있다. 종류와 차원은 많이 다르지만 일종의 서양판 공자 같다. 그건 누가 뭐래도 그가 해낸 돋보이는 공적이 아닐 수 없다. 대단한 일이고 엄청난 일이다. 그게 그였고 그의 삶이었다.

　나름 열심히 썼지만 이 책의 한계도 없지는 않다. 인용한 전거가 1970년대 필자가 대학 시절 읽었던 최민홍 역《플라톤 전집》(상서각)임을 이미 일러두기에서 밝혔다. 그 점이 혹자에겐 아쉬운 부분일 수도 있을 것이다. 중역[70]이라 번역의 신뢰성에 대한 의문도 있을 수 있을 것이다. 그러나 당시의 역량과 수고를 과소평가하거나 폄훼하는 것도 능사는 아니다. 그리스어 원전에서 직접 옮긴 천병희 역《플라톤 전집》(숲, 2019)을 함께 대조하는 것이 바람직하나 일일이 그렇게 하지 못했다. 그 점은 필자에게도 역시 아쉬움으로 남는다. (이 책을 처음 구상하고 인용문들을 발췌하고

---

70) 역자 최민홍은 그 저본이 Burnet의 영역 교정본이며 Jowett와 Schreinermacher의 독역과 岡田正三의 일역을 참고했다고 밝힌다.

집필을 시작했을 때는 아직 이 전집이 존재하지 않았다. 정암학당 역 《플라톤 전집》(아카넷, 2019)도 사정은 유사하다.) 단 이 천병희 역 전집은 그 번역에 대한 평가가 대단히 높음에도, 가독성을 위해 주요 철학적 개념들까지 풀어쓰다 보니 철학 전공자들에게는 다소 아쉬움이 없지 않다. 그 점도 독자들은 참고해주시기 바란다.

이 책은 당초 제1부와 제2부, 총 25개 절로 구상되었다. 제1부는 소크라테스가 언급하고 논한 가치 그 자체를, 제2부는 직접 가치는 아니나 그의 관심사 내지 주제인 것을 다룰 예정이었다. 제1부 '가치'에 해당하는 것들은 당초의 구상대로 거의 망라했다. 그러나 여러 사정상 그 제2부 '주제'에 해당하는 **국가, 논변, 영감, 영혼, 신체, 지식, 정치, 철학, 행운, 질서** 등의 고찰은 수행되지 못했다. 스스로 생각하기에 이 점이 무엇보다 아쉽다. 제1부 가치에 대해서도 모든 것을 완벽하게 다 거론하지 못한 것은 마음에 걸린다. 못 다 주운 이삭이 적지 않게 있을 것이다. 플라톤의 저작이 너무 방대한 탓도 있고 이 책이 두꺼워지는 것을 꺼린 탓도 있다. (요즘 시대에 두꺼운 책은 영 인기가 없다. 나도 그다지 선호하지 않는다. 독자에 대한 민폐인 경우가 많다.) 그 보완은 후일을 기약할 수도 있겠지만 이런저런 이유로 그 실현 가능성이 크지는 않을 것이다. 그 완성은 차라리 젊은 연구자들의 과제로 남겨둔다. 우리 사회에서 이른바 학문

후속 세대가 인문학 특히 철학 쪽에서 아주 절멸하지만 않는다면, 백 년 후, 천 년 후라도, 누군가는 소크라테스의 주제에 관심을 가질 것이다. 플라톤 같은 청년이 기원전 5세기의 아테네에만 있으란 법은 없다. 우리 한국도 만만치 않은 철학적 지향의 전통을 갖고 있다. 이 책 자체도 그 한 증거가 될 수 있을 것이다.

이 책이 어쨌든 당초의 의도대로 소크라테스 가치론의 '전경'을 어느 정도 그려 보여줬다면, 그것만으로도 성과가 작다고는 할 수 없으리라 자부하며 보람으로 삼는다.

소크라테스가 조각해낸 가치의 왕국은 찬란하다. 완벽한 이데아들이 모여 사는 일종의 이상향이다. 거기서는 마주하는 사람들의 눈빛도 말소리도 부드럽고 아름답다. 그런데 거기도 밤은 있다. 그 밤에는 온갖 부정, 부덕, 무지 등 반가치의 유령들이 활개를 친다. 그것들의 발소리를 걱정하며 잠 못 드는 자에게 밤은 길다. 지금 우리의 현실이기도 하다. 그러나 너무 두려워하거나 절망하지는 말자. 그 밤에도 달빛이 은은하고 별빛이 반짝인다. 그 빛들이 불침번을 서고 있다. '소크라테스와 그 후예들'이 있는 것이다. 어둠으로 인해 그 빛은 더욱 그 존재감을 드러낸다. 그들이 유령들에게 완전히 먹히지만 않으면, 싸우며 버텨준다면, 언젠가는 어둠을 젖히고 동이 틀 것이다. 나는 지금 시대의 어둠 속에서 전전긍긍하며 그 새벽을 기다리고 있다. 내 친구 소크라테스와 함께. 그리고 그 후예들과 함께.

이 책을 통해 동시대의 벗들이 덕, 진, 선, 미, 정의, 지혜, 용기, 절제, 경신, 우정, 사랑, 행복 … 그런 가치의 별빛들을 부디 잊지 말고 가슴속에서 되새겨주시기를, 그리고 그 씨앗들에게 물 한 잔이라도 부어주시기를, '별빛 연대'를 꿈꾸는 나는 간절한 심정으로 기원한다. 그리고 믿는다. 누군가는 이 책을 계기로 가치 쪽으로 난 그 길을 향해 소중한 첫걸음을 내디딜 것이라고

이수정 李洙正

일본 도쿄대 대학원 인문과학연구과 철학전문과정 수사 및 박사과정을 수료하고 하이데거 연구로 문학박사 학위를 취득했다. 한국하이데거학회 회장, 국립 창원대 인문과학연구소장 · 인문대학장 · 대학원장, 일본 도쿄대 연구원, 규슈대 강사, 독일 하이델베르크대 · 프라이부르크대 객원교수, 미국 하버드대 방문학자 및 한인연구자협회 회장, 중국 베이징대 · 베이징사범대 외적교수 등을 역임했다. 월간 《순수문학》을 통해 시인으로 등단했고 현재 창원대 철학과 명예교수로 활동 중이다.

저서로는 *Vom Rätzel des Begriffs*(공저), 《言語と現実》(공저), 《하이데거—그의 생애와 사상》(공저), 《하이데거—그의 물음들을 묻는다》, 《본연의 현상학》, 《인생론 카페》, 《진리 갤러리》, 《인생의 구조》, 《사물 속에서 철학 찾기》, 《공자의 가치들》, 《생각의 산책》, 《편지로 쓴 철학사 I · II》, 《시로 쓴 철학사》, 《알고 보니 문학도 철학이었다》, 《국가의 품격》, 《하이데거—'존재'와 '시간'》, 《노자는 이렇게 말했다》, 《예수는 이렇게 말했다》, 《부처는 이렇게 말했다》, 《시대의 풍경》, 《명언으로 돌아보는 철학세계 일주》, 《소설로 쓴 인생론》, 《하버드의 춘하추동》 등이 있고, 시집으로는 《향기의 인연》, 《푸른 시간들》이 있으며, 번역서로는 《현상학의 흐름》, 《해석학의 흐름》, 《근대성의 구조》, 《일본근대철학사》, 《레비나스와 사랑의 현상학》, 《사랑과 거짓말》, 《헤세 그림시집》, 《릴케 그림시집》, 《하이네 그림시집》, 《중국한시 그림시집 I · II》, 《와카 · 하이쿠 · 센류 그림시집》 등이 있다.

sjlee@cwnu.ac.kr

소크라테스의 가치들

1판 1쇄 인쇄	2022년 12월 15일
1판 1쇄 발행	2022년 12월 20일

지은이	이 수 정
펴낸이	전 춘 호
펴낸곳	철학과현실사
출판등록	1987년 12월 15일 제300-1987-36호
주소	경기도 파주시 상지석길 133 나동
전화	031-957-2350
팩스	031-942-2830
이메일	chulhak21@naver.com

ISBN 978-89-7775-864-3 03110
값 15,000원